◆ 奇姆肯特炼油厂现代化改造工程夜景

◆　奇姆肯特炼油厂远景

◆ 奇姆肯特炼油厂火炬塔架

◆ 中亚天然气管道压气站

◆ 奇姆肯特炼油厂汽油加氢装置

◆ 奇姆肯特炼油厂异构化联合装置

◆ 奇姆肯特炼油厂装置区内景观大道

◆ 奇姆肯特炼油厂催化裂化装置分馏塔吊装

"一带一路"合规经营
系列丛书

工程建设企业境外合规经营指南
哈萨克斯坦

中国施工企业管理协会　　｜编著
中国石油工程建设有限公司

中国市场出版社
China Market Press

·北京·

图书在版编目（CIP）数据

工程建设企业境外合规经营指南. 哈萨克斯坦 / 中国施工企业管理协会，中国石油工程建设有限公司编著. — 北京：中国市场出版社有限公司，2021.5
（"一带一路"合规经营系列丛书）
ISBN 978-7-5092-2064-1

Ⅰ. ①工⋯ Ⅱ. ①中⋯ ②中⋯ Ⅲ. ①建筑企业-对外投资-工业企业管理-中国-指南 Ⅳ. ①F426.9-62

中国版本图书馆 CIP 数据核字（2021）第 081952 号

工程建设企业境外合规经营指南：哈萨克斯坦
GONGCHENG JIANSHE QIYE JINGWAI HEGUI JINGYING ZHINAN：HASAKESITAN

| 编　　著：中国施工企业管理协会　中国石油工程建设有限公司
| 责任编辑：宋　涛

出版发行：中国市场出版社
社　　址：北京市西城区月坛北小街 2 号院 3 号楼（100837）
电　　话：（010）68034118/68021338
网　　址：http：//www.scpress.cn

印　　刷：河北鑫兆源印刷有限公司
规　　格：145mm×210mm　　32 开本
印　　张：11.5　　　　　　　　　字　　数：310 千字
版　　次：2021 年 5 月第 1 版　　印　　次：2021 年 5 月第 1 次印刷
书　　号：ISBN 978-7-5092-2064-1
定　　价：68.00 元

版权所有 侵权必究　　印装差错 负责调换

《工程建设企业境外合规经营指南：哈萨克斯坦》
编委会

主　　任：曹玉书
副 主 任：尚润涛　李清旭　郑学选　戴和根
　　　　　　 周育先　陈　云　汪建平　王海怀
　　　　　　 姚　强　周厚贵　蒋德军　汪桃义
　　　　　　 白小虎　马健峰　樊　军　卞家骏
　　　　　　 裴宏伟　蔡典维　沈德法　孙　波
　　　　　　 宫长义　张桂玉　梁　亮

主　　编：曹玉书
副 主 编：尚润涛
执行主编：孙晓波　马玉宝　王武民　张长春
　　　　　　 王　锋
参编人员：张拉柱　陶棋然　翟绍燚　霍　雷
　　　　　　 李懿宏　李开达　李　明　程　实
　　　　　　 罗洪岩　王治国　林　莉　裴冬艳
　　　　　　 耿　力　杨继全　刘明强　杨铁石
　　　　　　 俞　龙　王　珏　王维嘉　高含辛
　　　　　　 赵言涛　甘信民　黄　韬　周　军

李　鹏　徐明辉　唐兴雷　赵少峰
杨爱军　金　韦　刘　超　孙怀飞
付仲伟　张宏业　李　达　蔡　翔
石中强　韩德明　王欲晓　沈大明
豆中霞　王　阳　拉希德　蒋伟峰
邰小峰　张鑫权　朱志嘉　孙长龙
柳　超

专家审核组成员：

马燕冰　中国现代国际关系研究院研究员

何　胜　对外经贸大学教授

王　琳　山东电力工程咨询院有限公司发电事业部
　　　　总经理

张　红　中国石油工程建设有限公司北京分公司
　　　　总工程师

张拉柱　中国施工企业管理协会法律顾问

PREFACE 序言

"一带一路"倡议是顺应全球治理体系变革，彰显同舟共济、命运与共意识的国际公共产品。作为完善全球治理体系、推动构建人类命运共同体的中国方案，共建"一带一路"已经成为171个国家和国际组织开展国际合作的新模式，正在向高质量共建的阶段迈进。

近八年的时间里，共建"一带一路"在完成总体布局的基础上，又聚焦重点、深耕细作，扎实推进项目实施，累计开展了2000多个项目，可圈可点的成果、实实在在的好处让"一带一路"朋友圈不断扩大。中国企业参与"一带一路"建设的程度也越来越深入，面临的市场环境越来越复杂，合规经营在企业可持续发展中也显得越来越重要。

为更好地帮助企业提高合规经营管理水平，有效防范及化解经营风险，早在2017年5月，习近平总书记就中国企业合规经营问题，在中央全面深化改革领导小组会议上，明确指出加强企业海外经营行为合规制度建设的必要性。2018年7月1日，国家标准《合规管理体系指南》（GB/T 35770—2017）正式实施；2018年11月2日，国务院国资委《中央企业合规管理指引（试行）》发布实施；2018年12月26日，国家发展改革委正式发布《企业境外经营合规管理指引》，为中国企业更好地开展境外经营业务、建立合规管理体系和制度,提供了官方的指导意见。

中国施工企业管理协会基于工程建设行业的实践经验和研究成果,联合12家会员单位,在国家发展改革委区域开放司的指导下,出版《工程建设企业境外合规经营指南》(以下简称《指南》),结合企业自身情况,以丰富翔实的案例,系统地从市场环境、通用规则、国别规则、示范项目等角度展示了中国企业在境外稳扎稳打、开拓进取的合规发展历程,具有针对性、实务性和系统性的特点,是一套指导性非常强的工具书。

《指南》的出版有利于帮助广大施工企业适应国际工程承包自由化、便利化的市场环境,引导企业实现行业高质量发展的目标,期望通过树立境外合规经营优秀典型,分享境外合规运营经验,帮助企业完善合规运营体系,形成合规文化,提升企业在国际市场中的竞争力。同时,在更广泛的范围内倡议共建"一带一路"的企业,增强机遇意识和风险意识,夯实基础,固牢底线,趋利避害,在发展中不断前进,在合作中茁壮成长。

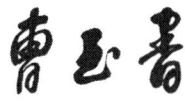

2021年5月

PREFACE
前言

近年来,随着中国经济的快速发展和中国企业的不断壮大,尤其是"一带一路"倡议的不断推进,越来越多的中国企业参与到全球市场的竞争当中。2020年,中国对外全行业直接投资1329.4亿美元,对外承包工程完成营业额1559.4亿美元。

习近平总书记指出,当今世界正在经历新一轮大发展大变革大调整,各国经济社会发展联系日益密切,全球治理体系和国际秩序变革加速推进。当前,新冠肺炎疫情全球大流行使百年未有之大变局加速演进,世界格局正在发生深刻变化。全球经济陷入低迷,国际贸易和投资萎缩,人员、货物流动受阻,单边主义、保护主义上升,逆全球化趋势加剧,不稳定不确定因素增多,中国对外投资合作发展风险挑战前所未有。中国企业克服困难,砥砺前行,"走出去"取得显著经济效益和社会效益,与东道国实现互利共赢、共同发展,为高质量共建"一带一路"作出积极贡献。

但是不同的国家、地区有不同的市场环境和竞争规则,一些中国企业并没有对合规管理给予足够的重视,导致因不合规而遭受制裁或处罚。从具体案例来看,中国企业在国际市场中的合同审查、风险识别等方面表现出合规经营能力严重不足，也为其他中国企业敲响了合规的警钟。

早在 2017 年 5 月，习近平总书记就中国企业合规经营问题，在中央全面深化改革领导小组会议上，明确指出加强企业海外经营行为合规制度建设的必要性。2018 年 7 月 1 日，国家标准《合规管理体系指南》(GB/T 35770—2017) 正式实施；2018 年 11 月 2 日，国务院国资委《中央企业合规管理指引（试行)》发布实施；2018 年 12 月 26 日，国家发展改革委正式发布《企业境外经营合规管理指引》，为中国企业更好地开展境外经营业务、建立合规管理体系和制度，提供了官方的指导意见。

哈萨克斯坦地处欧亚大陆中心地带，是世界上最大的内陆国，东部与中国毗邻，地理位置十分重要。哈萨克斯坦自然资源丰富，有着"能源和原材料基地"之称，是油气生产和出口大国。近年来，哈萨克斯坦加快发展冶金化工、装备制造、现代农业、物流运输等重点产业，打造科技创新、信息通信、数字经济、金融中心、出口导向型产业等新的增长点。得益于相对稳定的国际油价及国内一系列经济刺激措施的实施，哈萨克斯坦宏观经济保持良好增长势头。1992 年中哈正式建交以来，两国高层交往频繁，政治高度互信，经济深度融合，各领域务实合作不断扩大。2011 年 6 月，双方宣布将两国关系提升为全面战略伙伴关系。中哈经贸合作总体发展势头良好。中国是哈萨克斯坦最主要的贸易和投资伙伴之一。2013 年 9 月习近平主席访哈期间，首次提出共建"丝绸之路经济带"倡议，哈萨克斯坦方面给予积极响应。双方就加强"一带一路"建设与"光明之路"新经济政策对接合作达成重要共识并已取得一批早期收获，市场前景广阔。

为了更好地帮助在哈工程建设企业建立健全合规管理体系和制度，提升工程建设企业整体合规管理水平，有效防范及化解经营风险，中国施工企业管理协会牵头编撰了《工程建设企业境外合规经营指南：哈萨克斯坦》。该书的编写以引导在哈工程建设企业实现行业高质量发展为目标，期望通过树立境外合规经营优秀典型、分享境外合规运营经验，帮助企业完善合规运营体系，形成合规文化，提升企业在国际市场的竞争力。

中国石油工程建设有限公司在哈萨克斯坦市场深耕多年，积累了大量境外合规管理经验。该书以中国石油工程建设有限公司在哈国的合规运营情况为蓝本，总结企业在合规运营中取得的成功经验，树立企业在境外合规运营的优秀典型，起到示范引领作用。

希望这本书对有意"走出去"、在哈开展业务的工程建设企业有所帮助，也欢迎社会各界批评指正，提出宝贵意见。

CONTENTS 目录

第一章 境外工程建设合规管理的重要性 1

一、"合规"的起源 / 3

（一）企业合规思想的起源 / 3

（二）企业合规体系的诞生 / 3

（三）企业专项合规体系的建设 / 3

二、合规体系的成型与完善 / 4

（一）企业合规体系的成型 / 4

（二）企业合规体系的规范 / 6

（三）企业合规体系的发展和完善 / 7

三、合规管理的基本概念 / 10

四、合规管理的意义 / 11

（一）中国当前合规管理的现状 / 11

（二）国家对企业境外经营合规管理的重视 / 12

（三）中国企业境外经营合规管理的重要意义 / 15

（四）工程建设企业境外经营合规管理的重要性 / 17

五、合规管理与风险管理和企业内部控制的关系 / 18

（一）三者的含义 / 18

（二）三者的侧重点 / 20
（三）三者的关系 / 21

第二章 哈萨克斯坦概况　　23

一、地理位置和人口分布 / 25
（一）地理位置 / 25
（二）人口分布 / 25

二、自然环境和自然资源 / 25
（一）自然环境 / 25
（二）自然资源 / 27

三、经济状况和发展规划 / 29
（一）经济状况 / 29
（二）发展规划 / 34

四、国家象征和政治制度 / 35
（一）国家象征 / 35
（二）政治制度 / 36
（三）主要党派 / 38

五、政府机构和行政区划 / 39
（一）政府机构 / 39
（二）行政区划 / 41

六、社会组织和公共交通 / 44
（一）社会组织 / 44
（二）公共交通 / 44

七、外交关系 / 47

八、民族和宗教 / 51
 （一）民族 / 51
 （二）宗教 / 51

九、语言和习俗 / 52
 （一）语言 / 52
 （二）习俗 / 52
 （三）节假日 / 57

十、货币与物价 / 58
 （一）货币兑换 / 58
 （二）消费水平 / 60
 （三）小费 / 61

十一、金融服务 / 61
 （一）外汇管理 / 61
 （二）银行 / 62
 （三）信用卡 / 63
 （四）保险 / 63
 （五）融资 / 63

十二、通信与电力 / 64
 （一）电话 / 64
 （二）网络 / 64
 （三）电力 / 65

十三、医疗与安全 / 66
 （一）医疗 / 66
 （二）安全 / 67

第三章　前往哈萨克斯坦手续办理及相关须知　　69

一、哈萨克斯坦签证的办理　/71
（一）哈萨克斯坦签证签发机构　/71
（二）哈萨克斯坦签证类型　/71
（三）免签入境政策及流程　/72
（四）电子签证政策　/72
（五）哈萨克斯坦使馆面签流程　/73
（六）关于出入境哈萨克斯坦的提醒　/73

二、哈萨克斯坦海关和检疫规定　/75

三、哈萨克斯坦出行前的注意事项　/75

四、哈萨克斯坦紧急求助电话　/76

第四章　哈萨克斯坦有关法律规定　　79

一、哈萨克斯坦法律体系概述　/81
（一）立法概况　/81
（二）部门法体系　/81
（三）与工程建设项目有关的法律规定　/84

二、在哈萨克斯坦投资注册企业需要办理的手续　/88
（一）设立企业的形式　/88
（二）注册企业的受理机构　/88
（三）注册企业的主要程序　/88
（四）外资并购哈萨克斯坦当地企业的基本程序　/91
（五）注册哈萨克斯坦企业的注意事项　/92

三、哈萨克斯坦对外国投资的市场准入　／93

（一）投资主管部门　／93

（二）投资行业的规定　／94

（三）投资方式的规定　／96

（四）与投资相关的主要法律　／97

四、哈萨克斯坦对外国投资的优惠　／98

（一）优惠政策框架　／98

（二）行业鼓励政策　／99

（三）地区鼓励政策　／103

五、哈萨克斯坦贸易的法律规定　／105

（一）贸易主管部门　／105

（二）贸易法规体系　／105

（三）贸易管理的相关规定　／106

六、哈萨克斯坦关于劳动就业的法律规定　／110

（一）劳工（动）法的核心内容　／110

（二）外国人在当地工作的规定　／115

（三）外国人在当地工作的风险　／118

七、哈萨克斯坦关于企业税收的规定　／118

（一）税收管理部门　／118

（二）税收体系和制度　／119

（三）近些年重大税制变化　／119

（四）主要税赋和税率　／121

（五）税收征收和管理制度　／130

（六）税收的主要规则　／133

（七）税收豁免及税收优惠制度　／135

（八）中哈税收协定 / 136

八、哈萨克斯坦关于用地的法律规定 / 137
（一）土地资源管理部门 / 137
（二）土地法的主要内容 / 138
（三）外资企业获得土地的规定 / 138
（四）地下资源使用的规定 / 139

九、哈萨克斯坦关于环境保护的法律规定 / 144
（一）环保管理部门 / 144
（二）主要环保法律法规 / 144
（三）环保法律法规基本要点 / 145
（四）环保评估的相关规定 / 147

十、哈萨克斯坦反对商业贿赂的法律规定 / 147
（一）哈萨克斯坦反商业贿赂法律 / 147
（二）反对商业贿赂或官员腐败行为的法规要点 / 148

十一、哈萨克斯坦对保护知识产权的规定 / 149
（一）有关知识产权保护的法律法规 / 149
（二）有关知识产权保护的内容 / 149
（三）知识产权侵权的相关处罚规定 / 151

十二、哈萨克斯坦对外国公司承包当地工程的规定 / 151
（一）建筑主管机关 / 151
（二）许可制度 / 152
（三）禁止领域 / 155
（四）工程项目的其他合规规则 / 156
（五）BOT/PPP 承包方式 / 158

十三、哈萨克斯坦对中国企业投资合作的保护政策 / 158
 （一）双多边投资保护协定 / 158
 （二）中国与哈萨克斯坦签署避免双重征税协定 / 159
 （三）其他协定及发布的声明 / 159

十四、在哈萨克斯坦解决纠纷的主要途径及适用法律 / 160
 （一）主要途径及适用法律 / 160
 （二）哈萨克斯坦诉讼制度 / 161
 （三）哈萨克斯坦仲裁制度 / 165
 （四）调解程序 / 168
 （五）中国与哈萨克斯坦司法判决和仲裁裁决的承认和执行 / 169

第五章 工程项目投建营全生命周期中的合规要求 171

一、第一阶段：项目前期论证 / 173
 （一）相关法案、政策和规则 / 174
 （二）中国境内合规要求 / 174
 （三）前期论证各子阶段 / 180

二、第二阶段：建设准备 / 186
 （一）工程合同 / 186
 （二）对外承包工程资质 / 195
 （三）工程项目计划与设计 / 196
 （四）工程项目征地及建设条件的准备 / 198
 （五）工程项目招投标 / 199
 （六）建设设备及材料的采购及运输 / 202

（七）哈萨克斯坦工程成本 ／215

三、第三阶段：建设实施 ／218
（一）依法用工 ／218
（二）境外 QHSE 管理规范 ／223
（三）合规施工 ／233

四、第四阶段：竣工验收 ／237
（一）竣工验收条件 ／237
（二）竣工验收的标准 ／238
（三）竣工验收的范围 ／238
（四）竣工验收的依据 ／239
（五）竣工验收手续 ／239
（六）资金跨境结算 ／243

五、第五阶段：投产运营 ／244
（一）保修、回访、后续服务 ／244
（二）项目后评价 ／246

六、在哈萨克斯坦开展工程的其他注意事项 ／248
（一）处理好与政府和议会的关系 ／248
（二）密切与当地居民的关系 ／248
（三）尊重当地风俗习惯 ／248
（四）承担必要的社会责任 ／249
（五）懂得与媒体打交道 ／251
（六）学会和执法人员打交道 ／253
（七）遇到困难寻求帮助的途径 ／254

第六章　哈萨克斯坦投资风险和机会分析　259

一、哈萨克斯坦整体营商环境　/ 261

（一）外商投资情况　/ 261

（二）竞争力排名　/ 263

（三）投资环境发展趋势　/ 264

（四）中哈经贸关系　/ 266

二、哈萨克斯坦投资风险分析　/ 269

（一）政治风险　/ 270

（二）宏观经济风险　/ 275

（三）法律与监管风险　/ 277

（四）经营性风险　/ 282

（五）安全风险　/ 286

（六）自然风险　/ 287

三、哈萨克斯坦未来发展预测与投资机会分析　/ 287

（一）经济预测　/ 287

（二）投资机会　/ 289

第七章　工程建设企业合规管理体系建立指南　293

一、合规管理的内部环境　/ 295

（一）合规管理的目标　/ 295

（二）合规管理的基本原则　/ 295

二、合规管理机构的设置及职责　/ 296

（一）合规管理机构的设置　/ 296

（二）合规管理部门的设置方式 ／298

三、企业内部的合规管理体系 ／300

（一）董事会的合规责任 ／300

（二）监事会的合规责任 ／301

（三）管理层的合规责任 ／301

（四）合规管理部门的合规责任 ／302

（五）合规管理的主要内容 ／303

四、合规管理中的风险控制方法 ／310

（一）风险规划 ／311

（二）风险识别 ／312

（三）风险评估 ／329

（四）风险应对 ／331

（五）风险监控 ／335

结　语　　　　　　　　　　　　　　　　　　　337

附　录　　　　　　　　　　　　　　　　　　　339

附录1　哈萨克斯坦部分政府部门和相关机构一览表 ／339

附录2　在哈萨克斯坦有经验的中资企业一览表 ／342

附录3　能够给中国企业提供投资合作咨询的机构 ／344

Chapter 1
第一章

境外工程建设合规管理的重要性

  "合规"一词源于英文 compliance，是指企业行为符合法律法规及其内部规章制度和商业道德的要求。企业合规管理本质上是对企业内部的自我管理提出要求，不仅要求其合法合规，还要求其要遵守企业自己制定的规章和社会承认的商业道德。近年来，随着中国"走出去"战略、"一带一路"倡议的推动，越来越多的企业走出国门，开始广泛参与跨国经营，而与此同时，越来越多的中国企业遭受海外合规处罚，引发了国内企业对于合规问题的关注和思考。

一、"合规"的起源

(一) 企业合规思想的起源

合规思想最早可追溯到成立于1906年的美国食品和药物管理局（FDA）。该局当时对食品和药物安全的监管促使部分企业开始将合规视为企业运营的一部分。20世纪50年代，因为第二次世界大战后国际新秩序的形成，作为老牌工业强国的英国，其国土面积狭小，劳动力人口不足，为发展外向型经济和对外殖民统治，需要对外扩张本土企业。当时，对外投资先行的是金融企业，尽管当时的英国法律以及各个行业的法规规章相对比较完善，但对外投资要做到"入乡随俗"，英国本土的法规、企业规章和文化理念等已不适应投资所在国。在此背景之下，从国家、行业和人员三个层面考虑，英国率先推出了compliance（合规）。

(二) 企业合规体系的诞生

20世纪60年代，美国电气设备行业的众多龙头企业及其高管遭遇串通抬价、瓜分市场等反垄断指控。仅1961年，就有29家公司和45名个人接受反垄断罚款。美国开始反垄断大潮，政府在该领域重拳出击，合规管理随着美国防止违反《反托拉斯法》（反垄断）的政策实施进程而得到了普及，在当时促使很多企业开始建立反垄断合规体系。

(三) 企业专项合规体系的建设

20世纪70年代，美国出现了系列财务丑闻，爆发了水门事件。当时对水门事件的调查结果显示，1972年总统选举过程中，大量企业进行了非法政治捐献，企业界贿赂、回扣成风。证券交易委员会对水门事件的进一步调查还发现了跨国企业为获取交易机会，使用公司资金贿赂外国政府官员的证据。为此，证券交易委员会在1977年颁布了《反海外腐败法》，要求上市公司在贿赂、回扣、记账和其他方面执行更为正式的合规政策，尤其在财务记录和资产分配方面。《反海外腐败法》在合规的世界发展史上具有标志性意义，一方面是因为该法在反腐败领域具有广泛的域外管辖效力，至今仍然是悬在各跨国企业头上的"达摩克里斯之剑"；另一方面是因为该法要求企业对资金往来进行准确的会计记录，从而直接介入了企业财务内控体系的建设。

20世纪80年代是美国各领域合规问题多发的时代，这也反过来推动了企业在问题领域的专项合规体系建设。1986年，美国发布了《环境审计政策声明》，将企业环保作为合规工作要点，鼓励公司对设备使用是否符合环保要求进行系统、定期和客观的检查，以确保公司合规体系的有效性，发现潜在的环保违规问题。这一年，美国军火企业联合起草了《国防工业的商业伦理与企业活动精神》，将自觉履行合规管理制度作为企业自律的要求。1988年，美国又通过《内幕交易与证券欺诈取缔法》，进一步防止证券内幕交易。这一系列专项法案的制定，推动了企业在问题领域专项合规体系的建设。

二、合规体系的成型与完善

（一）企业合规体系的成型

20世纪90年代以前的合规多集中在某些具体领域，从90年代开始，企业全面合规体系建设逐渐成型。标志性的事件是1991年美国量刑委员会发布的《针对机构实体联邦量刑指南》。

1991年，美国制定了《针对机构实体联邦量刑指南》（以下简称《量刑指南》），主张将机构实体是否具备完善的合规体系作为减轻刑事责任的重要考量。《量刑指南》规定了衡量机构实体合规体系是否完善的七项标准，具体包括：

（1）建立合理的标准和程序，以预防和发现犯罪行为。

（2）机构实体领导层必须了解合规体系的内容和运行，合理监督合规体系的执行和有效性。机构实体管理层必须保证自身具备有效的合规体系。高级管理人员个人则应当对合规体系整体负责。机构实体中的个人应当承担合规体系的日常运作责任，定期向包括领导层在内的上级汇报合规体系的有效性。为完成上述职责，必须为个人配备足够的资源、适当的权限和向包括领导层在内的上级汇报的直接渠道。

（3）机构实体应尽力将任何有违法行为或者违反合规体系要求行为的个人排除出组织的实权岗位。

（4）根据受众的岗位和职责，通过培训项目和信息传播定期务实地向公司领导层、管理层、经理层、普通员工乃至代理人宣传合规体系标准、程序和其他各个方面。

（5）机构实体应当采取合理行动实现以下目标：1）确保机构实体的合规体系得到遵守，包括监督和审计以发现犯罪行为；2）定期评估合规体系有效性；3）建立并公开匿名或保密举报系统，以保证员工或者代理人可以就犯罪行为进行举报或者寻求指导时没有后顾之忧。

（6）激励合规行为，惩罚参与犯罪行为或者未采取合理措施避免、发现犯罪行为，以在整个机构实体范围内持续推广和执行合规体系。

（7）一旦发现犯罪行为，机构实体必须采取合理措施加以应对，并防止将来类似犯罪的发生，包括对机构实体的合规体系进行必要调整。

《量刑指南》的出台标志着现代合规理念与合规标准的成型，在美国乃至世界现代合规发展史上具有里程碑式的意义。企业按照《量刑指南》的合规标准审查现有合规体系，而此前尚未建立全面合规体系的企业则开始按照《量刑指南》的要求建立合规体系。

1992年，关于通过控制危险废物跨越国境的转移和处置来防止危险废物对环境和人体健康造成危害的全球性国际公约《巴塞尔公约》开始生效，目前已经有187个国家签署。

1995年，联合国首次提出"全球契约"的构想，号召企业以承诺遵守国际行为准则的方式，使经济活动兼顾社会公益，承担相关社会责任。2004年，全球契约扩充形成人权、劳工标准、环境、反贪污四个方面的十项基本原则。

1997年，经济合作与发展组织（OECD）成员国达成《OECD反对国际商业活动中向海外政府官员行贿行为公约》。

（二）企业合规体系的规范

21世纪最初的5年是违规丑闻频发的黑暗时期，同时也是合规发展的黄金时期。

2001—2002年，安然有限公司和世界通信公司等企业发生财务造假丑闻，暴露出美国上市公司治理和财务审计方面存在的严重问题。为加强公司监管、重振投资者信心，美国国会于2002年通过《萨班斯-奥克斯利法案》，对美国上市公司财务监管中存在的问题进行了针对性规定。

作为美国国内法的《萨班斯-奥克斯利法案》适用于所有在美国上市和准备赴美上市的公司，包括外国公司，如中国的新浪、搜狐等，因而对世界范围内的企业经营和合规管理产生了深远影响。

2004年,巴塞尔银行监管委员会颁布《巴塞尔协议》,鼓励银行不仅要识别当前的风险,而且要识别将来的风险,并且改进现有的风险管理体系来管理这些风险。2005年,巴塞尔银行监管委员会又发布了《合规与银行内部合规部门》高级文件。

这一时期对合规发展产生重要影响的,还包括2004年修订后的《针对机构实体联邦量刑指南》。修订后的《量刑指南》在原先七项标准的基础上,为评估合规体系的有效性规定了更为细致和严格的要求,包括但不限于:培养诚信合规的组织文化;强调管理层对合规体系的监督;加强员工合规培训和宣介;建立内外部风险评估机制等。

(三) 企业合规体系的发展和完善

肇端于2007年的次贷危机席卷全美,导致贝尔斯登公司和雷曼兄弟公司两家投行破产,并引发美国自大萧条时代以来最严重的失业和股灾。为避免经济危机进一步加剧,美国政府出资超过7000亿美元购买华尔街不良资产,救助房地产、汽车和银行等行业,但也导致民众财富缩水。为遏制金融违规、挽回公众信任,美国国会于2010年通过了《多德-弗兰克华尔街改革和消费者保护法案》(以下简称《多德-弗兰克法案》)。

该法案的规则覆盖了几乎整个金融业和国民经济,包括但不限于:商业贷款、消费贷款、金融衍生品、证券公司、对冲基金、投资银行、检举人,旨在改善金融行业责任制和透明度,避免再次发生经济危机,是美国金融业自大萧条以来最为深远的一次改革。

《多德-弗兰克法案》第922款规定,如果执法回收金额超过100万美元,那么美国证券交易委员会必须向提供证券违规举报原始信息的举报人发放10%~30%的奖励金。法案中此类鼓励举报的规定,促使企业进一步加强合规体系建设。

反腐败合规在这一阶段再次成为热点。以美国对德国西门子公司的反腐败执法案为代表，美国司法部和证券交易委员会在这一时期对大量跨国公司进行了反腐败调查和执法。受《反海外腐败法》巨额罚款的警示（西门子被罚约16亿美元）和会计条款的要求，众多企业不断加强自身的反腐败合规体系建设。

2010年，《量刑指南》再次修订，此次修订强调了合规官的独立性，对企业合规体系建设产生了不小的影响。

2010年，OECD颁布《内控、道德与合规最佳行为指南》，要求企业制定明确的政策来禁止海外贿赂，制定针对所有员工的合规执行体系、相关交流和培训机制、完善的举报制度等。

2014年，国际标准化组织（ISO）发布实施了《合规管理体系指南》（ISO 19600），将合规管理分为建立和改进两部分，包括确定合规范围、建立合规方针、评估合规风险、制定应对计划、实施和控制、评估和报告、持续改进等阶段，为所有规模和类型的企业建立有效的合规管理体系提出了指导性建议。

2014年，亚太经合组织（APEC）通过了《北京反腐败宣言》《亚太经合组织预防贿赂和反贿赂法律执行准则》《亚太经合组织有效和自愿的公司合规项目基本要素》。

2016年，ISO组织颁布了《反贿赂管理体系——要求和使用指南》（ISO 37001：2016），对于企业运营中可能存在的不正当的利益往来行为，阐述了预防、发现和应对措施。

2019年，《量刑指南》更新版明确提出了12项评估合规体系有效性的指标，并在《商业组织联邦起诉原则》中明确提出了三个评价标准：合规体系是否设计良好？是否有效实施？是否实际发挥作用？

到目前为止，经营合规的概念已经深入商业领域的各个方面，各个国际组织都为构建全世界范围内公平、公正的合法合规经营环境不断地努力着。而反过来对企业而言，经营风险不可能完全杜绝，却可以利用已尽合规义务的规则来保护自身，并且利用合规管理规则来加强企业建设。可以说，合规潮流不可逆，主动拥抱使用才是正确的做法。

点评：

从合规的起源到完善成型这近一个世纪以来的发展历程中，我们可以看到企业的合规从最初经济法的各领域，如反垄断法、证券和金融监管以及跨国商业行为，到现在已经扩展到经济和社会规制的各个领域。它从不同的企业和部门兴起，从最开始的分流和不同目标，在20世纪90年代，最终汇总成干流，初步形成相对完整的体系，而目前已经成为各国家、地区乃至全球商业组织和法律部门的共享制度。每一次合规的演变都是各个历史大事件的迭代结果，各个国家和组织都努力地从失败事件中总结经验，以完善并形成达成共识的合规规范。

站在企业的立场上，合规更多和"风险管理""内控体系"联系在一起（后文将阐述这三者的关系）。对于风险事件而言，每一个风险事件有危又有机，危与机是共存的孪生兄弟。每一次事件，不只是事故，同时也是改进的契机，是推动前进的最深刻动力。因此，每个企业经营者都应充分意识到以下几点：

1. 合规要求不是对企业的约束，它最终的目标是引导全球商业环境朝健康有序、公平公正的方向发展。

2. 只有融入全球商业规则中，成为其中的合格一分子，才能接入全球的供应链环境，获取更多的业务机会，也同时能规避更多的风险。可以说，企业成为"合规组织"是参与全球竞争的最基本条件。

3. 注重企业发展过程中或者同行业中的每一次大事件，这是完善企业运行机制、规避运营风险的最好时机。

"走出去"与"全球性协作"是不可逆转的趋势，因时势而勃发的中国合规管理成为我国各个企业在国际化进程中的实践热点。但是源于美国并扩展到世界范围内的这一制度，在国内推行的时候的确有许多值得检讨的地方。中国式的公司治理、法治水平和大陆法系的制度局限性，限制了合规的作用发挥。然而，相对于开拓者，我们是幸运的，是站在前人的肩膀上去处理合规问题。这正是我们向前迈进的最准确方向。

三、合规管理的基本概念

顾名思义，合规管理是指为了合乎规范而进行的管理。合规是指企业及其员工的经营管理行为符合有关法律法规、国际条约、监管规定、行业准则、商业惯例、道德规范和企业依法制定的章程及规章制度等要求。企业通过制定合规政策，按照内部规范的要求统一制定并持续修改合规规范，监督内部规范的执行，以增强内部合规控制；对违规行为进行持续识别、监测、预警、防范、控制、化解合规风险的一整套管理活动和机制。

合规管理包括组织内部的自我审查和来自外部组织的监管，其主要内容包括（但不限于）：合规管理制度建设、合规文化建设、合规信息系统建设、合规咨询、合规培训、合规审核、合规审计、合规检查、合规考核、合规评价、合规报告、法律法规追踪、投诉举报处理、监管配合和合规问责等。

四、合规管理的意义

(一) 中国当前合规管理的现状

合规管理理念和实践于20世纪70年代末由"三资"企业引入中国。就合规监管而言,我国也经历了由金融机构逐步向其他行业扩散的过程,目前政府对于企业合规管理体系的建设十分重视,要求各行业都应加强企业合规管理,完善企业合规建设。如:

2006年10月,中国银监会颁布了《商业银行合规风险管理指引》,为商业银行合规风险的管理提出了指引。

2016年4月,国务院国资委印发了《关于在部分中央企业开展合规管理体系建设试点工作的通知》。通知指出,企业合规管理在中国移动、中国石油、东方电气集团、招商局集团、中国中铁等五家中央企业开始试点。

然而,和跨国企业相比,中国企业在合规问题的处理上非常落后,很多中小企业乃至部分大企业甚至不知道合规管理的概念,而相对重视合规管理的企业,如华为、中兴和中国铁建等,其合规管理体系的构建也还处于起步阶段。同时,我国对企业经营合规方面的相关法律法规也并不十分健全。

2008年以来,随着中国企业大规模"走出去",更是大量出现了因对遵守国际上通行规则与非通行规则的认识不足或者理解不到位而不合规的商业行为,导致企业受到经营所在地政府或者国际组织的制裁,这不仅给企业造成经济与声誉损失,还给中国企业国际形象带来负面影响。

近年来,随着"一带一路"倡议的推进,更多的中国企业离开熟悉的国内市场环境,参与到全球市场竞争当中,而全球反腐力度及合规经营的要求不断加强,这使中国企业面临的境外经营合规风险越来越大。

2004年至2019年6月,世界银行就制裁了52家中国企业(一家企业内直接或间接控制的多家企业被制裁,计算为一家企业)。另外,世行还对8名个人进行制裁。这其中有18家企业和4名个人因受到国际开发银行制裁再被世行实施交叉制裁。被世行制裁的中国企业中,如果对一家企业内直接或间接控制的企业进行独立统计,被制裁的中国企业已有900家之多。

2019年5月14日,世行公布了对总部位于上海的思源电气股份有限公司做出除名的制裁决定。思源电气被制裁后不到一个月时间,世行在2019年6月5日又公布了对中国铁建股份有限公司及其所有附属公司、中铁二十三局集团有限公司、中国铁建国际有限公司及730家控股子公司做出除名的制裁决定。一家企业内受到制裁的附属公司数量之多,让人非常震惊。这打破了世行在2013年对加拿大兰万灵公司及其133家子公司制裁的纪录。

不只是来自世行的处罚,年产值上千亿元的通信行业骨干企业中兴通讯,被美国政府处罚14.9亿美元的同时,被列入美国禁售制裁名单,几乎濒临倒闭。同样是中国通信行业领头羊的华为也一直受到美国相关监管机构的调查,这为"走出去"的中国企业在合规管理方面敲响了警钟。

(二) 国家对企业境外经营合规管理的重视

国家对企业境外经营合规管理越来越重视,近年来陆续出台了规范企业境外经营行为、提升企业合规管理水平的方针政策,详见表1-1。

第一章 / 境外工程建设合规管理的重要性

表1-1 中国政府近年来发布的合规要求

时间	机 构	事 项
2010年8月	商务部、外交部、国家发展改革委、公安部、国务院国资委、安全监管总局、全国工商联	·印发《境外中资企业机构和人员安全管理规定》 进一步加强新形势下境外中资企业机构和人员安全保护工作,保障"走出去"战略的顺利实施。
2011年7月	国务院国资委	·发布《中央企业境外国有资产监督管理暂行办法》 目的是规范境外企业经营行为,维护境外国有资产权益,防止国有资产流失。
2013年2月	商务部、环境保护部	·《对外投资合作环境保护指南》 引导企业积极履行环境保护社会责任,推动对外投资合作可持续发展。
2013年3月	商务部	·《规范对外投资合作领域竞争行为的规定》 促进对外投资合作业务健康和可持续发展,规范企业海外经营行为,鼓励和保护公平竞争,杜绝不正当竞争行为,提升对外投资合作企业管理水平和竞争能力。
2014年1月	商务部、财政部	·审议通过《对外劳务合作风险处置备用金管理办法(试行)》 目的是规范对外劳务合作企业的经营行为,保障外派劳务人员合法权益。
2014年8月	商务部	·审议通过《境外投资管理办法》 促进和规范境外投资,提高境外投资便利化水平。

续 表

时间	机构	事项
2017年5月	中央全面深化改革领导小组	·审议通过《关于规范企业海外经营行为的若干意见》 提出要"加强企业海外经营行为合规制度建设"。
2017年12月	国家发展改革委、商务部、人民银行、外交部、全国工商联	·发布《民营企业境外投资经营行为规范》 从完善经营管理体系、依法合规诚信经营、切实履行社会责任、注重资源环境保护和加强境外风险防控等五方面对民营企业境外投资经营活动进行引导和规范。
2017年12月	国家发展改革委	·发布《企业境外投资管理办法》 加强境外投资宏观指导,优化境外投资综合服务,完善境外投资全程监管,促进境外投资持续健康发展。
2017年12月	国家质量监督检验检疫总局、国家标准化管理委员会	·颁布ISO 19600《合规管理体系指南》（GB/T 35770—2017/ISO 19600:2014） 为企业全面系统地建设合规管理体系提供了具体指南。
2018年11月	国务院国资委	·印发关于《中央企业合规管理指引（试行）》的通知 对中央企业的合规管理体系建设提出了要求和建议。
2018年12月	国家发展改革委等7部委	·联合发布实施了《企业境外经营管理指引》 对于推动企业持续提升合规管理水平提供更加具体的行动指引。

近些年来，中国政府也更加积极地参与全球反腐败与合规管理的国际合作。2014年亚太经合组织（APEC）北京会议通过了《北京反腐败宣言》（以下简称宣言），中国是《宣言》的发起者和参与者。此外，中国还参与发起并通过了《亚太经合组织预防贿赂和反贿赂法律执行准则》《亚太经合组织有效和自愿的公司合规项目基本要素》等重要文件。同时，中国也积极加入世界级别的各类公约，如《联合国反腐败公约》《国际商务交易中打击勒索和贿赂行为准则》等。作为成员国的中国企业，必然要顺应全球合规治理加强的大趋势，履行公约所规定的义务，积极预防和应对商业贿赂，树立和维护国家形象。

（三）中国企业境外经营合规管理的重要意义

合规管理是企业稳健经营运行的内在要求，也是防范违规风险的基本前提，是每一个企业都必须重视且进行管理的一部分，也是保障自身利益的有力武器。

合规化管理是规范员工行为的有效手段，通过建构科学的企业合规文化以及合规体系，有利于让员工养成合规化的习惯，避免违规风险。同时在制度层面向广大员工普及合规管理的相关条例，有利于让员工自觉自律地避免违规化操作。

合规管理可以防止决策失误，领导者的权限较大，再小的决策错误都有可能引发公司的多米诺骨牌效应，合规化管理通过约束高层领导人员的相关行为能够最大限度地减少决策失误带来的经营风险。

对于境外经营的中国企业来说，合规管理还有着更多更高层次的意义。

1. 树立和维护国家形象的需要

跨国企业虽然具有国际性，并且遵循基本的商业逻辑行事，但在以国家为主体的当代世界中，让人产生的第一印象还是其国家形象。如果中国企业在"走出去"的时候能够塑造一个遵规、亲和、友善、负责的形象，就会减少许多冲突和困境。因此，建立合规体系并使其有效运行，是使企业所有商业活动始终保持合法合规的基本保障，是中国企业在境外经营时，树立和维护国家整体形象、促进企业国际声誉的最基本条件。

2. 文化融入的需要

在国际市场上，我国企业在工程建设领域技术方面的差距并不大，但在管理和文化层面还有很大差距。因此，建设与国际经营接轨的先进企业文化，转变思想观念、改变思维方式，成为我们参与国际竞争的关键因素。

在合规经营、反对腐败成为主流价值观的大背景下，我们首先要创新的就是合规文化。要把文化理念转变为行为，需要通过建立系统的制度，将合规要求融入具体的工作流程及岗位中，持之以恒地严格执行。将表面的合规管理逐渐变成习惯，形成一种严谨的行为方式。通过合规制度的建立与执行以及合规文化的培育，将管理文化由任意型、粗放型向信誉型、集约型转变。

中国文化比较强调变通、灵活，有时候这是优点，有时候就容易出问题。企业要想真正融入国际大家庭、实现做强做优，就必须对自己的行为方式和道德文化进行认真反思和总结，学会遵守国际游戏规则，才有可能自立于世界大企业之林。

3. 市场竞争的需要

随着不断的发展壮大，一部分中国企业已处于发展变革的重要阶段。在这个阶段中，一是面临更多、更复杂的合规风险，二是在合规要求更严格的环境下参与市场竞争是未来的发展趋势，这就决定我们只有走合规经营之路，才能防范合规风险，才能在世界范围内和发达国家跨国公司竞争。而合规经营反过来又能提升企业的信誉，从而增强国际竞争能力。通过行为的合规进一步保障执行结果正确，这也是提升企业经营质量的必选之路。

4. **防范政治风险的需要**

在和平时期，国家之间的竞争主要体现在经济领域的竞争，而经济领域的竞争则突出表现在大企业之间的竞争。

在世界格局中占主导地位的美国和西方国家，用冷战思维遏制中国的崛起。在国际市场上，作为后起之秀的中国企业，一举一动都备受关注，一旦出现失误就会被无限放大，削弱我们的市场竞争力，遏制我们的发展壮大。

西方国家冷战思维的特点之一就是寻找中国企业与西方企业的差异，并在中国企业的软肋上大做文章，突出中国企业的弊端，从"软实力"上削弱我们的竞争力，破坏我们的国际形象，从而阻挠我们走向国际市场。

因此，中国企业在境外经营中做好合规管理，对于应对西方国家的"经济冷战"也有积极意义。

（四）工程建设企业境外经营合规管理的重要性

在"走出去"的中国企业中，80%属于工程建设企业。而这些"走出去"的企业有的因合规导致的问题，已经造成了巨大的经济和声誉损失。如，因合规问题被世界银行制裁的中国企业的行业统计分布来看，99%以上的企业是从事基础设施建设、工程建设类。如果这些企业因不合规被世行除名制裁，不仅不能承接世行及其他多边开发银行资助的项目，还可能引起他国政府、当地企业及金融机构的关注，或设置不利的合作条件。这不仅会影响我国企业进一步参与相关国家和地区的项目与商业合作机会，还会影响我国"一带一路"倡议的顺利推进，甚至影响国家推动企业"走出去"服务对外开放的大局，必须引起相关企业的高度重视。

因此，工程建设企业建立健全合规管理体系和制度，对于提升"走出去"企业整体合规管理水平至关重要。企业应充分重视合规问题，建立起工程建设企业境外经营合规管理的行业标准、体系指南。

五、合规管理与风险管理和企业内部控制的关系

（一）三者的含义

1. 合规管理

合规管理的定义如前文所述。

2. 内部控制

内部控制是指企业和各个组织在经济活动中建立的一种相互制约的业务组织形式和职责分工制度。为了实现企业经营目标，保障资产的安全、完整，保证会计信息资料的准确可靠，确保企业经营方针的贯彻执行和经营活动的经济性、效率性、效果性而在企业内部采取的自我调整、约束、规划、评价和控制的一系列方法、程序与措施的总称。

1980年后，美国COSO委员会（全美反舞弊性财务报告委员会发起组织）将"内部控制"定义为"一个组织设计并实施的一个程序，以便为达到该组织的经营目标提供合理保障"。

在COSO委员会制定的内部控制框架中，把内部控制活动分成五大组成部分，即：控制环境、风险评估、控制活动、信息与交流和监

督评审。

2002年，美国成立的上市公司会计监管委员会（PCAOB）明确采用了COSO内控框架作为内控评价的标准体系。许多国家和地区的资本市场也采用了COSO内控框架，有些国家和地区在参照该框架的基础上建立了自己的内控体系。

我国在2005年先后出台了《上交所上市公司内部控制指引》和《深交所上市公司内部控制指引》两个文件。上述两个文件参照了美国SOX法案的要求，在理论体系上和COSO内控框架一脉相承。

3. 风险管理

风险管理是指通过对风险的识别、评估，选择最有效的应对方式，在事前主动地、有目的地、有计划地处理风险，以最小成本争取获得最大安全保证的管理方法。

企业风险管理理论发展大致分为三个阶段。

第一阶段：以"安全和保险"为特征的风险管理。100多年前，航运企业风险管理的主要措施就是通过保险把风险转移给保险公司。

第二阶段：以"内部控制和控制纯粹风险"为特征的风险管理。随着工业革命的发展，公司对业务管理和流程方面的内部控制提出了要求。美国1977年的《反国外贿赂法》要求公司管理层加强内部会计控制；1992年的《COSO内部控制综合框架》提出以财务管理为主线的内部控制系统。

第三阶段：以"风险管理战略与企业总体发展战略紧密结合"为特征的全面风险管理。风险管理实践表明，仅靠内部控制难以实现企业的最终目标。为此，COSO于2004年9月出台了《COSO企业全面风险管理整合框架》（ERM），提出了由三个维度构成的风险管理整合框架。

国务院国资委于2006年发布《中央企业全面风险管理指引》，标志着我国中央企业建立全面风险管理体系工作的启动。

(二) 三者的侧重点

合规管理是内部控制的一个重要方面，也是风险管理的一个关键环节。内控制度的完善离不开合规化的管理及操作。这三者各有侧重点，详见表1-2。

表1-2 合规管理、内部控制与风险管理的侧重点

合规管理	内部控制	风险管理
1. 反商业贿赂、反欺诈、反舞弊； 2. 反垄断、反不正当竞争、反洗钱； 3. 贸易管制、海关估值、转移定价； 4. 数据安全、信息保护、隐私保护； 5. 高管刑事责任； 6. 税务合规； 7. 安全健康环保； 8. 知识产权保护	1. 组织架构的设计与运行； 2. 发展战略的制定与实施； 3. 人力资源的引进与开发、使用与退出； 4. 安全生产、产品质量、环境保护与资源节约、促进就业与员工权益保护； 5. 企业文化的建设与评估； 6. 资金活动：筹资、投资和资金营运； 7. 采购业务：购买、付款； 8. 资产管理：存货、固定资产、无形资产； 9. 销售业务：销售、收款； 10. 研究与开发：立项与研究、开发与保护； 11. 工程项目：立项、招标、造价、工程建设、工程验收； 12. 担保业务：调查评估与审批、执行与监控； 13. 业务外包：承包方选择、外包实施； 14. 财务报告：编制、对外提供、分析利用； 15. 全面预算：编制、执行、考核； 16. 合同管理：合同订立、履行； 17. 内部信息传递：内部报告的形成、内部报告的使用； 18. 信息系统：开发、运行与维护	1. 战略风险； 2. 财务风险； 3. 市场风险； 4. 运营风险； 5. 法律风险； 6. 环境风险； 7. 政策风险； 8. 技术风险

合规管理的核心,是"不合规,企业及相关利益主体将遭遇声誉损害、高额赔偿,乃至刑事处罚"。将企业和个人行为纳入合规管理体系中,保障主体不因不合规而遭受以上损失,这是合规管理的驱动力,也是合规管理的内在核心。至于合规可创造价值,完善的合规体系可成为减轻责任的抗辩理由,则是锦上添花的事。

内部控制的核心,是"通过内部控制五要素,对管理层及员工的行为进行约束,以尽可能实现企业的运营有效、报告可靠、合规这三大目标"。内部控制是帮助企业实现业绩和盈利目标,同时又保证企业出具的财务报告可靠和企业行为符合法律法规。

风险管理的核心,是"以可接受的成本保护和创造价值"。可接受的成本是指企业对风险的偏好程度,保护价值是指企业进行风险管理的基本目的,创造价值是指企业运用风险带来的机会,它是企业进行风险管理的高级目的。随着社会波动性、复杂性和模糊性日益增加,以及利益相关者的参与度越来越高,企业更加需要完善的风险管理机制来应对。将风险管理贯穿于整个企业会产生许多好处,包括增加新的机遇、识别和管理企业的风险、增加竞争优势、减少负面损失、降低绩效偏离度、改善资源部署、提升企业韧性等。近年来,基于风险导向的管理理念逐渐兴起,企业管理中常见的公司治理、企业文化、战略管理、绩效管理、危机管理等都可以用风险管理框架来更好地标准化、科学化。

(三) 三者的关系

合规管理、内部控制、风险管理都是企业治理与管理必不可少的一部分。在经济与社会不确定性不断增加的情形下,以及处于政策作为经济与社会治理的重要手段不断加强的时代中,在历经一些惨痛教训之后，三者都越发显得重要。

与战略管理、营销管理、人力资源管理等职能与职责相比，合规管理、内部控制与风险管理在企业中偏向于基本保障、风险预防。如果将企业比喻为一辆向前行驶的车辆，那么合规管理、内部控制与风险管理应该类似于刹车、前后护栏、ABS等组合在一起的功能。

合规管理、内部控制、风险管理侧重的视角不同。合规管理强调对规则（法律、规章制度、商业伦理、当地宗教和文化）的遵守；内部控制强调对行为（企业各层级、业务各环节）的限制；风险管理强调对未来不确定性事件的控制。

合规是内部控制要达到的目标之一，而内部控制则被涵盖在企业风险管理之内，是风险管理的一个基础和组成部分。因此，从三者的内涵来看，合规管理小于内部控制，内部控制小于风险管理。但从价值上来看，三者目前并不是可以相互取代的。

Chapter 2
第二章

哈萨克斯坦概况

一、地理位置和人口分布

(一) 地理位置

哈萨克斯坦位于亚欧大陆中部,西濒里海,北邻俄罗斯,东连中国,南与乌兹别克斯坦、土库曼斯坦、吉尔吉斯斯坦接壤。哈萨克斯坦面积272.49万平方千米,居世界第9位,为世界最大内陆国。东西宽约3000千米,南北长约1700千米。欧亚次大陆地理中心位于哈萨克斯坦,哈萨克斯坦约有15%的土地属于欧洲部分。

首都努尔苏丹属于东6时区,比北京时间晚2小时,无夏令时。

(二) 人口分布

根据最新的人口普查统计,截至2020年3月1日,哈萨克斯坦人口为1867.19万人,同比增长1.3%。其中女性占51.5%,男性占48.5%;城市人口1089.386万人,农村人口773.84万人。

在哈萨克斯坦的华人数量较少,除历史上从中国迁徙至哈萨克斯坦(以及吉尔吉斯斯坦)的"东干人"以外,后来还陆续从新疆的伊犁哈萨克自治州迁居了部分中国的哈萨克族人。这些华人主要集中在哈萨克东南部地区的阿拉木图州和东哈州。自中国进入哈萨克斯坦经商的流动人口尚无确切的统计数据,主要从事商品批发业务。

二、自然环境和自然资源

(一) 自然环境

1. 气候条件

哈萨克斯坦位于北温带,为典型的大陆性气候,夏热冬寒,1月平均气温-19℃~4℃，7月平均气温19℃~26℃。有历史记录的最高和最低气温分别为49℃和-57℃。哈萨克斯坦境内各地气候又有比较大的差异，北部地区因接近西伯利亚，气候较为寒冷，1月平均气温为-19℃，7月平均气温为19℃；南部地区气候比较温和，1月平均气温为-4℃，7月平均气温为26℃。年降水量在不同地区差别较大：荒漠地带不到100毫米，北方为300~400毫米，山区可达1000~2000毫米。

2. 地形地貌

哈萨克斯坦境内多平原和低地，全境处于平原向山地过渡地段，境内60%的土地为沙漠和半沙漠。最北部为平原，中部为东西长1200千米的哈萨克丘陵，西南部多低地，东部多山地。

3. 水系分布

河流：哈萨克斯坦水资源丰富，境内河流众多，大部分为内陆河和季节性溪流。最主要的河流有锡尔河、乌拉尔河、恩巴河、伊犁河、额尔齐斯河，其中伊犁河和额尔齐斯河与中国新疆相连。水量最大的为额尔齐斯河，全长4248千米，在哈境内有1700千米。哈萨克斯坦不少河流只有在化雪季节才有水，夏季干涸。哈萨克斯坦虽河流不少但仍属缺水的国家。

湖泊：哈萨克斯坦1公顷以上水面的湖泊、水塘、水库共有4.8万多个，水面总面积达4.5万平方千米以上。不包括部分属于该国的里海和咸海的水面面积。里海面积为37.4万平方千米，部分属于哈萨克斯坦。由于里海蕴藏丰富的石油资源，环里海国家都不想失去属于自己的资源，因此，出现了里海是"湖"还是"海"的争论，至今仍没有达成共识。咸海面积4.66万平方千米，部分属于哈萨克斯坦，另一部分属乌兹别克斯坦。

冰川：哈萨克斯坦还有高山冰川分布。它们是哈东南部地区重要淡水来源之一。拥有冰川约2700余座。著名冰川有科尔热涅夫斯基冰川、贝格冰川、阿拜冰川等。由于地球气候变暖，冰川面积锐减。

(二) 自然资源

哈萨克斯坦的自然资源丰富，尤其是固体矿产资源非常丰富，境内有90多种矿藏、1200多种矿物原料，已探明的黑色、有色、稀有和贵重金属矿产地超过500处。不少矿藏储量占全球储量的比例很高，如钨超过50%、铀25%、铬矿23%、铅19%、锌13%、铜和铁10%，许多品种按储量排名在全世界名列前茅见表2-1。

表2-1 哈萨克斯坦部分固矿资源储量全球排名

全球排名	名称	储量
1	钨	200万吨
2	铬矿	4亿吨
2	铀	150万吨
4	锰矿	6亿吨
4	铜	3450万吨
4	锌	2570万吨
6	铁矿	91亿吨
6	铅	1170万吨
8	金	1900吨
10	铝土矿	4.5亿吨

石油天然气：哈萨克斯坦石油储量非常丰富，已探明储量居世界第七位。根据哈萨克斯坦储量委员会公布的数据，目前哈陆上石油探明储量为48亿~59亿吨，天然气3.5万亿立方米；哈萨克斯坦属里海

地区石油探明储量80亿吨，其中最大的卡沙干油田石油可采储量达10亿吨，天然气可采储量超过1万亿立方米。

煤：煤资源储量1767亿吨，位列全球第8，占世界总储量的4%。全国已探明和开采的煤田100个，其中大部分煤田分布在哈萨克斯坦中部（卡拉干达、埃基巴斯图兹和舒巴尔科里煤田）、北部（图尔盖煤田）和东哈州。

铀：哈萨克斯坦铀的储量非常丰富，已探明储量150万吨左右，总储量占全球储量的19%，居世界第2位。哈萨克斯坦铀矿主要集中在南部楚河-萨雷苏河铀矿区、锡尔河铀矿区（超过哈总储量的70%）和北部铀矿区（占总储量的17%左右），已探明铀矿超过55个。哈萨克斯坦铀矿的水文地质条件非常好，开采成本低。目前正在开采的铀矿90%以上采用地下浸出的低成本方法开采。

黄金：已探明储量约1900吨，居世界第8位，占全球黄金储量的3%~4%。哈萨克斯坦有20个金矿区，主要分布在哈萨克斯坦的北部、东部和东南部地区。从金矿的种类上看，单一金矿占总储量的68%左右，其余为共生矿。但目前全国黄金产量的2/3来自共生矿，是在加工锌和铜的过程中提炼出来的。哈萨克斯坦黄金产量仅排世界前20位。

铜：已探明储量为3450万吨，占世界储量的5.5%，排名第4位。哈萨克斯坦已勘探出93座铜矿，一半以上处于开采阶段。全国共有大型铜业开采公司11家，其中2家为外国公司。排名靠前的2家公司为哈萨克斯坦铜业公司和哈萨克斯坦铝业公司。

铅和锌：哈萨克斯坦已探明铅储量为1170万吨，世界储量占比为10.1%，排名第6位。

哈萨克斯坦已探明锌储量为2570万吨，世界储量占比9.5%，排名第 4 位。目前在哈萨克斯坦发现的铅锌矿有 3000 多个，主要集中在中哈、南哈和东哈地区。

铝矾土：哈萨克斯坦已探明铝矾土储量 4.5 亿吨，为世界第 10 位，按每年开采 500 万吨计算，可开采 90 年。

镍和钴：根据已探明储量，哈萨克斯坦镍和钴储量在世界排名分别为第 12 位和第 7 位。全国有 39 家镍矿和 55 家钴矿。

锰：锰矿资源总储量超过 6 亿吨，排世界第 4 位，次于南非、乌克兰和加蓬，全部集中在卡拉干达州。

铁：已探明储量 91 亿吨，排世界第 6 位。哈萨克的铁矿属于富矿，铁精矿含量可达 65% 左右。哈地质学家预测其远景储量为 150 亿吨，其中约 60% 为富矿和易选矿。

铬：铬矿储量居世界第 2 位，仅次于南非。哈萨克斯坦目前已探明储量的铬矿有 20 个，总储量超过 4 亿吨，总储量占世界的 1/3。几乎全部集中在阿克纠宾州的赫罗姆套（意为"铬山"）。

钨：钨矿储量为 200 万吨，居世界第 1 位，占全球储量的 50%。哈钨矿主要集中在中部卡拉干达州及东南部的 12 个矿区，多为钨钼共生矿。最大的钨矿是位于卡拉干达州阿塔苏东大约 100 千米的上凯拉克特矿。

三、经济状况和发展规划

（一）经济状况

2019 年哈萨克斯坦经济增速为 4.5%。2020 年 10 月，世界银行发布《新冠肺炎和人力资本报告》，2020 年哈萨克斯坦 GDP 萎缩 2.6%。

表 2-2　2015—2019 年哈萨克斯坦宏观经济情况

年份	GDP 总值		增长率（%）	人均 GDP 值		当年人口（万人）
	亿美元	亿坚戈		美元	坚戈	
2015	1838.3	407614	1.2	10558	2330008.9	1767.1
2016	1336.6	457321	1.0	7509.4	2569359.8	1792.7
2017	1581.8	519668	4.0	8837	2862033.4	1815.7
2018	1705.5	587900	4.1	9271	3195806.4	1839.6
2019	1793.3	686400	4.5	9686	3707316.5	1863.2

资料来源：哈萨克斯坦国民经济部统计委员会。

表 2-3　2019 年哈萨克斯坦宏观经济指标

指标	2019 年	较上年增幅（%）
面积（万平方千米）	272.49	—
人口（万）	1863.2	1.3
GDP（亿美元）	1793.3	4.5
工业 GDP（亿美元）	586.3	5.2
农业 GDP（亿美元）	80.7	0.9
服务业 GDP（亿美元）	994.1	4.4
固定资产投资（亿美元）	327.8	8.5
零售商品总额（亿美元）	292.42	5.8
外贸额（亿美元）	960.8	1.4
出口（亿美元）	577.2	-5.5
进口（亿美元）	383.6	14
顺差（亿美元）	193.6	-32.3
通胀率（%）	5.4	—
失业率（%）	4.8	—
货币名称	坚戈（Tenge）	
汇率	（全年平均）1 美元 = 382.75 坚戈	
人均月工资（美元）	485	14.3

续 表

指 标	2019年	较上年增幅（％）
当年引资（亿美元）	241	-0.8
截至2018年底吸引外资存量（亿美元）	1612.27	—
国际储备（包括央行储备和国家基金）（亿美元）	907.1	2.3
外债（亿美元）	1568	-1.27
其中：非政府外债（亿美元）	1241.5	0.32
政府外债（亿美元）	326.5	-6.8

资料来源：哈萨克斯坦国民经济部统计委员会。

产业结构：2019年哈萨克斯坦第一、二、三产业增加值占GDP的比重分别为4.5％、32.7％和55.4％。

财政收入：2019年度财政收入333.3亿美元，同比增长6.4％。财政支出353.6亿美元，同比增长97.5％。赤字33.6亿美元。

通货膨胀率：2019年通货膨胀达5.4％。2020年哈萨克斯坦通胀率为7.5％，主要是食品和服务业价格上涨。

失业率：2019年哈失业率为4.89％，无业人口44.14万。2020年失业率为5％。

外债水平：截至2020年7月1日，哈外债规模达1598亿美元，同比增长0.9％。其中，非居民企业贷款债务占比79.9％，非居民企业债券债务占比11.6％。按债务类型划分，公司间债务占比最大（1012亿美元，占比63.3％）。过去5年来，公司间债务增加50亿美元，增长5.2％。其主要来源为在哈外国油气公司分支机构向母公司借款。哈外债总额占GDP的89.6％，占比较2019年底（87.3％）有所上升。不计公司间债务，哈外债仅占GDP的32.8％，占比较5年前（30.8％）略有增长，哈居民人均外债

31

3100美元，较5年前（3500美元）有所下降。

哈外债主要来源国包括荷兰（448亿美元）、英国（217亿美元）、美国（130亿美元），上述三国占哈外债总额的49.7%。其后依次为法国（116亿美元）、中国（102亿美元）和百慕大群岛（94亿美元）。哈对国际组织债务约99亿美元。

重点及特色产业有：

1. 采矿业

采矿业是哈萨克斯坦国民经济的支柱产业。2019年哈萨克斯坦采矿业总产值约421.01亿美元，同比增长3.7%，在工业总产值（约760.37亿美元）中占比达55.37%。

石油天然气开采业是主要产业之一。2019年石油和凝析油产量9052.71万吨，天然气564.35亿立方米。

大型企业包括哈萨克斯坦国家石油天然气公司、哈萨克斯坦石油运输公司、哈萨克斯坦天然气运输公司等。

其次是矿产资源开采业。铜、锌、铝等有色金属开采业主要集中在哈萨克斯坦南部、北部和中西部地区，煤炭工业主要在中部的巴甫洛达尔州，铀矿开发地则在南部和北部地区。大型企业有陶肯-萨姆鲁克矿业公司、哈萨克斯坦铜业公司、哈萨克斯坦锌业公司、欧亚资源集团、安塞尔米塔尔铁米尔套公司、哈萨克斯坦原子能工业公司等。

2. 加工工业

哈萨克斯坦加工工业主要包括石油加工和石化工业、轻纺工业、建材、家用电器和汽车制造、机械设备和黑色、有色金属材料生产，以及烟酒和食品及制药工业。近几年发展迅速，产值从2001年的68亿美元发展到2019年的292.41亿美元。2019年产值比上年增长4.4%，在工业总产值中占比约为38.46%。

石油加工领域，目前哈萨克斯坦有三个大型炼油厂，分别是巴甫洛达尔炼厂、阿特劳炼厂和奇姆肯特炼厂，2019年共加工原油1607.9万吨，较上年增长4.8%。

近年来，哈萨克斯坦大力发展汽车组装生产。目前，亚洲汽车公司，位于东哈州乌斯季卡缅诺戈尔斯克市，2019年生产汽车2.12万辆，占哈国内汽车产量的48%；其次是"金色草原"汽车工业公司，位于科斯塔奈州，属于哈国内最大规模汽车企业阿鲁尔集团，2019年生产汽车2.02万辆，占哈国内汽车产量的45.5%。2019年5月，中国通用技术集团所属中国机械进出口（集团）有限公司和江淮汽车联合收购阿鲁尔集团51%的股权。

3. 建筑业

2019年哈萨克斯坦建筑业产值为3.78万亿坚戈（约合98.76亿美元），比上年增长12.9%，建筑业在GDP中所占比重为12.1%。主要的建筑公司有BI集团、Bazis-A集团等。

2020年哈萨克斯坦建筑业增长11.2%，2020年哈建筑工程（服务）业完成产值4.92万亿坚戈（约合117.4亿美元），同比增长11.2%。其中，建筑安装工程产值（4.132万亿坚戈）增长9.7%；大型维修工程产值增长13.8%，日常维修工程产值增长26.1%。

4. 农业

哈萨克斯坦地广人稀，全国可耕地面积超过2000万公顷，每年农作物播种面积1600万～1800万公顷。主要农作物包括小麦（占粮食作物产量的90%左右）、玉米、大麦、燕麦、黑麦。粮食主产区（90%产量）在北部的科斯塔奈州、北哈萨克斯坦州和阿克莫拉州。南方部分地区可种植水稻、棉花、烟草、甜菜、葡萄和水果等。2019年农业产值约136.29亿美元，同比增长0.9%。2019年，哈萨克斯坦粮食总产量1742.9万吨,同比下降14.05%;小麦产量1145.16万吨,同比减少17.87%;油料作物产量258.37万吨,同比减少4.08;棉花34.44万吨,同比增加0.23%。畜禽存栏量7537.44万头（只）。

5. 服务业

哈萨克斯坦服务业GDP的比重高于农业和工业。2019年,哈萨克斯坦服务业产值约760.37亿美元,占哈萨克斯坦GDP总值的55.4%。

(二) 发展规划

1. 全国行动计划

2019年9月,哈萨克斯坦总统托卡耶夫批准政府制定的《落实总统国情咨文全国行动计划》。《行动计划》提出了一系列落实总统要求的具体举措,包括发展公民社会、加强严重犯罪刑事立法、引入行政司法、支持中小企业、回收未开发农业用地、降低商品服务价格、发展竞争、修订社会政策、提高教育质量、允许提前使用养老金等。同时,按照总统要求,政府已制定2020—2025年"光明之路"、《商业路线图-2025》等国家发展规划,正在修订《到2025年国家发展战略规划》文件,指导推动社会经济高质量发展。

2. 产业和创新发展规划

2018年12月,哈萨克斯坦政府会议审议通过《2020—2025年国家产业和创新发展规划纲要》。《规划纲要》计划在以下方面推动产业和创新发展:一是实施积极的贸易政策,消除外贸壁垒;二是培育新的生产要素增长点,包括发展高质量的工业、数字和认证基础设施,培育人力资源优势;三是发展新的资本密集型和技术密集型生产。政府将在《规划纲要》框架内,在国内外市场为有效率的企业提供直接支持,企业则需要承担实现具体经营指标的义务。

3. 基础设施发展规划

哈萨克斯坦制定实施了《到 2020 年哈萨克斯坦发展战略规划》，对公路、铁路、管道运输、水运、电信、电力等基础设施改造和建设等进行了详细规划。2019 年底，哈萨克斯坦政府批准实施《2020—2025 年"光明之路"国家规划》，计划建设、改造、维修 2.1 万千米国家级公路，路况良好率达到 100%；维修 2.7 万千米地方公路，路况良好率达到 95%；实施 112 个基础设施项目，创造 55 万个长期及临时性工作岗位。未来 5 年内，计划建设 13 座新机场。

四、国家象征和政治制度

（一）国家象征

1. 国旗

哈萨克斯坦国旗呈长方形，长宽比为 2∶1。旗地为浅蓝色，旗面中间是一轮金色的太阳，太阳放射出 32 道光芒，下面有一只展翅飞翔的雄鹰。靠旗杆一侧是一垂直竖条，为哈萨克传统的金色花纹图案。浅蓝色为哈萨克人民喜爱的传统颜色，既代表天空，也象征康乐、和平、宁静。哈萨克斯坦在 1991 年 12 月独立后采用此国旗，1992 年 6 月 4 日启用。

图 2-1　哈萨克斯坦国旗

2. 国徽

哈萨克斯坦国徽呈圆形，以蓝、金两色为主。国徽上突出显示的是代表了哈萨克人传统的金色毛毡圆顶帐篷以及饰带凌空飞扬的骏马，整体象征着游牧生活；底部饰带上是哈萨克文国名。

图 2-2　哈萨克斯坦国徽

3. 国歌

哈萨克斯坦国歌为《我的哈萨克》。

（二）政治制度

哈萨克斯坦为总统制共和国，独立以来实行渐进式民主政治改革。总统为国家元首，任期 5 年。国家政权以宪法和法律为基础，根据立法、司法、行政三权既分立又相互作用和制衡的原则行使职能。

1. 宪法

哈萨克斯坦共和国宪法具有最高法律效力，是哈萨克斯坦国家法律体系及立法进一步发展的核心和基础。哈萨克斯坦宪法在 1995 年 8 月 30 日经全民投票批准成立，宣布哈萨克斯坦为总统制单一制共和国并确认了总统的最高权力。2007 年 6 月中旬，哈萨克斯坦议会通过宪法修正案，确定哈萨克斯坦政体由总统制向总统-议会制过渡。哈萨克斯坦首任总统纳扎尔巴耶夫2017年3月10日签署修改国家宪法的法令，根据修改后的宪法，总统将部分权力移交政府和议会，政府和议会权力得到加强。

2. 总统

总统为国家元首，是决定国家对内对外政策和基本方针，并在国际关系中代表哈萨克斯坦的最高国家官员，是人民和国家政权统一、宪法不可动摇性、公民权利与自由的象征和保证。总统每届任期5年。

1990年4月24日，苏联首次设立哈萨克苏维埃社会主义共和国总统职务。苏联解体后，哈萨克斯坦共和国的国家元首职位仍称总统，首任总统为努尔苏丹·阿比舍维奇·纳扎尔巴耶夫。

2019年3月19日，哈萨克斯坦总统纳扎尔巴耶夫宣布辞职。3月20日，托卡耶夫宣誓就任哈萨克斯坦临时总统。6月10日，托卡耶夫当选为哈萨克斯坦总统。

3. 议会

国家最高立法机构。由参议院（议会上院）和马日利斯（议会下院）组成。参议院49个席位，下院107个席位。议会上院议长玛吾林·阿什姆巴耶夫，2020年5月当选。议会下院议长努尔兰·扎伊卢拉耶维奇·尼格马图林，2016年6月就任。

议会的主要职能是：通过共和国宪法和法律并对其进行修改和补充；批准总统对总理、国家安全委员会主席、总检察长、中央银行行长的任命；批准和废除国际条约；批准国家经济和社会发展计划、国家预算计划及其执行情况的报告等。在议会对政府提出不信任案、两次拒绝总统对总理任命、因议会两院之间或议会与国家政权其他部门之间不可克服的分歧而引发政治危机时，总统有权解散议会。

4. 政府

国家最高行政机关,其活动对总统负责。

5. 司法机构

有最高司法委员会、司法鉴定委员会、宪法委员会、最高法院和各级地方法院。2001年初,哈萨克斯坦通过了《司法体系与法官地位法》,规定法官独立司职,只服从宪法和法律。最高司法委员会由总统主持,现任主席为塔·多纳科夫,2018年4月就任。其他成员包括宪法委员会主席、最高院院长、总检察长、司法部长、上院议员等。高法院院长别克塔斯·别克纳扎罗夫,2011年4月就任。总检察长阿斯哈特·道尔巴耶夫,2011年4月就任。

(三) 主要党派

哈萨克斯坦于20世纪80年代末和90年代初开始实行政治多元化。独立后,即推行多党制进程。目前,哈萨克斯坦司法部共登记有9个政党,其中包括:

(1) 哈萨克斯坦"祖国之光"党。前身是成立于1999年1月的"祖国党",2006年12月22日改为"祖国之光"人民民主党,2013年10月更名为"祖国之光"党,现有党员100多万,在哈全国所有州和直辖市均设分支机构,拥有5900多个基层组织,是哈萨克斯坦最大政党。该党作为政权党,完全支持首任总统纳扎尔巴耶夫及现任总统托卡耶夫的政策主张;该党全力支持纳扎尔巴耶夫提出的"哈萨克斯坦道路"发展纲领,致力于研究落实具体改革措施,并主张维护现行宪法,充分发掘其潜力。哈萨克斯坦首任总统纳扎尔巴耶夫亲自出任该党主席。2019年6月,该党推举的候选人托卡耶夫当选哈新一届总统。

(2) 哈萨克斯坦共产人民党。该党于2004年4月与哈萨克斯坦共产党分裂后成立,现有党员10万人,以工人、学生、知识分子、退休人员为主,基层组织1980个。在2012年1月、2016年3月哈萨克斯坦议会下院选举中均获7席。该党现由中央书记阿赫梅特别科夫、科努罗夫和廖赫基共同领导。前中央书记科萨列夫为中央名誉书记。该党自称为建设性反对派,奉行与新的社会发展阶段相适应的马克思列宁主义。

(3) 哈萨克斯坦"光明道路"民主党。登记于2002年4月3日,现有党员25万人,党主席为佩鲁阿舍夫,另设4名副主席。在2007年8月举行的哈萨克斯坦议会下院选举中,该党获得3.27%选票,未能跨过7%门槛。在2012年、2016年议会下院选举中,分别斩获8席和7席。该党自称为"建设性反对派",旨在建设独立、繁荣、民主、自由、公正的哈萨克斯坦,成为哈萨克斯坦政治民主化运动的主要参与者和推动者。自2011年佩鲁阿舍夫当选党主席以来,哈商界人士积极加入,该党逐渐向企业家政党转型。

此外,通过司法部登记的合法政党还有哈萨克斯坦爱国者党、哈萨克斯坦共产党、哈萨克斯坦"农村"社会民主党、精神复兴党、全国社会民主党、哈萨克斯坦"阿基利特"民主党。

五、政府机构和行政区划

(一) 政府机构

哈萨克斯坦政府是国家最高行政机关,由17个部委组成,其活动对总统负责。政府总理是哈萨克斯坦的政府首脑,本届政府于2019年2月组成,阿斯卡尔·马明任政府总理。

(1) 内务部:国家执法及内政管理部门,主要职能是维护国内安全和稳定，保护公民权利和自由，捍卫法律秩序，打击犯罪，预防和处理紧急事件，制止和预防威胁国家统一的武装冲突，现任部长图尔古姆巴耶夫。

（2）国防部：负责掌管国防与军队事务，现任部长叶尔梅克巴耶夫。

（3）工业和基础设施发展部：负责国家工业、基础设施、交通通信等领域事务，现任部长阿塔姆库洛夫。

（4）农业部：综合管理种植业、畜牧业、水产业、农垦、乡镇企业和饲料工业等产业的职能部门，又是农村经济宏观管理的协调部门，现任部长奥马洛夫。

（5）卫生部：管理公共健康保护、医疗和医药、卫生和疾病防控的中央执行部门，现任部长阿列克谢·崔。

（6）外交部：执行哈外交政策、主管外交事务的政府部门，现任部长特列乌别尔季。

（7）数字发展、创新和航空航天工业部：负责国家创新活动、科技发展的部门，现任部长茹玛加利耶夫。

（8）国民经济部：是综合研究拟订经济和社会发展政策，进行总量平衡，指导总体经济体制改革、制定投资政策及监督国有资产的宏观调控部门，现任部长达列诺夫。

（9）能源部：负责管理能源政策法规、发展规划、能源节约和科技装备、电力、煤炭、石油天然气、新能源和可再生能源等领域，现任部长诺加耶夫。

（10）劳动和社会保障部：负责制定社会劳动方面相关的法律政策，发展就业和居民生活质量，现任部长努雷姆别托夫。

（11）文化和体育部：主管文化和体育事务，现任部长拉伊姆库洛娃。

（12）教育和科学部：主管教育和科技事务，现任部长阿伊玛加姆别托夫。

（13）财政部：负责国家财政和财务，现任部长贾马乌巴耶夫。

（14）司法部：主管全国司法行政工作，现任部长别克塔耶夫。

（15）信息和社会发展部：联合宗教团体，保障公民宗教信仰自由，负责青年政策工作。现任部长巴拉耶娃。

（16）贸易和一体化部：负责对外贸易和国内贸易政策制定和管理，以及哈萨克斯坦参与欧亚经济联盟、世界贸易组织等区域一体化组织和多边机制相关工作。现任部长苏尔丹诺夫。

（17）生态、地质和自然资源部：负责制定实施国家生态环境保护政策，以及自然资源合理利用及保护等工作。现任部长米尔扎加利耶夫。

（二）行政区划

哈萨克斯坦全国划分为14州3个直辖市。14州分别为：阿克莫拉州、阿克纠宾州、阿拉木图州、阿特劳州、图尔克斯坦州、东哈萨克斯坦州、江布尔州、西哈萨克斯坦州、卡拉干达州、克孜勒奥尔达州、科斯塔奈州、曼吉斯套州、巴甫洛达尔州、北哈萨克斯坦州。3个直辖市分别为首都努尔苏丹市、阿拉木图市和奇姆肯特市。

（1）努尔苏丹。哈萨克斯坦首都，位于哈萨克斯坦中部，伊希姆河畔，是哈萨克斯坦政治、文化教育、经济贸易和旅游中心，是世界上最年轻的首都之一，也是中亚地区最现代化的城市之一，面积797平方千米，人口约108万。从1997年起成为哈萨克斯坦首都。该城最初起源于19世纪初沙俄哥萨克军队建立的阿克莫林斯克军事要塞。1961年更名为切利诺格勒（意为"垦荒城"）。哈萨克斯坦独立建国后改称阿克莫拉（意为"白色坟墓"）。1997年10月，哈萨克斯坦议会通过决议，将首都由阿拉木图迁往阿克莫拉。同年12月，哈萨克斯坦总统纳扎尔巴耶夫正式签署关于迁都的命令。1998年5月，城市更名为阿斯塔纳（意为"首都"），同年6月10日举行迁都仪式。

为表彰哈萨克斯坦首任总统努尔苏丹·纳扎尔巴耶夫为国家独立和建设做出的巨大贡献，2019年3月，哈萨克斯坦议会通过宪法修正案，将首都更名为努尔苏丹。

中北部最大河流之一的伊希姆河流经该市。属典型大陆性气候，全年多风、冬季严寒、多雪。该市是连接哈南部地区、西伯利亚及乌拉尔地区的重要铁路枢纽，公路交通发达。纳扎尔巴耶夫国际机场可起降大型客机，有国际航班通往莫斯科、北京、伊斯坦布尔等城市。

（2）阿拉木图。阿拉木图是哈旧都（1929年至1997年10月）和经济、文化中心，位于哈东南部、天山北麓外阿赖山（中国称外伊犁山）脚下的丘陵地带，三面环山。面积约682平方千米，海拔700－900米，人口约205.37万。以盛产苹果著称，阿拉木图在哈萨克语中的意思就是"苹果之父"。阿拉木图历史悠久，早在公元10—14世纪，这里就成为中国通往欧洲丝绸之路上的贸易、手工业和农业中心之一。现已成为一座风景独特的旅游城市和中亚最大的贸易中心，也是哈萨克斯坦公路枢纽、航空要站和最大的工业中心。

（3）奇姆肯特。奇姆肯特位于哈南部，原南哈萨克斯坦州首府。面积为1162.8平方千米，人口约103万。2018年6月19日，哈萨克斯坦首任总统纳扎尔巴耶夫签署《关于哈萨克斯坦行政区划有关问题》的总统令，正式赋予原南哈萨克斯坦州首府奇姆肯特市直辖市地位。调整后，奇市成为继努尔苏丹和阿拉木图之后第三个人口超过百万的城市。

（4）阿克托别。阿克托别位于哈西北部，是阿克纠宾州州府。面积 297 平方千米，人口约 50 万，70% 以上为哈族人。阿克纠宾是哈西部重要的经济中心，许多中资企业在此从事与石油相关工业。

（5）卡拉干达。卡拉干达位于哈中部，是卡拉干达州州府，距首都努尔苏丹 200 千米。面积约 543 平方千米，人口约 34 万。

（6）乌斯季卡缅诺戈尔斯克。乌斯季卡缅诺戈尔斯克，又称乌斯卡曼，位于哈东部，额尔齐斯河和乌尔巴河交汇处，是东哈萨克斯坦州州府。面积约 543 平方千米，人口约 33 万，一半以上为俄族人。

表 2-4　哈萨克斯坦行政区划及其行政中心

州、直辖市名称	面积（万平方千米）	首府	人口（人）（截至 2020 年 1 月）
努尔苏丹市	0.07	—	1136156
阿拉木图市	0.07	—	1916822
奇姆肯特市	0.12	—	1038152
北哈萨克斯坦州	9.8	彼得罗巴甫洛夫斯克	548755
科斯塔奈州	19.6	科斯塔奈	86854
阿克莫拉州	14.62	科克舍套	736735
巴甫洛达尔州	12.48	巴甫洛达尔	752169
卡拉干达州	42.8	卡拉干达	1376882
东哈萨克斯坦州	28.3	乌斯季卡缅诺戈尔斯克	1369597
阿拉木图州	22.4	塔尔迪库尔干	2055724
江布尔州	14.43	塔拉兹	1130099
图尔克斯坦州	11.73	图尔克斯坦	2016037
克孜勒奥尔达州	22.6	克孜勒奥尔达	803531
阿克纠宾州	30.06	阿克托别	881651
曼吉斯套州	16.56	阿克套	698796
阿特劳州	11.86	阿特劳	645280
西哈萨克斯坦州	15.13	乌拉尔	656844

资料来源：哈萨克斯坦国家统计委员会。

六、社会组织和公共交通

(一) 社会组织

哈萨克斯坦工会联合会是哈萨克斯坦最大的工会组织,现有会员200万人,26个产业工会,14个地区性工会。根据哈萨克斯坦工会法规定,工会的成立由不少于10个雇员发起,并通过会议形式决定工会章程及领导机构后成立。工会成立后通常会代表员工与企业签订集体合同,签订集体合同是雇员的权利。

除哈萨克斯坦工会联合会外,哈萨克斯坦其他较大的社会组织还有哈萨克斯坦独立工会联盟、哈萨克斯坦农民联盟、共和国农民经济联合会、共和国穆斯林妇女联盟、"阿扎特"民族运动、"统一"民族运动等。此外哈萨克斯坦还有2500个非政府组织、各民族文化中心等,这些机构活动领域广泛,也是哈萨克斯坦重要的社会组织。

(二) 公共交通

1. 铁路

哈萨克斯坦作为世界上最大的内陆国家,铁路交通在全国交通运输中扮演着重要角色。哈萨克斯坦目前铁路干线总里程1.51万千米,其中复线5000多千米,电气化线路4100多千米,站线和专用线路6700千米。目前哈萨克斯坦仅在阿拉木图市建有地铁,于2011年12月开通,全长8.56千米,一期工程共有7站。目前,阿拉木图市正计划新建两座地铁站。

中国与哈萨克斯坦有国际列车运营。乌鲁木齐-阿拉木图旅客列车双向运营。同时，乌鲁木齐-阿拉山口国内列车每日对开一列。

2. 公路

公路是哈萨克斯坦最主要的交通运输方式，其拥有的公路网仅次于俄罗斯，在独联体地区居第二位。目前公路总里程为9.74万千米。其中国道2.35万千米，州（区）道7.39万千米。

双西公路：东起中国东部海滨城市连云港，西至俄罗斯第二大城市圣彼得堡，经霍尔果斯口岸进入哈萨克斯坦，从北部边境出境进入俄罗斯，经奥伦堡、喀山、莫斯科抵达圣彼得堡，与欧洲公路网相连，全长8445千米。双西公路哈萨克斯坦境内线路全长2787千米，共穿越五个州，沿线总人口460万。

国际公路：哈萨克斯坦境内有六条国际公路，总长8258千米，承担着欧亚大陆之间过境货物运输的重要任务，具有极其重要的意义。

交通规则：哈交通规则大体与中国一致，车辆须靠右行驶。车辆必须给行走在人行道上的行人让路，否则会受到处罚。行车必须系好安全带。与国内不同的是右转弯车辆须按交通信号灯行驶，即无右转信号灯指示的情况下，红灯亮时车辆不得右转。白天行驶时须开启日间行车灯。中国驾照不可直接在当地使用。哈国道路条件复杂，建议初到哈者不要采取自驾方式出远门。

哈萨克的车辆虽然是靠右侧行驶，但是左舵和右舵的车都可以跑，右舵的车相对比较少，且都比较老旧，新一些的车普遍都是左舵的了。

3. 水运

哈萨克斯坦作为一个内陆国，相比其他运输方式，水运并不发达。水路运输主要集中在西部里海地区，以货物运输为主。

哈萨克斯坦里海海上运输主要依靠3个港口：阿克套国际商港、包季诺港和库雷克港。阿克套港可装卸各种干货和石油，是航空、铁路、公路、海运和管道多种运输途径的交通枢纽，也是目前哈萨克斯坦唯一的国际海港。

为扩大海运能力，已将库雷克港列入哈属里海地区发展规划。库雷克港设计能力为年装运原油 2000 万吨，经升级改造后，目前开始运输干散货等物资。包季诺港是哈里海大陆架石油开采公司的海运辅助港口，主要由用于转运哈境内石油开采公司所需的设备、建筑材料、燃料物资等。

哈萨克斯坦目前内河航运总里程 4054 千米，分布在三个水域，即额尔齐斯河水域（1719.5 千米）、伊犁河-巴尔喀什水域（1308 千米）和乌拉尔河-里海水域（956 千米）。

4. 空运

哈萨克斯坦国土辽阔，航空运输在哈萨克斯坦占有重要地位。2019 年，航空公司累计运载旅客 850 万人次，同比增长 7.5%；各大机场服务旅客近 1700 万人次，同比增长 12.5%；组建"飞狮"廉价航空公司，新开通 11 条国际航线，机票平均价格调降 12%。现有大型机场 21 个，其中 12 个提供国际空运服务。

大型机场有努尔苏丹努尔苏丹·纳扎尔巴耶夫国际机场、阿拉木图国际机场、阿克套国际机场、奇姆肯特国际机场、阿克托别国际机场、阿特劳国际机场、卡拉干达国际机场、克孜洛尔达机场、科斯塔奈国际机场等。

目前境内共有 30 余家航空公司。其中，阿斯塔纳航空公司是哈萨克斯坦最大的民航公司。

目前开通中国和哈萨克斯坦直航的航空公司有中国国际航空公司、中国南方航空公司、阿斯塔纳航空公司和斯卡特航空公司。目前已开通有北京、乌鲁木齐、西安往返努尔苏丹以及北京、乌鲁木齐、西安、香港往返阿拉木图直飞航线等。

5. 市内交通

（1）努尔苏丹市。

努尔苏丹市内公交系统发达程度一般，尚无地铁。可办理公交卡或上车后现金买票。可向出租车公司打电话或通过手机软件预定出租车。同时，可在路上招手拦下私人用车充当"出租车"。

（2）阿拉木图市。

阿拉木图市内有一条地铁线路，9个地铁站，全长11.3千米。地铁单程票价每人80坚戈。市内公交车单程票价每人80坚戈。

七、外交关系

哈萨克斯坦将自己定位为"有实力的重要地区大国"，奉行以巩固独立和主权为中心的"全方位务实平衡"外交，重点是俄罗斯、中国、美国、中亚和欧盟国家。独联体是哈萨克斯坦外交的优先方向；哈萨克斯坦也积极发展与欧洲国家的合作，旨在全面提升哈欧关系；哈萨克斯坦与伊斯兰国家外交继续保持活跃势头，积极参与伊斯兰世界的各种活动，推动伊斯兰和西方国家的文明对话。哈萨克斯坦作为无核国家加入了核不扩散条约，签署了全面禁止核试验条约。已加入联合国、国际货币基金组织、世界银行等主要国际组织，并谋求加入亚太经济合作组织。1994年5月哈萨克斯坦加入北约"和平伙伴关系计划"，主张建立亚洲安全体系，认为当代世界的主要特点是打击恐怖主义，国际社会应团结一致共同应对人类社会所面临的威胁和挑战。

哈萨克斯坦奉行全方位、平衡务实的多元外交，积极扩大其在地区和国际事务中的影响。俄罗斯、中国、美国、中亚、欧盟以及伊斯兰国家依然是哈的外交重点。同时，哈也在逐步扩大与亚太及拉美国家的交往。

1. 同俄罗斯的关系

俄罗斯是哈萨克斯坦外交的首要优先国家。哈萨克斯坦支持俄罗斯推动独联体一体化，是欧亚经济联盟、集体安全条约组织的主要国家。哈俄战略伙伴关系在近年来继续稳步发展，高层访问频繁，两国领导人继续保持高频率的会晤和对话，在对外政策上继续保持高度的协调一致。

2007年10月，俄罗斯、白俄罗斯、哈萨克斯坦三国宣布在欧亚经济共同体框架内建立关税同盟。三国于2009年6月就建立关税同盟的所有细节问题达成一致。

从2010年1月1日起，俄罗斯、白俄罗斯、哈萨克斯坦正式启动三国关税同盟运作机制，并于7月1日开始运行。2012年1月1日，俄白哈统一经济空间正式启动，这意味着三国在关税同盟基础上开始走向更高水平的一体化。

2014年5月，三国总统签署《欧亚经济联盟条约》，宣布欧亚经济联盟于2015年1月1日正式启动，将实现商品、服务、资金和劳动力的自由流动，终极目标是建立类似于欧盟的经济联盟。

2014年10月，哈萨克斯坦通过《哈俄21世纪睦邻友好同盟条约》。条约将加强两国在热点问题上的政治对话，强化两国在经贸、交通走廊建设、合理使用水资源、军事技术领域及人文领域的合作。

2. 同美国的关系

美国是哈萨克斯坦多元平衡外交的重要方向。哈美关系近年来得到稳步发展，双方在阿富汗问题、叙利亚问题、中亚地区安全问题、防扩散问题、禁毒问题上紧密配合。

2018年2月，纳扎尔巴耶夫访美。2019年9月，托卡耶夫赴美出席第74届联合国大会，期间在美国《国会山报》发表署名文章，表示将继续保持与美国紧密的伙伴关系。2020年2月，美国国务卿蓬佩奥访哈，重点推介美国中亚地区新战略。

3. 同欧洲的关系

哈欧1999年签署的合作伙伴协定是发展双边关系的基础。自2011年10月起，双边就修订该协定进行谈判。2015年12月，哈欧双方在努尔苏丹正式签署《哈萨克斯坦与欧盟扩大伙伴关系与合作协定》，直至2020年1月确定最终文本。协定已于2020年3月1日正式生效。

4. 同中国的关系

中哈两国友谊源远流长。中国西汉时期，张骞出使西域就到过哈萨克地区。两国有着1700多千米的共同边界。1992年1月3日中哈建交。

2005年7月，中哈建立战略伙伴关系。双方全面彻底解决了边界问题。

2011年双方宣布发展全面战略伙伴关系。近年来，两国高层交往频繁，政治互信不断提升，哈萨克斯坦在涉藏、打击"东突"等问题上一贯支持中方立场，在联合国、上海合作组织等框架内同中国合作良好。

2013年9月，习近平主席首次对哈萨克斯坦进行国事访问，双方签署了《中哈关于进一步深化全面战略伙伴关系的联合宣言》，习近平在纳扎尔巴耶夫大学演讲时提出共建"丝绸之路经济带"倡议。

2014年9月，国家主席习近平在上海合作组织杜尚别峰会会见哈萨克斯坦总统纳扎尔巴耶夫。

2014年12月李克强总理对哈萨克斯坦进行正式友好访问，双方领导人举行会晤并签署上百亿美元的合作协议。

2015年3月,哈萨克斯坦总理马西莫夫对华进行工作访问并出席博鳌亚洲论坛年会。5月,习近平主席对哈萨克斯坦进行访问。此外,两国在国际事务中保持了良好的沟通和协调。8月,哈第一副总理萨金塔耶夫来华同张高丽副总理共同召开中哈合作委员会第七次会议。8月30日至9月3日,哈总统纳扎尔巴耶夫对华进行国事访问并出席中国人民抗日战争暨世界反法西斯战争胜利70周年纪念活动;12月12日至16日,哈萨克斯坦总理马西莫夫对华进行正式访问并出席上海合作组织总理会议及世界互联网大会。

2016年9月,哈萨克斯坦总统纳扎尔巴耶夫应邀访华并出席二十国集团杭州峰会;11月,李克强总理访问哈萨克斯坦。

2017年5月,哈萨克斯坦总统纳扎尔巴耶夫应邀访华并出席"一带一路"国际合作高峰论坛;6月,习近平主席成功对哈萨克斯坦进行国事访问,并出席上海合作组织成员国元首理事会第十七次会议。

2018年6月,哈萨克斯坦总统纳扎尔巴耶夫对中国进行国事访问并出席上海合作组织成员国元首理事会第十八次会议。11月,哈总理萨金塔耶夫访华,并与李克强总理举行中哈总理第四次定期会晤。

2019年4月,哈萨克斯坦首任总统纳扎尔巴耶夫访华并出席第二届"一带一路"国际合作高峰论坛。6月,哈萨克斯坦新当选总统托卡耶夫与习近平主席在上海合作组织比什凯克峰会期间举行会晤。9月,哈萨克斯坦总统托卡耶夫应邀对中国进行首次访问,两国元首宣布发展中哈永久全面战略伙伴关系。9月22日,中国全国人大常委会委员长栗战书访问哈萨克斯坦,并与哈萨克斯坦总统托卡耶夫举行会晤。11月,李克强总理在赴乌兹别克斯坦出席上海合作组织成员国政府首脑(总理)理事会第十八次会议期间同哈萨克斯坦总理马明举行会见。11月，哈萨克斯坦第一副总理兼财政部长斯迈洛夫来华同韩正副总理共同主持召开中哈合作委员会第九次会议。12月，王毅国务委员兼外长在出席第十四届亚欧外长会议期间同哈萨克斯坦外长特列乌别尔季举行双边会见。

2020年3月，中共中央政治局委员、中央外事工作委员会办公室主任杨洁篪访哈，同哈萨克斯坦总统托卡耶夫、外长特列乌别尔季举行会见。3月，习近平主席同哈萨克斯坦总统托卡耶夫通电话。中哈两国教育、文化、科技领域合作成果丰硕，常年互派文艺团组演出。中国在哈萨克斯坦设立了5所孔子学院。截至2019年12月，中哈已建立18对友好省州和城市，其中北京市和努尔苏丹市互为友好城市。

八、民族和宗教

（一）民族

哈萨克斯坦是一个多民族国家，共有140多个民族，主要有哈萨克族、俄罗斯族、乌孜别克族、乌克兰族、维吾尔族、鞑靼族、日耳曼族等。根据哈萨克斯坦国家统计署公布的最新数据，截至2020年3月1日，哈萨克斯坦人口为1867.19万，其中哈萨克族占65.5%，俄罗斯族占21.4%，乌孜别克族占2.9%，乌克兰族占2.1%，维吾尔族占1.4%，鞑靼族占1.3%，日耳曼族占1.1%，其他民族占4.3%。

（二）宗教

哈萨克斯坦实行世俗化的治国方针，奉行政教分离的政策。

哈萨克斯坦民众普遍信仰宗教。截至2012年10月25日，经过再注册后的全国宗教派别从46个减至17个，宗教团体从4551个减至

3088个。主要宗教有：伊斯兰教、基督教（东正教、天主教、新教）、佛教、犹太教、印度教等。主体民族哈萨克族信仰伊斯兰教，属逊尼派，约占人口总数的69%，为哈萨克斯坦第一大教派。东正教是哈第二大宗教，信徒约占总人口的30%，主要为俄罗斯族。

九、语言和习俗

（一）语言

哈萨克斯坦的国家语言是哈萨克语，属于突厥语族。哈萨克语和俄语同为官方语言，哈萨克语和俄语区别非常大，基本上没有相似之处。掌握哈萨克语的成年人约占总人口67.5%。英语在年轻人一代可用最基本的交流，还有不少人会说汉语。

（二）习俗

哈萨克人过去长期过着游牧生活，被称作"马背上的民族"，哈萨克人的衣食住行、婚丧娶嫁、文化活动都反映出一个从游牧到定居的民族的鲜明特点。

1. 餐饮

在饮食方面，历史上他们过着食肉饮酪的生活，以食羊肉、马肉、牛肉和喝奶为主，食用粮食少。传统肉食以羊肉为主，其次是牛肉和马肉。马肠是哈萨克的美食之一。具有民族特色的饮食是马肉面。奶制品也是哈萨克人日常生活中必不可少的食品，不仅包括牛奶，还有羊奶、马奶、骆驼奶。

从苏联时期至独立后，受俄罗斯人影响，哈萨克斯坦饮食结构发生了较大变化，与西方人的用餐方式类似。哈族人吃饭采用分餐制，习惯用刀叉勺盘等，碗（深碟）只用于盛汤。菜以生吃为主，主要为西红柿、黄瓜、柿椒、小葱和圆葱等，一般没有蘸酱或调味品，全部自然味。圆白菜、胡萝卜等常切成碎片凉拌。酸黄瓜、腌西红柿、泡菜也有。哈族人很少吃带叶的蔬菜。肉以羊肉、鸡肉、鱼肉、牛肉为主，也有鸭肉，多为烧烤或煎炸，羊肉也经常水煮。米饭多为白米饭或抓饭。面食有拉面、饺子、带馅面卷、宝儿萨克（油炸发面球）、或烤制的各种带馅或不带馅点心。餐桌上，面包是一定要有的，一般人如果没有面包吃，会感觉吃不饱。所以请哈族人吃饭时，最好要有面包或馕饼之类的食物上桌。

2. 住房

作为一个历史上"逐水草而居"的游牧民族，哈萨克人曾长期居住在用毛毡、木杆搭成的圆顶形帐篷——毡房中。现在的农牧民多已定居，住砖木结构的瓦房。但毡房的形象已经深深印在了哈萨克人的脑海中，成为他们民族的象征，哈萨克斯坦国徽正中就是毡房的圆顶图案。

哈族人住的非常讲究，只要有条件，房子盖得尽可能漂亮，装修尽可能奢华，家具摆设都要精致。房子的面积一般都比较宽敞，外表可能不怎么样，但房子里装修都很好。

3. 服装服饰

在衣着方面，哈族男女，无论有没有经济条件，出门参加正式场合的衣物都十分考究。有身份的人，经常从头到脚一身都是名牌。

在对外交流的时候，哈萨克斯坦男性多穿西装，女士多穿裙装。当地的女性非常擅长刺绣，而且在制作衣服的时候很喜欢在里面加入美花纹、图案，服装的颜色上喜欢白色、红色，另外，哈萨克斯坦女性还喜欢佩戴手镯、项链和耳环等装饰品。

4. 民俗

哈萨克人的传统习俗多来自游牧活动，多数与马有关，如叼羊、姑娘追、马上抢羊、马上射箭等，反映出了游牧民族的鲜明特点。哈萨克人能歌善舞，歌声悠扬，舞姿奔放。盛大庆祝活动的表演中，常有表现古代将士征战疆场的舞蹈场面，气势宏大。

在婚姻方面，哈萨克人多遵守部落外联姻的习俗，一个部落 7 代人之内不得通婚。哈萨克人的婚礼热闹隆重。农村的婚礼一般采取传统的方式，城里人的婚礼则喜欢用扎花结彩的豪华车辆组成婚礼车队，鸣着长笛，浩浩荡荡地走街串巷。

治丧方面遵循伊斯兰教规，实行土葬。

5. 交流拜访

哈族人如果决定在家里拜访你的话，就说明他对你是非常尊重的，通常情况下，在招待客人的时候都需要准备一桌酒席，在酒席上只有男主人、客人和成年的孩子，而女主人就需要负责上菜倒酒端茶等，偶尔的情况下女主人也会一起陪坐，小孩子是绝对不能上桌的。

要是想要体现出对热情招待的主人的感谢之情的话，不仅要吃、要喝，同时还需要说一些祝酒词，在饭后还会有甜点和茶水。不管饭菜是否合我们胃口，都要尽量地表现出满意的态度。去人家里拜访的时候建议可以带上一些礼品，主人会更高兴。

中国人通常在和人见面的时候，都是在见面的时候就握手，而和熟人打招呼的时候一般口头上说下就好，不再握手。但哈国人除了对于第一次见面的人要握手之外，在一天中和熟人第一次碰面的时候也习惯握手。对于下级对上级，或者是晚辈对长辈的话要伸出双手握住对方的手，表示对对方的尊敬。

在哈国，离开对方的家的时候，如果一个人在屋子里面，另一个在屋子外面的话是不可以握手的，只能够两人同时在屋里或屋外才可行握手礼。

6. 宴会

哈萨克族曾经是马背上的民族。受地理气候以及生活方式等因素影响，现在的哈萨克人能歌善舞、爱运动，喜欢集体活动，保留着豪爽开朗、热情奔放的民族性格。在哈国，稍大的宴会（除官方非常正式的那种），包括员工聚会、生日聚会、婚宴等，其间只要有音乐，大家就会跳起来，会跳不会跳的都会参入其间扭起来。这种场合，你也别害羞，加入进去尽情摇摆。

在稍正式的宴会上，一般都要祝酒。祝酒的方式是端酒站立，结合酒宴的主题（婚礼、生日、朋友聚会、家里拜访、商务宴请等），或回忆过去、友情，或赞扬感谢感恩，或展望未来祝福，可长可短。哈族人一般都能讲，一些老人或者有身份的人（政府官员或企业高层）都愿意多讲。哈族人与中国人不同，一般不单对单敬酒，不离开座位到其他人对某个人敬酒。

7. 社会文化

（1）哈族人拥有很强的家族观念，不仅表现在主要节日的时候远方的家人都要回家团聚，同时子女还需要定期探望父母。

（2）生日在哈族人生活中极为重要，不少人宁愿请假一两天不要工资不上班，一定要与亲人朋友一起庆贺自己的生日。有身份、有地位或有影响的人的大寿（50、60、70 岁等），庆祝宴会的场面隆重宏大，朋友满座，甚至不少人专程不远千里赶过来祝寿。所以，记住你周围哈方同事的生日对你与他们的日常交往也很重要。在生日时说一声"生日快乐"，准备一份礼物，并参加其生日聚会，将会使他们非常高兴和感动。需要注意的是，哈族人忌讳在生日前任何时间向他们祝贺生日，哪怕提前一天祝贺也不行。但如果你忘了或者不在，在其生日之后弥补，向他（她）表示祝福是可以的。

（3）哈国大部分人都非常注重结识和交往，关系好的双方会以兄弟姐妹相称。如果你听到一个哈族人说自己和某某高官是兄弟关系的话，不要太当真，有很大的可能只是朋友关系而已。

（4）哈国的公共场合如会场、餐馆、办公室等一律禁止吸烟。如果要吸烟，就要到户外。另外，哈族人没有让烟的习惯，自己从怀里拿出来自己抽。你跟熟人要支烟，或者给他让支烟，他也不会介意。在阿拉木图，哈国年轻女性抽烟的较多。和俄罗斯族相似，哈族男人爱喝酒，但聚会时不劝酒。若坐到一起能够敞开喝到尽兴，朋友之情往往就能更进一层。

（5）在哈国，从州到区乃至村庄，都建立了从上到下的组织联系体系，这里暂且称其为长老会。长老会有定期活动。因为哈萨克有尊老的传统，所以这些长老的意见或提议对当地社区、市州政府都有一定程度的影响。一些大公司的退休员工中也有长老会成员，有些还是积极的活动者。他们在公司不仅拥有很多熟人朋友，还有不少亲戚子女，对公司员工队伍的稳定和外部经营环境都有一定的影响。他们期望的，主要不是物质和福利补助，是要得到管理层对他们的关注和尊敬。

8. 商务礼仪

哈萨克斯坦长期以来都是以原料生产为主，在农牧业、采矿业比较繁荣，和当地的商人协商的时候必须要要对他们国家的文化历史和习俗有很足够的了解，如果你表现出尊重和欣赏他们的礼俗的话在协商的时候会有一定的帮助。在向他们推销中国商品时，要注意选择价廉物美的产品，当地商人非常喜欢砍价，不管你第一次报价的价格有多低，他们都是不会轻而易举接受的，所以在商业谈判之前要做好准备，留有必要的余地。

9. 工作关系

在哈国的工作场所，上下级关系非常严格。无论是在政府还是在企业，"官大一级压死人"在哈国得以体现。在正式场合，对上级一定要用尊称或头衔（尽管可能是熟人或老朋友），对于老人也尽可能用尊称，对于下属和年轻人，则可以直接叫名字或简称。

10. 禁忌

（1）基本上大部分哈萨克人都是信仰伊斯兰教的，还有少部分的人信仰基督教和佛教。做礼拜的时候我们千万不能够从他们前面走过，这个行为是非常不礼貌的。他们禁食猪肉，任何使用猪皮制作出来的产品都是不可以食用的。

（2）通常情况下，我们在和别人交流的时候如果称赞对方的孩子的话，会让对话更加愉悦。但是在和哈萨克斯坦人交谈的时候就不能够当面夸奖他们的孩子。此外还不能够称赞他们的牲畜，在他们看来这些称赞容易给孩子和牲畜带来厄运。

（3）在社交场合上不要和对方交流国内民族矛盾。

（三）节假日

哈萨克斯坦周一到周五为工作日，周六、周日为公休日。主要法定节假日有：新年（1月1日）；圣诞节（1月7日）；国际妇女节（3

月 8 日);纳乌鲁斯节(相当于穆斯林春节,3 月 21—23 日);哈萨克斯坦人民团结日(5 月 1 日);祖国保卫者日(5 月 7 日);胜利日(5 月 9 日);首都日(7 月 6 日);哈萨克斯坦共和国宪法日(8 月 30 日);首任总统日(12 月 1 日);独立日(12 月 16 日)。

哈萨克斯坦劳动法规定企业安排员工节假日加班需征得员工本人书面同意(换班制或倒班制员工在节假日工作时,不需要员工的书面同意书),并且要以不低于员工正常工资系数的 1.5 倍支付加班工资。

十、货币与物价

(一) 货币兑换

哈萨克斯坦于 1993 年 11 月开始发行本国货币坚戈(KZT),已于 1999 年实现本币与外币的自由兑换。哈萨克斯坦中央银行宣布自 2015 年 8 月 20 日起,取消汇率波动区间限制,开始实施坚戈自由浮动汇率。

近期以来,受国际油价大跌和卢布大幅波动等因素影响,坚戈汇率波动较为剧烈。

2013 年 9 月,中国银行正式在新疆推出人民币兑坚戈现钞汇率并挂牌,在同行业中率先办理了直接汇率项下的坚戈现钞兑换业务。哈萨克斯坦大城市部分兑换点可以兑换人民币。

2020 年 12 月 28 日坚戈的汇率为(汇率请以实时信息为准):

1 人民币 = 64.1804 坚戈,1 美元 = 418.71 坚戈

表 2-5　2011 年版坚戈

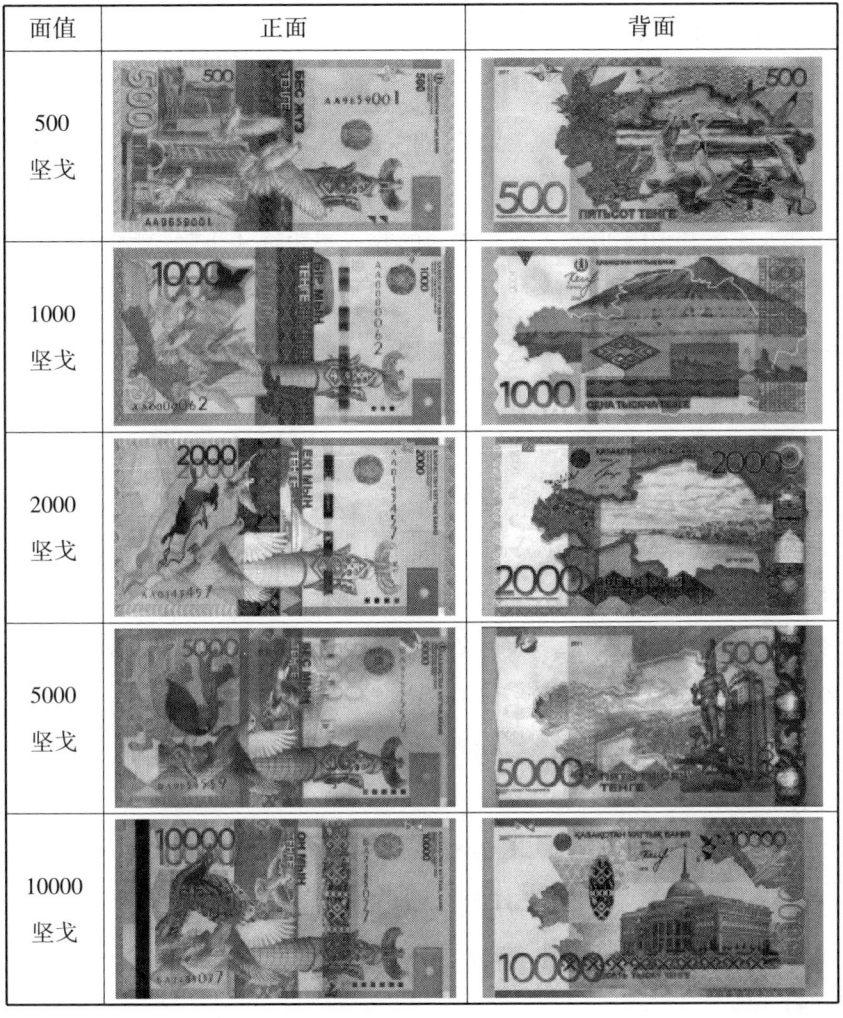

面值	正面	背面
500 坚戈		
1000 坚戈		
2000 坚戈		
5000 坚戈		
10000 坚戈		

点评：

　　哈萨克斯坦主要城市有非常多的网点可以直接兑换货币，不需要去银行，不管是人民币、美元，还是英镑、欧元，都可以随意兑换。

(二) 消费水平

近十年来,哈萨克斯坦国民收入不断得到提高,国民生活水平不断得到改善。1996年全国1/3的人口生活在最低生活标准之下,2010年时这一比例已下降至5.1%。贫富差距正在进一步缩小,城镇10%高收入家庭和10%低收入家庭之间的收入差距逐年下降,反映这种差距的指标——基尼系数从2001年的0.336下降到了2018年的0.289,表明财富在国民间的分配日趋合理。哈萨克斯坦国民的购买力已超过了中等发达国家水平。

2019年,哈萨克斯坦职工月平均工资约合485美元,同比增长14.3%;人均可支配收入约合3244.38美元,同比增长9.64%;最低生活保障标准约合76.66美元,同比增长8.39%。哈萨克人储蓄意识不强,喜欢超前消费。近年来,受宏观经济影响,民众收入下降,投资渠道减少,金融机构居民存款增长迅猛。2019年,哈萨克斯坦居民存款余额超过9.3万亿坚戈,同比增长7.8%。

2019年,受坚戈汇率贬值等因素影响,居民实际购买力呈下降趋势。

全球最大的城市数据库网站Numbeo设有全球国家物价水平排行榜,哈萨克斯坦多年来入选全球生活成本最低国家之一。哈萨克斯坦2020年1月人均最低生活标准为3万坚戈(约80美元),同比增长11.6%。

按地区统计,哈萨克斯坦最低生活标准水平最高的地区是曼格斯套州,每人每月为3.54万坚戈。该州的最低生活标准较全国平均水平高出18%。曼格斯套州位于哈萨克斯坦西南部,拥有丰富的石油、天然气资源。

第二位是哈萨克斯坦首都努尔苏丹,每人每月为3.35万坚戈;位列第三的是该国最大城市阿拉木图,每人每月为3.31万坚戈。此外,阿拉木图州(每人每月3.07万坚戈)和突厥斯坦州(每人每月3.03万坚戈)分列第四、五位。

(三)小费

哈萨克斯坦不需要给小费。在哈萨克斯坦给小费会让别人感到意外或困惑。他们甚至可能会试图还钱,让人陷入尴尬境地。

十一、金融服务

(一)外汇管理

哈萨克斯坦经常项目和资本项目均实行有条件的可自由兑换。具体来说,经常项目下的交易应在180天完成,如到期不能完成,还可延期。资本项下,只要双方有协议,在办理一定手续后,资本即可自由进出。从2007年7月1日起,哈萨克斯坦外汇管理制度执行欧洲国家标准,取消外汇业务许可制度,实行通报制度。企业在缴纳各项应缴税费后,可以自由汇出利润,除银行收取的必要汇费外,无须缴纳其他费用。个人和法人均可通过银行向境外汇出其合法的外汇收入,但必须提供以下证明:个人——兑换水单、收入来源证明、从境外接受馈赠或遗产证明、外汇带入报关单;法人——贸易合同、缴纳有关税收的证明。个人和法人在银行开设账户、办理存款、汇款等业务必须有税务登记号。

2010年3月,哈萨克斯坦开始实施《反洗钱法》,加强对银行外汇流动的监管。凡超过1万美元的金融业务都将进行监管,包括个人在外币兑换点兑换外币的业务。另外,还要求各银行完善客户资料,加强外汇汇出的申报,一个账户7个工作日内汇出外汇超过700万坚戈（约5万美元）的,银行必须向金融监管委员会报告。

2012年1月,哈萨克斯坦总统纳扎尔巴耶夫签发了《外汇监管问题若干法令修订法》。其中规定,关税同盟成员国自然人出入哈萨克斯坦,携带总额超过1万美元的外汇及（或）本国货币现钞（贵金属硬币除外）,包括旅行支票无须向海关申报。而其他国家自然人在此情况下则必须进行全额申报,还须说明来源及用途。此外,任何国家自然人出入哈萨克斯坦,携带总额等值或不超过1万美元的外汇及（或）本币现钞（贵金属硬币除外）,包括旅行支票无须向海关申报。

哈萨克斯坦央行规定自2016年2月1日起,在相关银行和机构授权的各换汇点进行坚戈买进卖出外汇业务的,差价区间将提高——美元为6坚戈,欧元为7坚戈。

2019年10月,哈财政部与央行联合发布命令,对兑换点金额超过50万坚戈的交易进行监控和审查。该要求适用于在兑换点换汇的法人和自然人,以及主要从事银行托收等专项活动的客户。

（二）银行

哈萨克斯坦实行两级银行体系。中央银行是哈萨克斯坦国家银行,属一级银行;其他银行为二级银行（商业银行）。哈萨克斯坦全国共有27家二级银行。中国银行和中国工商银行在阿拉木图市设有子行,中国建设银行在努尔苏丹设立分行,中信银行收购阿尔金银行60%的股份。

截至2019年底,资产排名前八的银行包括：哈萨克斯坦人民银行、俄罗斯储蓄银行子行、里海银行、Forte 银行、中央信贷银行、阿拉木图贸易金融银行、住宅建设储蓄银行、第一哈德兰艾草银行。

（三）信用卡

2017 年中国银联董事长葛华勇、哈萨克斯坦人民储蓄银行行长在"一带一路"国际合作高峰论坛期间签署合作协议。双方约定年内在哈萨克斯坦推出银联 HCE"云闪付"产品，首次把安全、便利的"云闪付"移动支付服务带给中亚地区居民，银联卡持卡人可直接"挥"手机支付。

哈萨克斯坦 80% 的 ATM 和 POS 终端可以受理银联卡，实现银联卡使用"无障碍"。据哈萨克斯坦 ranking.kz 网站消息，截至 2020 年 9 月底，哈萨克斯坦全国流通信用卡总数达到了 4270 万张，数量同比增长 41.8%，持卡人客群已经形成。

（四）保险

近年来，哈萨克斯坦保险业主要业务指标稳步增长，保险公司实力不断壮大。但尽管如此，与其他发达国家甚至经济转型国家相比，哈保险业发展程度仍然较落后。截至 2019 年底，哈保险市场共有 28 家保险公司，发展程度与应有水平相比仍有较大距离，大多数保险公司所提供的服务有限，难以满足经济和金融市场发展的要求。

（五）融资

外国在哈萨克斯坦正式登记注册的企业均可在当地银行融资，享受国民待遇，与当地企业没有区别。融资的基本条件是提供抵押，可以是不动产，也可以是其他实物。贷款金额一般为抵押物价值的 50%～60%。除"抵押"这一首要条件外，银行还要求借款人提供税务局出具的纳税证明、其他银行出具的信用证明（曾和其他银行有过业务往来的）等。银行还需调查企业的资金来源、产品销路等经营情况，进行融资风险评估。总之，在履行完银行要求的必要手续后，企业一般都可以正常获得银行贷款。

点评：

  中企在哈投资可向亚投行（哈是会员国）、丝路基金等渠道融资。

十二、通信与电力

（一）电话

哈萨克斯坦国际电话区号00327，国际区号前面的0可以忽略，按国际标准写法哈萨克斯坦电话号码通常也写作"00327-地区号-地本地号码"或"00327-手机号码"，例：00327-13835342424。

从国外拨打哈萨克斯坦的固定电话、手机，拨打方式是"+00327-XXXXXXXXX"（拨号时不用有+、-号，连续拨所有数字就可以）。例如在中国拨打哈萨克斯坦电话13836432234需要输入0032713836432234拨通即可。

（二）网络

2019年哈萨克斯坦注册互联网固定网络终端用户总数为250万，其中98%为固定高速宽带用户。截至2019年12月，哈萨克斯坦注册移动终端互联网用户总数为1520万。

农村光纤通信线路项目是"数字哈萨克斯坦"计划框架下的重点项目。哈萨克斯坦电信公司计划铺设1.5万千米光纤通信线路，为800多个村庄接入互联网。截至2019年10月，哈萨克斯坦全国117座城市和3324个村庄已通过光纤宽带、3G和4G网络等途径实现互联网接入。哈萨克斯坦的电信行业发展在中亚地区属于前列，互联网普及率达到84.2%。

哈萨克斯坦互联网普及度虽然在中亚地区位列前茅，但在网速方面并不出众。在全球176个国家和地区当中，哈萨克斯坦的网速仅排名第67位。不过，哈萨克斯坦在网络资费方面，是全球最便宜的五个国家之一。以最常用的70~100Mbps的网络套餐为例，每月用户所需交纳的费用仅为5999坚戈，且没有流量限制。

目前，哈萨克斯坦国内有2大固话运营商和3大移动运营商。固话运营商为哈萨克斯坦电信公司和哈萨克斯坦铁网公司。移动运营商是Kcell（旗下品牌为Kcell、Activ）、Кар-Тел（旗下品牌Beeline）、Mobile Telecom Service公司（旗下品牌Tele2和Altel）。

（三）电力

2019年哈萨克斯坦国内总发电量为1060亿千瓦时，用电量为1051亿千瓦时。哈北部地区发电量大，电力主要输往本国中部地区以及出口邻国俄罗斯，西部和南部地区电力短缺。近年来，哈萨克斯坦可再生能源市场正在加速发展。

点评：

> 哈萨克斯坦北部地区电力较为丰富，西部和南部为电力短缺地区，但电力紧张状况可以通过北部地区送电和从中亚共同电网（吉尔吉斯斯坦和乌兹别克斯坦国家电网）进口电力等得到缓解。除极偏远地区以外，企业赴哈投资不需要自备发电设备。

十三、医疗与安全

（一）医疗

1. 常见的感染性疾病

哈萨克斯坦常见感染性疾病为上呼吸道感染、急性肠道疾病、结核病、病毒性肝炎、疥疮等。

2. 医疗卫生系统总体情况

哈萨克斯坦的医疗卫生体制比较薄弱，公立医院的基础设施较落后，医疗设备陈旧老化，医生水平较低，行业管理不规范。由于对公共医疗的投入不足，公立医院的医疗设备得不到更新，老化严重，远不能满足患者就医的需要。

截至 2018 年底，共有 877 家医疗机构，综合医务人员 7.46 万人，中等医务人员 17.08 万人。2020 年上半年，为应对新冠肺炎疫情，哈萨克斯坦在努尔苏丹、阿拉木图和奇姆肯特市新建三座应急传染病医院。

2018 年下半年美国彭博社根据世界卫生组织 2015 年的数据发布了各国对卫生系统有效性的世界评级。在该机构分析的 56 个国家中排名第 44 位。2015 年该国的平均预期寿命为 72 岁，医疗保健总支出占该国 GDP 的 3.9%。每人花费的金额为 379 美元。

2018 年，哈萨克斯坦从国家预算中支出了约 1.17 万亿坚戈，用于医疗保健系统，占所有费用的 10%。2019 年，为 1.18 万亿坚戈。到 2020 年，预算草案中计划拨款 1.5 万亿坚戈。

3. 公办免费医疗政策

在哈萨克斯坦，居民和有绿卡的外国居民都可以在保证的医疗服务范围内享受免费医疗服务。在州与州之间的协议框架内，独联体国家的居民仅获得紧急和紧急医疗服务。所有其余的仅提供针对急性疾病的免费医疗服务。

4. 私人医疗情况

尽管有机会免费获得医疗服务，哈公民出于各种原因仍偏爱私人诊所。主要原因之一是：选择私人诊所还可享受工作人员对患者礼貌和尊重的服务态度。

5. 医疗保险政策

从2017年开始，雇主将每位雇员收入的1.5%支付给健康保险基金。从2020年开始，这一数额已经是2%。而雇员本人将必须支付薪水的1%。这笔钱将用于提供额外的医疗服务，这些服务不包含在免费医疗保证的金额之内。私人诊所以及在保证的医疗保健范围内，可以签订强制性医疗保险合同。

6. 医疗卫生相关网站

卫生部

http：//www.mz.gov.kz/en

卫生和社会发展部国家专业知识中心

http：//www.ndda.kz/category/mainpage

点评：

哈国的药品多为进口，配有俄语说明书。建议出行者在赴哈前做好身体检查。

(二) 安全

哈萨克斯坦社会治安总体比较稳定，居民生活有安全感。哈萨克斯坦法律规定，居民可以合法持有枪支。近年来恐怖事件时有发生，存在非法宗教极端组织活动。就各地区而言，阿拉木图市犯罪率高于全国平均水平，其他犯罪率较高的地区包括努尔苏丹市、库斯塔奈州、西哈州、阿克莫拉州、阿克纠宾州。

据经济与和平研究所（IEP）2020 年 6 月研究表明，哈萨克斯坦在全球和平指数报告中位居第 64 位，在独联体国家排行中位居榜首。

Chapter 3
第三章

前往哈萨克斯坦手续
办理及相关须知

一、哈萨克斯坦签证的办理

（一）哈萨克斯坦签证签发机构

自 2020 年 9 月 18 日起，哈萨克斯坦共和国外交部领事局（以下简称"哈外交部"）和驻外机构将提供"签发哈萨克斯坦共和国入境签证和过境签证，以及延长"等公共服务。

哈萨克斯坦共和国内务部行政警察管理委员会移民警察局、努尔苏丹市、阿拉木图市和各州内务总局移民警察局（以下简称"哈内务部"）将提供"受理和审批来哈邀请函"和"在哈萨克斯坦境内向外籍人士和无国籍人士签发入境和出境签证、恢复和延长"等公共服务。

在哈萨克斯坦境内的国际机场签发签证职权移交至内务部。

点评：

驻外机构一般指驻外使领馆。持公务普通护照、普通护照的中国公民可在哈萨克斯坦驻华使馆、驻上海总领事馆、驻香港总领事馆或驻乌鲁木齐签证代办点（仅限新疆籍人员）办理赴哈萨克斯坦签证。

（二）哈萨克斯坦签证类型

哈萨克斯坦签证分移民、非移民和出境三大类。其中非移民类签证包括外交签证、公务签证、投资签证、商务签证、旅游签证、因私签证和过境签证等。移民类签证包括定居签证、团聚签证、学习签证、工作签证和人道主义活动签证等。签证办理前首先由邀请方向哈签证审发部门提交申请，获批后在哈驻华使领馆办理签证。

有关最新情况请关注哈萨克斯坦外交部网站 http://www.mfa.gov.kz/ru。

(三)免签入境政策及流程

1. 哈对中国公民实行 72 小时免签入境政策

持有有效哈萨克斯坦航空公司机票的中国公民,自努尔苏丹和阿拉木图国际机场入境并前往第三国的,适用 72 小时免签入境政策。适用该政策的中国乘客,赴哈前须办理相关手续,按照规定时间离境。

如不符合上述规定,需在来哈前办理过境签证。如乘坐非哈航空公司航班过境哈中转且没有提前办理赴哈有效签证。

2. 72 小时中转免签入境程序

(1)在值机时,将打算利用 72 小时中转免签政策入境哈萨克斯坦的计划告知出发地机场的阿斯塔纳航空工作人员。

(2)如果计划在努尔苏丹或阿拉木图住宿,请提前预订酒店,如有需要,提供入住酒店的名称及其地址信息。

(3)为了获得入境卡,相关人员需要携带:72 小时内去往第三国的有效机票或登机牌;前一个航班的登机牌回执;有效护照且护照上至少留有一页空白页及最终目的国签证(如果该国要求办签证)。

(四)电子签证政策

从 2019 年 1 月 1 日起,哈萨克斯坦共和国开通了单次电子签证业务。包括中国在内的 117 国公民可以申请办理旅游电子签证,23 国公民可以申请办理医疗商务和医疗电子签证。电子签证(公务、旅游、医疗目的)将根据哈内务部移民局相关规定认可的哈方有效邀请函签发。持电子签证的外国公民需通过努尔苏丹和阿拉木图国际机场边检关口入境和出境哈萨克斯坦。电子签证的停留时间为 30 天。

（五）哈萨克斯坦使馆面签流程

1. 现场签证流程

（1）获得哈萨克斯坦方面的邀请函。

邀请函要明确以下几个信息：邀请方，邀请方地址和电话，去哈萨克斯坦的目的，邀请函号码。其中邀请函号码非常关键，预约时用得到。

（2）拿到邀请函号码以后，可以去预约面试时间。

2. 商务和旅游签证需要的材料

（1）签证申请表（使馆邮件的附件，请下载、打印并填写）；

（2）经哈萨克斯坦外交部领事司发出的邀请函（清晰复印件或传真件）及注册号；

（3）有效期不少于6个月以上的护照，该护照必须有至少两页空白签证页；

（4）护照首页和身份证正反面复印在同一张A4纸上；

（5）中方公司或单位出具的介绍信原件，必须打印在公司抬头纸上；

（6）中方公司或单位的营业执照复印件（须加盖公章）。

（六）关于出入境哈萨克斯坦的提醒

（1）建议来哈前购买人身意外和医疗保险，留存身份证件、签证和邀请函的复印件。

（2）勿听信介绍人或雇主关于"到哈后再办理手续"的说辞，以免受骗上当。赴哈前务必通过合法渠道办理相关手续，并同雇主签好劳务合同，注意留存用工合同、公司信息等相关材料，以便在权益受损后作为维权证据使用。

（3）遵守哈入境居留管理制度。

①入境时在机场、口岸等地填写移民卡并妥善保管，出境时交还。丢失移民卡和护照登记卡可在移民局补办。

②如在哈停留超过 5 日，应在入境后 5 日内持邀请单位出具的证明，在当地移民局进行护照登记，并在登记期满前离境。

③持多次往返签证，入境后如停留超过 5 天，每次均需办理护照登记。

④持中国公务护照和哈公务、投资签证以及 16 岁以下中国公民，无须填写移民卡和办理护照登记。停留超过 30 天需办理相应种类居留证件。

⑤18 岁以下未成年人未与父母同行，而是由其他亲友带领或跟随旅行团来哈，负责陪护的成年人应准备该未成年人父母的授权书，以备入境时检查。授权书最好用俄文写成并经过公证，内容包括未成年人及其父母姓名、父母未随行原因、父母联系方式等信息。

⑥违反哈签证和护照登记规定，受罚款和限期离境处罚的，一年内不得再入境。受驱逐出境处罚，五年内不得再入境。同时，哈邀请单位也将受到相应处罚。

⑦请中国公民通过正规渠道办理来哈签证，通过中介机构办理的请务必确定签证种类，要求中介公司在居留地办理护照注册。居留地变更须重新办理护照注册。

（4）准确理解签证有效期含义。

有效签证是外国公民在哈合法停留的最主要凭证。务必在签证生效日期之后入境，在签证截止日期之前（含当日）离境。根据哈有关法规，签证过期属于行政违法，需经法院判决方可出境。根据违规程度，判决结果可能为罚款、驱逐出境（若干年内不得入境）或拘留。

赴哈人员拿到签证后请务必仔细查验签证种类、有效期、停留期等关键要素，避免因疏忽造成违法事实。

二、哈萨克斯坦海关和检疫规定

入境时如随身携带价值超过10000美元（或其他等价货币）现金或支票，随身携带或托运价值超过10000欧元或总重量超过50千克/人的物品，须向海关申报。

乘坐其他交通工具入境时，携带超过价值1500欧元（或其他等价货币）现金或支票，也须向海关申报。

出境时须出示入境时填写的海关申报单，携带现金或支票数额不应超过入境时申报的数额，如超出则必须出具来源证明。

携带酒精制品不得超过2升/人，烟草制品不得超过250克/人（200支烟或50支雪茄或250克烟草），烟酒携带者为18岁以上人士。

入境时需书面申报的常见物品有：用于经营和生产活动的物品、医疗设备、麻醉品、精神药物和其他相关产品（需有医生处方等证明）、宝石和贵金属、无线电设备、文物等。

自用药品和珠宝制品无须申报。

三、哈萨克斯坦出行前的注意事项

（1）可能会因水土不服而令身体感到不适，建议购买一些常用的药品，如感冒药、消炎药、肠胃药、外伤药等；若长期服用某类药物，如患高血压、心脏病、胃病或糖尿病等必须带足所需药物及医生处方，以防万一。

（2）哈萨克斯坦比北京晚 2 小时，属强烈温带大陆性气候，7 月份平均气温 19℃~26℃，早晚温差较大，冬季比较寒冷，注意保暖，带足衣物。

（3）当地使用俄语或哈萨克语，英文交流也比较少，必要时手机装个 APP 进行实时翻译。

（4）全球通可在当地使用，建议直接购买本地卡。大部分酒店、机场都有免费 Wi-Fi。

（5）在哈萨克斯坦期间应随身携带并妥善保管护照、签证、居留证件、移民卡等，并留存复印件以备不时之需。

（6）尽量减少夜间出行，选择市内公交或正规出租车出行。在公共场所避免露富，兑换外币时应选择封闭式的银行兑换点。勿将证件和行李物品交由他人保管。

（7）额定电压 220V/50HZ，请自带转换插头。

（8）来哈务工需办妥劳务许可、工作签证和相应手续，不可轻信中介。

四、哈萨克斯坦紧急求助电话

中资企业及公民在哈萨克斯坦如遇突发状况，或遇有语言不通等特殊情况，应尽快通过各种联系方式与中国使馆领事部门取得联系，告知所遇困难及地理信息，以便尽快解决。

在中资企业间、华人内部发生的纠纷，应尽量内部协商解决，避免矛盾扩大。如需通过法律途径解决纠纷，可通过国内有关单位进行。

如遇恐怖袭击、绑架、抢劫等恶性治安事件，请及时报警，并与中国驻哈萨克斯坦大使馆和工作单位取得联系。

中国驻哈使领馆依法维护我公民在哈合法权益不受侵害，对于违反当地法律法规的中国公民将提供法律咨询，最大限度提供必要协助。

相应的联络方式如下：

· 哈萨克斯坦火警电话：102

· 哈萨克斯坦匪警电话：102

· 哈萨克斯坦急救电话：103

· 外交部全球领事保护与服务应急呼叫中心热线：+86-10-12308或+86-10-59913991

· 驻哈萨克斯坦使馆领事保护与协助电话：+77017470186

· 驻阿拉木图总领馆领事保护与协助电话：+77017292938

Chapter 4
第四章

哈萨克斯坦有关
法律规定

一、哈萨克斯坦法律体系概述

(一) 立法概况

哈萨克斯坦的法律渊源体系由 1998 年 3 月 24 日通过的《规范性法律文件法》予以规定。宪法具有最高的法律效力,其后依次为宪法修正案、宪法性质的法律、一般的法律和有法律效力的总统令,具有法规性质的总统令、议会决议、政府决议、部委命令、国家各委员会的决议、其他国家机关的命令和决议、各州府的决定。此外,还有宪法委员会、高等法院和中央选举委员会的具有法规性质的决议。

经共和国批准的国际条约比其国内法具有优先性,且可以直接适用,即在国际条约与国内法规定不一致时,适用国际条约的规定,但需要出台专门的法律予以实施的国际公约除外。经宪法委员会认可的国际条约不符合哈萨克斯坦共和国宪法的,不能被批准并产生效力。当宪法委员会认为国际公约不符合哈萨克斯坦宪法时,该国际公约不能被批准和付诸实施。

(二) 部门法体系

哈萨克斯坦法律系统的建立借鉴了德国、意大利等欧洲国家的立法经验,属于罗马日耳曼法系,它与俄罗斯以及其他独联体国家的法律体系共同构成了独立的欧亚大陆法系。

哈萨克斯坦法律改革的步伐是前苏联各共和国中迈得最快的国家之一,至 2000 年已经通过了一系列新的法典:《民法典》(1994—1999)、《刑法典》(1997)、《刑事诉讼法典》(1997)、《刑事执行法典》(1997)、《民事诉讼法典》(1999) 以及一系列民刑及程序性法规。

哈萨克斯坦法律大体上分为宪法、民商法、刑法、行政法、民事诉讼法、刑事诉讼法等法律部门。

1. **宪法**

1991 年 12 月 16 日，哈萨克斯坦通过了宪法性法律《哈萨克斯坦共和国国家独立法》，宣布哈萨克斯坦独立。

哈萨克斯坦独立后，于 1993 年 1 月 28 日颁布了第一部宪法。在总结了独立后几年建国经验的基础上，又制订了第二部宪法，在 1995 年 8 月 30 日经全民公决通过后正式颁布实施。

2. **民商法**

哈萨克斯坦现行《民法典》由两部分组成。第一部分是 1995 年 3 月 1 日起实施的，第二部分是 1999 年 7 月 1 日起实施的。《民法典》调整的是平等主体之间的商品货币关系、其他以平等条件为基础的财产关系，以及与财产有关的人身非财产关系。

在完成《民法典》的同时，哈萨克斯坦为了发展市场经济，还进行了大量的民商领域的立法：如 1995 年 5 月 2 日生效的《商事公司法》；1995 年 6 月 19 日生效的《国有企业法》和 1995 年 10 月 5 日生效的《生产联合体法》；1997 年 1 月 21 日生效的《破产法》；1997 年 6 月 19 日生效的《个体户法》；1998 年 7 月 10 日生效并于 2003 年 5 月 13 日修订的《股份公司法》；1998 年 4 月 22 日生效的《有限责任和补充责任公司法》。

在金融领域，1997 年 5 月 5 日实施了《证券市场法》；1997 年 4 月 28 日实施了《流转票据法》；1997 年 3 月 5 日实施了《证券业务登记法》；1997 年 3 月 6 日实施了《投资基金法》；1995 年 8 月 31 日实施了《银行和银行活动法》；1995 年 10 月 3 日实施了《保险法》；1997 年 2 月 28 日实施了《国家支持直接投资法》；1996 年 12 月 24 日实施了《外汇管理法》。

在知识产权方面，有 1992 年 7 月 24 日生效的《专利法》和 1996 年 6 月 10 日生效的《著作权和关联权法》。

在土地、矿产资源方面，有 1995 年 12 月 22 日生效的总统"土地令"，1995 年 6 月 28 日生效的总统"石油令"和 1996 年 1 月生效的关于地下资源及其开采利用的总统令。

在调整涉外经济活动方面，有 1990 年 12 月 15 日生效的《哈萨克斯坦社会主义共和国涉外经济关系活动基本原则（基础）法》；1995 年 1 月 11 日生效的"涉外经济自由化"总统令和比较重要的 1994 年 12 月 27 日生效的《外商投资法》。

3. 刑法

哈萨克斯坦现行的《刑法典》是 1997 年 7 月 16 日通过的（后进行过修改）。它包含的思想和内容近似于 1996 年俄罗斯联邦的《刑法典》。

4. 行政法

哈萨克斯坦行政法包括 2001 年 1 月 30 日通过的《行政违法法典》、2007 年 1 月 11 日颁布的《行政许可法》。

5. 民事诉讼法

哈萨克斯坦民事诉讼法包括调整民事诉讼程序的《民事诉讼法典》以及其他法律条例。哈萨克斯坦批准的国际条约和其他条约以及哈萨克斯坦宪法委员会和最高法院的规范性命令也是民事诉讼法的组成部分。

6. 刑事诉讼法

1997 年的《刑事诉讼法》是哈萨克斯坦调整刑事诉讼程序的规范文件。《刑事诉讼法》很大程度上保留继承了前苏联刑事审判的传统。

7. 劳动法

目前实施的是 2015 年 11 月 23 日颁布的《劳动法典》。

其他的劳动领域内的法律法规包括：1998年12月30日颁布、1999年1月1日生效的《居民就业法》，1996年7月8日颁布的《集体劳动纠纷和罢工法》，2004年2月28日颁布的《劳动安全与保护法》等。

8. 其他主要法律制度

其他的主要法律制度包括：处理公司法律关系的法律法规，如《民法典》（法人一章第58～95条）、《商事公司法》（1995年5月2日第2255号）、《有限责任公司和补充责任公司法》（1998年4月22日第220-I号）、《股份公司法》（2003年5月13日第415-II号修订，以及哈萨克斯坦共和国最高法院《关于适用有限责任公司和补充责任公司法若干问题的规范性决议》（2008年7月10日第2号）等。

处理税务的《纳税及其他强制核算费用法（税法典）》，处理知识产权关系的《版权与著作权法》，有关环境保护的《土地法》（2003年6月20日）、《森林法》和《水法》（2003年7月8日）、《2004—2015年生态安全总统令》（2003年12月3日）、《生态保护法》（2007年1月9日）及《生态法典》（2021年1月），处理海洋和进出口关系的《海关法》（2010年6月30日颁布）等。

（三）与工程建设项目有关的法律规定

与工程建设项目有关的，需要普遍遵守的法律法规主要包括：哈萨克斯坦《宪法》、《民法》、《税法》、《劳动法》、《关于建筑、城建和施工活动的法律》（习惯称为"建筑法"）、《工业安全法》、《环保法》、《刑法》、《反腐败法》、《投资法》以及其他相关法律、单行法律、双边及多边条约等。

根据业务类别，需要额外关注的哈萨克斯坦法律法规，详见表4-1。

表4-1 哈萨克斯坦法律法规、条约、命令

序号	法律法规、条约、命令的名称
一	与工程投资经营有关
1	《投资法》
2	《直接投资项目国家优惠法》
3	《石油法》
4	《天然气与天然气供应法》
5	《国家采办法》
6	《地下资源使用者采办规则》
7	《地下资源与地下资源利用法》
8	《许可证法》
9	《哈萨克斯坦长输管道法》
10	《建筑、城市开发和建设法》（另译《关于在哈萨克斯坦国境内从事建筑、城市建设工程和施工》）
二	与公司注册有关
1	《公司法》
2	《股份公司法》
3	《有限责任公司和补充责任公司法》
4	《国家财产法》
5	《生产合作社法》
6	《工商登记法》
7	《商标、服务标记及原产地名称法》
8	《法人注册、分支机构和代表处登记法》
三	与招投标有关
1	《国家采购法》

续 表

序号	法律法规、条约、命令的名称
2	《电子化国家采购实施条例》
3	《关于批准国家采购实施条例的命令》
4	《属地化含量法》
四	与签证和劳务许可有关
1	《许可证发放规则》
2	《办理劳务许可条例》
3	《劳动法》
五	与 HSE 和征地有关
1	《工业安全法》
2	《环保法》
3	《森林法》
4	《水法》
5	《2004—2015 年生态安全总统令》
6	《生态法典》
7	《土地法》
六	与财务和税务有关
1	《税法》
2	《预算法》
3	《补贴与反补贴法》
4	《强制性医疗保险缴纳管理规定》
5	《个人企业纳税程序》
七	与进出口有关
1	2005 年 4 月 20 日 367 号政府令哈国强制产品认证变更法令

续表

序号	法律法规、条约、命令的名称
2	《民事保护法》
3	2004年6月9日颁布的558号哈国法律《关于保障计量统一法的修改和补充》
4	2015年4月24日颁布的287号政府令《需办理进出口许可的货物清单》
5	《反倾销法》
八	与外汇有关
1	《货币调节和货币监督法》
2	《现金和（或）现货金融工具由自然人经关税同盟关境输送程序条约批准法》
3	《外汇调节法》
九	中哈投资贸易协定
1	《中哈建立政府间经贸和科技合作委员会的协定》（1992年2月）
2	《中哈关于鼓励和相互保护投资协定》（1992年8月）
3	《中哈关于利用连云港装卸和运输哈过境货物的协定》（1995年9月）
4	《中哈关于在石油天然气领域合作的协议》（1997年9月）
5	《中哈海关合作与互助协定》（1997年9月）
6	《中哈在反不正当竞争与反垄断领域合作的协定》（1999年11月）
7	《中哈经济技术合作协定》（2000年7月）
8	《中哈关于对所得避免双重征税和防止偷漏税的协定》（2001年9月）
9	《中哈关于成立中哈合作委员会的协定》（2004年5月）
10	《中哈关于在油气领域开展全面合作的框架协议》（2004年5月）
11	《中哈经济贸易合作协定》（2004年5月）
12	《中哈关于建立中哈霍尔果斯国际边境合作中心的框架协议》（2004年9月）

续 表

序号	法律法规、条约、命令的名称
13	《中哈经济合作发展构想》（2006年12月）
14	《中哈非资源经济领域合作规划》（2007年8月）
15	《中哈经贸合作中长期发展规划（至2020年）》（2013年9月）
16	《中华人民共和国商务部和哈萨克斯坦共和国国民经济部关于电子商务合作的谅解备忘录》（2018年6月7日）
十	上海合作组织框架下的区域经济一体化
1	《上海合作组织成员国政府间〈关于区域经济合作的基本目标和方向及启动贸易和投资便利化进程的备忘录〉的议定书》
2	《上海合作组织成员国多边经贸合作纲要》
3	《〈上海合作组织成员国多边经贸合作纲要〉实施措施计划》

二、在哈萨克斯坦投资注册企业需要办理的手续

（一）设立企业的形式

到哈萨克斯坦投资或经商的外国法人或公民可根据需要办理三种形式的注册：哈萨克斯坦法人实体（股份公司和有限责任公司）、外国公司的分公司及代表处。在哈萨克斯坦有许多专门提供注册服务的公司，可以给投资者提供咨询并根据投资者的要求办理注册手续。

（二）注册企业的受理机构

哈萨克斯坦国内各地受司法部委托的居民服务中心或主管机关负责审核登记文件、出具证明及决定是否颁发登记注册证。

（三）注册企业的主要程序

注册企业的主要程序参见表4-2、表4-3。

表4-2 外国投资者在哈萨克斯坦当地注册有限责任公司的基本条件和程序表

注册要求	内　容
注册法规	1995年4月17日第2198号《哈萨克斯坦共和国法人注册、分支机构和代表处登记法》； 1995年5月2日总统令《公司法》
注册管理机构	哈萨克斯坦共和国司法部及下属地区机构
最低法定资本金	10倍"月核算基数"
公司创建文件	公司章程和创建协议（两个或两个以上出资方）
创始人数量	一个或多个
公司法定地址	文件中须注明公司所在地和详细通信地址
进行国家注册所必需的文件	公司章程（俄语和哈萨克语）； 创建协议（两个或两个以上出资方）； 关于创建公司的决议或全体出资方会议纪要； 关于公司法定地址的证明函； 国家注册申请； 公司经理的税务登记号； 注册手续费缴纳收据
外国法人注册有限责任公司还应补充的文件	经过认证的外国法人创建文件副本； 经过认证的证明创办者外国法人合法身份的工商登记注册或其他文件； 哈萨克斯坦共和国税务机关出具的法人已缴、未缴税费或其他应纳费用情况的证明
外国自然人注册有限责任公司还应补充的文件	外国自然人护照复印件及经过公证的英语译文的其他能证明其身份的文件
注册费	20倍"月核算基数"

续表

注册要求	内　容
进行注册所需时间	司法部或下属地区机构—15个工作日 税务登记　　　　　—10个工作日 统计登记　　　　　—5个工作日 对外经济活动登记　—3个工作日
应缴税款	企业所得税（税率20%，依照公司应纳税收入额计算）增值税（税率12%，依照商品销售、工程、服务及进口流转额计算）

注：月核算基数：哈萨克斯坦财政部规定的用于税收和其他财政应缴费的核算单位，根据国家财政政策和居民收入水平的变化进行定期调整，并公布在国家预算案中。2020年4月8日起，月核算基数为2778坚戈。

表4-3　外国投资者在哈萨克斯坦注册分公司或代表处的基本条件和程序表

注册要求	内　容
注册法规	1995年4月17日第2198号《哈萨克斯坦共和国法人注册、分公司和代表处登记法》； 《哈萨克斯坦共和国民法典》
注册管理机构	哈萨克斯坦共和国司法部及下属地区机构
创建文件	分公司（或代表处）章程
法定地址	在创建文件中注明公司（代表处）所在地和详细通信地址
进行国家注册所需的文件	按照哈萨克斯坦共和国司法部规定格式填写的申请； 外国法人盖章确认的创建分公司（代表处）的决定； 经外国法人确认的分公司（代表处）章程文本，哈文、俄文各一份； 章程合法副本及法人国家注册的证明；

续 表

注册要求	内 容
	法人给分公司（代表处）负责人的委托授权书（社会及宗教社团除外）； 法人缴纳国家注册缴费的证明文件； 分公司（代表处）所在地的确认文件
注册费	20 倍"月核算基数"
进行注册所需时间	司法部或下属地区机构 —15 个工作日 税务登记　　　　　　—10 个工作日 统计登记　　　　　　—5 个工作日 对外经济活动登记　　—3 个工作日
应缴税款	企业所得税（税率20%，依照公司应纳税收入额计算）； 增值税（税率12%，依照商品销售、工程、服务及进口流转额计算）

资料来源：中国驻哈萨克斯坦大使馆经商处。

在哈萨克斯坦登记注册公司或代表处的中国法人或自然人，应持有关文件到中国驻哈萨克斯坦使馆经商处进行登记备案。

拟在哈萨克斯坦登记注册公司或代表处的中国法人或自然人，有关文件应到哈萨克斯坦驻华使馆进行认证。到哈萨克斯坦后，建议委托当地律师或律师事务所到哈司法部门登记注册。

（四）外资并购哈萨克斯坦当地企业的基本程序

1. 提交申请

并购的股份公司选定委托代表，委托代表在反垄断政策机构面前代表企业利益。向价格和反垄断政策委员会递交关于股份公司并购的申请，申请中应写明：（1）行为的具体名称，如合并或兼并；（2）所有相关股份公司的全名、地址、企业并购后法人代表的姓名；（3）委托代表的姓名、工作地点、职务、地址、电话，同时应附并购合同草案；（4）公司内部监察委员会同意并购合同草案的纪要；（5）相关股份公司法人注册登记证明的复印件；（6）按照国家机构决定成立的股份公司附该决定的复印件；（7）相关股份公司的企业章程、成立合同、即将成立的股份公司的创建文件草案；（8）相关股份公司至递交申请当天的财务状况复印件，及相关股份公司的转交文件草案。

2. 提交相关材料

此外，还应向价格和反垄断政策委员会提交关于并购的其他书面材料，包括：（1）并购目的；（2）相关股份公司及新股份公司的组织结构；（3）相关股份公司参与其他商业组织的情况；（4）相关股份公司的资产结构；（5）相关股份公司、新股份公司的经营范围，其他有关材料。

3. 主管机构及审查时间

如果相关股份公司的注册资金总额低于 10 万个月核算指标，向新成立的股份公司或兼并者所在的州价格和反垄断政策委员会递交材料；

如果相关股份公司的注册资金总额高于 10 万个月核算指标或并购涉及外资公司，向国家价格和反垄断政策委员会递交材料。

国家价格和反垄断政策委员会应在收到股份公司申请后 7 天内，连同对委托代表的通知一起向州相应机构转交审查的授权。自申请提交之日计算，反垄断机构审查股份公司提交的并购的合同草案的最长时间为 30 日，特殊情况下根据反垄断机构主席的命令可延长至 45 天。作为反垄断机构对并购项目的结论，反垄断机构以书面形式向委托代表通报所作决定。

（五）注册哈萨克斯坦企业的注意事项

（1）在哈萨克斯坦注册公司需要至少 1 名股东和至少 1 名董事。

公司注册时不需要股东到场，如果公司董事是外国人，则需在公司银行开户时出席，董事只需安排时间1~2个工作日。对应公司秘书，无强制性要求。

（2）在哈萨克斯坦注册公司，不需要立即开公司银行账户，但公司银行账户需要在公司设立后3个月内开户。

（3）无最低注册资本要求，建议注册资本金额足够支持1~3个月的运营。注册资本一般建议在公司设立成功之日起3个月内付清。

（4）注册哈萨克斯坦公司，当地地址是必需的。

（5）注册公司的所需资料：申请书、身份证明文件复印件、在哈住址证明文件复印件、护照的公证副本（个人股东）或公司执照、公司章程、在哈萨克斯坦成立实体机构的决策、出具给当地代表的授权委托书（实体股东）、加注认证的公司资料。文件均需经加注认证（《1961年海牙公约》）。

点评：

在哈萨克斯坦注册公司，自完成注册时起公司就被列入地方税务委员会统计册，不论公司是否已开始营业，都必须进行税务申报。

三、哈萨克斯坦对外国投资的市场准入

（一）投资主管部门

2018年12月，哈萨克斯坦总统签署命令，将投资发展部改组为工业和基础设施发展部，将制定国家引资政策职能移交国民经济部，将实施国家引资政策职能移交外交部。根据上述文件，外交部被指定为

负责协调出口促进领域相关活动的机构。同时，授权政府将投资发展部投资委员会划归外交部，将国家投资公司股权控制及使用权划归外交部。

2019年4月，哈萨克斯坦政府将哈萨克斯坦投资公司职能移交阿斯塔纳国际金融中心（AIFC）管理局。AIFC将是哈吸引外资和推广投资形象的唯一协调机构，未来将成为区域性投资枢纽。

（二）投资行业的规定

哈萨克斯坦于2003年颁布新的《投资法》，制定了政府对内、外商投资的管理程序和鼓励办法。2015年10月，哈萨克斯坦颁布《企业经营法典》，其中设置专门章节规范国家支持投资的内容，连同《关于国家支持投资实施的若干问题》《关于批准战略性投资项目清单》《关于国家支持投资的若干问题》《投资补贴发放办法》《投资优惠申请接收、登记和审议办法》等文件，构成了当前哈萨克斯坦投资领域的法律法规体系。

哈萨克斯坦《投资法》第三条规定："除哈萨克斯坦共和国法律另有规定外，投资商有权从事任何项目和商业活动。"也就是说，目前哈萨克斯坦投资环境较为宽松，并未明确禁止外资进入特定产业，但保留了通过立法设立禁止领域的权力，以便结合实际情况具体规划。如对涉及哈萨克斯坦国家安全的一些行业，哈萨克斯坦有权限制或者禁止投资。哈萨克斯坦特别提倡外商向非资源领域投资。

根据规定，哈萨克斯坦对外资无特殊优惠，实施内外资一致的原则。

在部分经济领域中，哈萨克斯坦对外资占比有一定限制。如：

（1）银行业。哈萨克斯坦对外资银行的准入仍有限制性规定，外资银行的资本份额不得超过国内所有银行总资本的25%。

（2）保险业。哈萨克斯坦规定，所有合资非人寿保险公司的总资本份额不得超过哈本国非人寿保险市场总资本的25%；合资人寿保险公司的总资本份额不得超过人寿保险市场总资本的50%。

（3）矿产投资。哈萨克斯坦2005年修改的《矿产法》规定，企业在准备转让矿产开发权或出卖股份时，哈萨克斯坦能源部有权拒绝发放许可证。同时，国家不仅可以优先购买矿产开发企业所转让的开发权或股份，还可以优先购买能对该企业直接或间接做出决策影响的企业所转让的开发权或股份。

（4）土地投资。哈萨克斯坦2003年《土地法典》规定，哈萨克斯坦本国公民可以私人拥有农业用地、工业用地、商业用地和住宅用地，但是外国自然人和法人只能租用土地，并且有年限限制。

（5）电信业。禁止外国人和外国法人在哈萨克斯坦法人中直接和间接拥有、持有、处分和管理的有表决权股份（参与权益）比例超过49%，若该哈萨克斯坦法人作为城际和国际通信运营商开展电信活动并拥有内陆通信设施（电缆，其中包括光纤和无线电中继）。（根据《国家安全法》第23.6.7条）

（6）大众媒体。禁止外国人和外国法人在从事大众媒体业务的哈萨克斯坦法人中直接和间接拥有、持有、处分和管理的有表决权股份（参与权益）比例超过20%。（根据《大众媒体法》第5.2条）

根据新成立公司所从事活动的类型，相关限制可适用于外国实体，或者会成为在其投资于哈萨克斯坦实体获得相关许可和批准的要求之一。

哈萨克斯坦鼓励投资的领域有：

（1）基础设施、加工工业、努尔苏丹市项目、商业住宅、社会领域、旅游项目、农业项目。

（2）2003年颁布的《哈萨克斯坦吸引外国直接投资的优先经济领域清单》及2005年通过的《哈萨克斯坦政府第633号决议》明确规定建材生产、纺织业、冶金业、食品生产、油气机械制造、旅游业和运输业为优先发展领域。同时将教育、卫生和社会服务、休闲娱乐和文体活动等领域也列入享受优惠政策的优先发展领域。投资这些领域的企业可以享受10年内免缴财产税、土地税、企业所得税及增值税等税收优惠政策。

点评：

除外资占比限制外，在从事某些类型经营活动（例如制药业和建筑业等）时可能须取得相关的执照或许可证。

（三）投资方式的规定

1. 外国法人和自然人在哈投资规定

根据规定，外国投资企业可采用合伙公司、股份公司以及其他不与哈萨克斯坦共和国法律相抵触的形式建立。外国投资企业的建立程序与哈萨克斯坦共和国法人的设立程序一样。自然人在哈开展投资的规定与法人相同。外国投资者可以用企业经营利润及企业其他收入和企业创办者追加投资等方式来补充法定资本。哈萨克斯坦方面和外国投资者方面投入企业法定资本的财产所占的份额比例由创办人自己决定。法定资本金应存入在哈萨克斯坦共和国登记注册的授权银行。若外国投资者是以购买哈萨克斯坦法人建立的股份公司或合伙公司的股票或份额的方式实施投资，该法人要作为外国投资企业重新登记注册。

2. 外资投资的法律调节

哈萨克斯坦《投资法》、《股份公司法》、哈国家价格和反垄断政策委员会《关于股份公司与反垄断政策机构商定合并（兼并）合同程序的规定》、哈萨克斯坦政府《关于通过有组织的证券市场出售属于国家的股份规定》、国家价格和反垄断政策委员会《关于通报购买有限股份公司股份的程序规定》、国家有价证券委员会《关于购买高比例股份的条件规定》、《反垄断法》等法律法规调节投资并购、反垄断等领域。

3. 开展并购需经审批的业务领域

哈萨克斯坦欢迎外国投资者，但在有些领域开展并购活动需经哈萨克斯坦相关机构审核、许可，见表4-4。

表4-4　外国投资者在哈萨克斯坦开展并购活动需经审批的业务领域

业务领域	法律基础	机构
银行	《银行和银行业务法》（1995年）	哈国家银行（央行）
保险	《保险业务法》（2000年）	哈国家银行（央行）
有可能导致垄断的公司并购	《反垄断法》（2008年）	国民经济部
地下资源开发	《哈萨克斯坦地下资源及地下资源利用法》（2010年）	能源部，地质、生态和自然资源部

（四）与投资相关的主要法律

目前，与投资相关的主要法律有：《哈萨克斯坦共和国投资法》《哈萨克斯坦共和国海关事务法》《关于雇主向哈萨克斯坦共和国引进外国劳动力许可的限额确定、发放条件和程序的条例》《哈萨克斯坦共和国办理外汇业务的条例》《哈萨克斯坦共和国对直接投资项目的国家优惠办法》《在哈萨克斯坦拥有优先发展地位的经济部门实施投资计划时向投资委申请国家优惠、特惠政策细则》《哈萨克斯坦外资纳税优惠条例》《哈萨克斯坦外资收购上市公司政策》《哈萨克斯坦向优先发展经济领域的投资者提供优惠和特惠条件的规则》《在哈萨克斯坦共和国各银行开立、管理和撤销银行账户的条例》。

四、哈萨克斯坦对外国投资的优惠

(一) 优惠政策框架

哈萨克斯坦于2003年颁布新的《投资法》，规定对国内外投资者一视同仁，实行统一的特惠政策，不存在只针对外商直接投资的优惠政策。

2017年底颁布的新的《税法典》又对税收优惠条件重新界定和完善。在改善税收优惠和税款支付政策方面，一是取消拍卖手续费；二是取消通航水道使用费；三是取消无效的增值税优惠。在优化经济特区税收优惠方面，针对所有经济特区，更改"90/10"收入比率条件，将企业享受优惠业务同其他业务的收支分开核算，优惠期限从企业注册时起算；针对创新技术型经济特区，将治外法权制度时限延长至2028年，更改社会税优惠适用条件，将"劳动力成本不低于年收入总额的50%"替换为"劳动力总成本占支出总额的比率为70%"。

对于外国投资者来说，虽税收优惠取消，但关税优惠条件仍然保留。

凡与哈萨克斯坦投资委员会签订投资合同的外国投资者可以享受以下特惠：(1) 投资者进口生产用设备免关税；(2) 哈萨克斯坦国家可给予外国投资者以土地使用、房产、机械设备、计算机、测量仪器、交通工具（小汽车除外）等方面的一次性实体资助。

2003年颁布的《哈萨克斯坦吸引外国直接投资的优先经济领域清单》及2005年通过的《哈萨克斯坦政府第633号决议》明确规定建材生产、纺织业、冶金业、食品生产、油气机械制造、旅游业和运输业为优先发展领域。同时，将教育、卫生和社会服务、休闲娱乐和文体活动等领域也列入享受优惠政策的优先发展领域。投资这些领域的企业可以享受10年内免缴财产税、土地税、企业所得税及增值税等税收优惠政策。

2016年4月9日，欧亚经济委员会批准欧亚经济联盟使用统一特惠关税的条件和程序的章程。该文件旨在对发展中国家和最不发达国家提供帮助，使用的特惠关税包括：对部分来自发展中国家的产品仅需缴纳进口关税的四分之一，对部分来自最不发达国家的产品免税进口。

（二）行业鼓励政策

1. 简单物品经济

2018年10月，纳扎尔巴耶夫在国情咨文中首次提出发展以建筑材料、食品加工和家具生产为代表的"简单物品经济"。当年12月，哈政府审议通过《2020—2025年国家产业和创新发展规划纲要》，致力于发展简单物品经济、支持加工业出口、实施大型突破性项目等。2019年，哈萨克斯坦政府确定为发展简单物品经济提供6000亿坚戈的贷款额度，初步确定65个大类365种商品，相关贷款纳入"商业路线图2020"一并实施。

自2020年3月起，为尽快摆脱新冠肺炎疫情负面影响，政府将《简单物品经济新冠肺炎疫情负面影响（2025）》规划的融资规模大幅扩至1万亿坚戈。

2. 投资居留制度

外国投资者需事先通过资格审查，符合条件的外国投资者在阿斯塔纳国际金融中心 AIFC 各类投资平台进行不少于 6 万美元的投资，即可获得投资居留身份，投资者及其家庭成员可凭 AIFC 申请办理 5 年期哈萨克斯坦多次入境签证。如果投资者每年在哈境内居留不少于 90 天，并向国家财政缴纳 7000 月核算基数（约合 45850 美元），对其在哈境外获得的收入可免征个人所得税，在哈境内获得的收入仍需依照《税法典》纳税。

3. 优先活动目录实施投资领域优惠

根据哈萨克斯坦实施的第二个五年《工业发展国家纲要》，哈萨克斯坦将重点发展 16 个制造行业。其中 14 个为实体加工业（黑色冶金业、有色冶金业、炼油、石化、食品、农药、工业化学品、交通工具及配件和发动机制造业、电气、农业机械制造业、铁路设备制造业、采矿业机械设备制造业、石油炼化开采机械设备制造业、建材），其他为创新和航天工业。对这些领域，哈萨克斯坦政府批准了优先发展的项目，对这些项目投资可以获得一系列特别投资优惠。

（1）投资优惠给予的对象。

优先投资项目指的是，新成立的哈萨克斯坦法人按照哈萨克斯坦政府批准的优先活动目录实施投资的项目，投资额不得少于 200 万倍的月核算基数。

新成立的哈萨克斯坦法人是指满足下列 3 个条件的法人：法人的国家登记注册不应早于提交给予投资优惠申请之日前的 20 个月；法人应从事列入优先种类名录中的活动；仅在一个投资合同框架下实施优先投资项目（即一个法人只能实施一个优先项目，如实施另一个优先项目，应重新注册法人）。

（2）投资优惠的种类。

对列入哈萨克斯坦政府批准的优先种类名录中的活动（包括实施优先投资项目）进行投资的所有法人都可获得免缴关税、国家实物赠与的优惠。

实施上述投资项目的法人进口的技术设备、成套设备和技术设备备件以及原料和材料，免征进口关税。如果投资项目符合哈萨克斯坦政府批准的优先种类名录中的优先活动，根据对固定资产投资规模的不同，其进口的技术设备的备件以及原材料最多可免征5年关税。

对实施上述投资项目的法人，哈萨克斯坦给予其临时无偿使用属于哈萨克斯坦国家的财产或者临时无偿使用土地，随后这些财产将无偿赠予给法人或无偿使用土地者。

实施优先投资项目的新成立的法人，如其投资额超过200万倍的月核算基数，还可享受税收优惠（免缴企业所得税、土地税和财产税）、投资补贴、使用外籍劳务不受配额限制、保持税收和移民政策稳定、"一站式"服务等优惠和便利措施。

①税收优惠。

一是免缴企业所得税。自签署优先投资项目合同的当年1月1日起生效，从签署合同的下一年起连续10年内免缴企业所得税（即总计11年）。企业折旧提成也将享受相应的优惠。但免缴企业所得税的前提是，在优先投资项目合同中予以明确规定。

二是免缴土地税。目前，根据土地的品质来确定工业用地的税率：0级（最低级）每公顷48.25坚戈；按此比例递增，100级每公顷5693.5坚戈，100级以上每公顷5790坚戈。企业免缴实施投资项目所需地块的土地税，自签署优先投资项目合同的当年1月1日起生效，自签署合同的下一年起连续10年内免缴（即总计11年）。免缴土地税的前提是，在优先投资项目合同中规定，所使用的土地税税率为零。但实施优先投资项目的土地和土地上的建筑物如用于出租或其他用途，则不享受此优惠。

三是免缴财产税（之前的财产税为1.5%）。此项规定从2015年1月1日起生效。对实施优先投资项目的法人在哈萨克斯坦境内首次投入使用的设施，免征财产税。此规定适用于依照国际财务报告准则和哈萨克斯坦财会报告法的要求记入企业的固定资产，这些资产应在作为投资合同附件的工作方案中明确予以规定。免缴财产税的前提是，在实施优先投资项目的合同中明确规定企业免缴财产税。自首批资产计入企业固定资产的当月1日起生效，从首批资产计入企业固定资产的下一年起连续8年内免征财产税。将课税对象转交他人使用、委托管理或租赁的，不予免征财产税。

②投资补贴。

对投资者建筑安装工作和采购设备（除增值税和消费税以外）的实际花费给予30%的补贴，实际花费不得超过哈萨克斯坦国家鉴定结论确认的花费总额。投资补贴的发放时间表和年发放额度在投资合同中予以明确。根据投资规模和优先投资项目的利润率，在发放补贴期间按年度均等发放投资补贴。项目投产3年后开始发放补贴，在投资合同效力终止前发放完毕。在项目根据投资合同的规定完全投入运营，投资者开始满负荷生产的条件下，根据当年的情况开始发放投资补贴。如投资者未能按照工作计划中的规定实现满负荷生产年度指标，则发放补贴的数额按照其完成工作指标的百分比发放。

③使用外籍劳务不受配额限制。

如果哈萨克斯坦法人签署了实施优先投资项目的投资合同，这些法人以及被这些法人邀请作为总承包人、承包人、分包人，或者是为这些法人在设计、城市建设和建筑活动（包括勘察和设计活动、工程技术服务）领域提供服务的企业，使用外籍劳务可不受配额限制和不需申领使用外籍劳务许可。但前提条件是，在实施优先投资项目的投资合同中应明确确定使用外籍劳务的数量和所需专业。外籍劳务应是企业负责人、受过高等教育的专家或者高级技工。

④税收、移民政策的稳定性。

如在签订投资合同后哈萨克斯坦税法和使用外国劳务的规定发生变化，哈萨克斯坦将保障对实施优先投资项目的法人享受政策的稳定性。如哈萨克斯坦税法规定的税率今后上调，对实施优先投资项目的法人仍实行签订投资合同时的税率（但增值税和消费税除外）。

⑤自然垄断主体提供服务定期保持不变。

哈萨克斯坦自然垄断主体提供服务的最高价格，对实施优先投资项目的法人至少5年保持不变。哈萨克斯坦自然垄断主体提供的服务价格如电价、水价、燃气价格最高定价对实施优先投资项目的法人至少5年保持不变。

⑥享受"单一窗口"服务。

为了最大限度地简化实施优先投资项目的投资者获得投资许可所需的手续，尽量减少其与办理投资许可手续的各有关部委的直接接触，缩短办证时间、提高效率，哈萨克斯坦投资和发展部投资委员会实施"单一窗口"服务模式，专门设立办理投资有关手续的办事大厅，由哈萨克斯坦各有关部委联合办公。

（三）地区鼓励政策

1. 地区政策优惠

哈萨克斯坦鼓励向首都努尔苏丹、曼格斯套州、阿拉木图州、南哈萨克斯坦州、阿特劳州、北哈萨克斯坦州、阿克莫拉州、卡拉干达州、巴甫洛达尔州、江布尔州等投资。哈地方各州（市）严格遵守《哈萨克斯坦经济特区和工业园区法》《哈萨克斯坦投资法》等法律规定，暂无超出上述法律的优惠政策和措施。

2. 经济特区优惠

（1）经济特区法规。

哈萨克斯坦首批经济特区设立于1991年。2019年4月，出台《经济特区和工业园区法》，明确规定经济特区和工业园区从设立到撤销的全周期管理办法，明确工业和基础设施发展部作为经济特区、工业园区的主管部门，引入了新的经济特区和工业园区入驻企业土地使用机制。相关土地交由管理公司临时使用，再由管理公司移交入驻企业使用，从而缩短土地审批时间。该法律还对管理公司融资和强化责任等内容作出规定，要求只有在管理公司股权100%属于国有的情况下，政府才能提供融资支持。

（2）经济特区优惠政策。

对所有经济特区内的企业免企业所得税、免土地税、免短期（不超过10年）土地租赁费、免财产税。

根据政府制定的经济区内实行零增值税的商品、劳务和服务名单，返还企业已征缴的增值税。

此外，对到特区投资的企业，简化入驻程序，实行"单一窗口"服务，方便办理许可证件；实行"自动同意原则"，即投资者如果在法律规定期限内没有得到否定答复，则自动成为经济特区企业；简化特区企业使用外国劳务手续。

截止到目前，哈萨克斯坦共设立了12个"经济特区"，包括7个工业生产型经济特区、3个服务型经济特区和2个技术运用型经济特区。

五、哈萨克斯坦贸易的法律规定

(一) 贸易主管部门

哈萨克斯坦贸易和一体化部组建于2019年6月,负责制定并实施外贸、内贸、国际经济一体化、非原材料商品和服务出口促进等领域的国家政策。

主要职能任务包括:制定外贸、内贸发展与协调、电子商务和期货交易、非原材料商品和服务出口促进等领域的国家政策;参与制定、实施和协调在技术调节、标准化和统一计量等领域的国家政策;发展与协调国际经贸关系;协调国际经济一体化;通过确立哈萨克斯坦与其他国家的贸易关系,设立境外贸易代表机构等。

(二) 贸易法规体系

哈萨克斯坦涉及贸易领域的法律主要有《工商登记法》《劳动法典》《税收法典》《外汇调节法》《许可证法》《反倾销法》《知识产权法》《银行和银行业务法》《投资法》《企业经营法典》《海关事务法典》《金融租赁法》《居民就业法》《商标、服务标记及原产地名称法》《国家直接投资保护法》等。

哈萨克斯坦与俄罗斯、白俄罗斯、亚美尼亚、吉尔吉斯斯坦共同组成欧亚经济联盟。哈萨克斯坦与欧盟、澳大利亚、北欧国家、加拿大、美国、日本和中国等相互给予最惠国待遇。加拿大、欧盟和澳大利亚、美国对哈萨克斯坦实行普惠制。哈萨克斯坦沿袭原苏联的做法,按普惠制原则对进口发展中国家产品给予优惠。

(三) 贸易管理的相关规定

1. 进出口管理体制

哈萨克斯坦已经完全放开贸易权，所有自然人和法人均可从事对外贸易活动。除武器、弹药、药品等 11 类产品限制进口之外，其余产品均可自由进口，也不受配额及许可证限制。

哈萨克斯坦对出口实行鼓励政策。除武器、弹药等 9 类产品需要取得许可证之外，其余商品均可自由出口，但有时也会根据国家的需要，暂时禁止某些商品的出口，如粮食、菜籽油、白糖等。另外，在一定时期内，哈萨克斯坦政府会根据国际和国内市场的变化对部分商品的出口征收出口关税，如原油、某些动物皮毛以及废旧金属等。

2. 许可证管理

2008 年 6 月，哈萨克斯坦政府公布《关于批准实施进出口商品许可制度、包括出口商品管制和进口自动许可证商品清单》。纳入许可证管理清单的主要商品有：武器及军工产品及服务，火药及爆炸物，稀有金属、贵重金属，核原料、工艺、设备、装置及 α、β、γ 放射源，植物源性及动物源性制药原料，有毒物质，侦查专用技术设备及物品，医用透视装置，密码保护的资料及文件，鸦片原料，白磷，白节油，杀虫剂，工业废料，酒精半成品，乙醇，麦芽制啤酒，白酒，葡萄酒，白兰地，兽角，以及 2008 年 2 月 5 日第 104 号政府令中列明的出口监管清单中的商品。

3. 进口税收制度

自 2010 年 1 月 1 日起，俄罗斯、白俄罗斯、哈萨克斯坦三国关税同盟启动，后升级为欧亚经济联盟，实施统一的进口关税税率。自此，哈萨克斯坦的进口税收体制统一归属到同盟框架之下，按照同盟共同制定的进口税率征收。此外，哈萨克斯坦仅对石油、石油产品、废旧金属和动物皮毛等部分出口商品征收出口关税。

4. 进出口商品检验检疫

进口商品预检项目包括：商品质量和数量；出口市场价格；海关课税价值；海关分类；数据比对。属于预检商品的最小价值为 3000 美元。

不属于预检的商品有：（1）商品总值小于 3000 美元；（2）由以下国家进口的商品：亚美尼亚、阿塞拜疆、白俄罗斯、格鲁吉亚、吉尔吉斯斯坦、摩尔多瓦、俄罗斯、塔吉克斯坦、土库曼斯坦、乌克兰、乌兹别克斯坦；（3）贵重宝石和贵金属；（4）艺术品；（5）爆炸物；（6）炸药、武器；（7）活畜；（8）现期报刊；（9）生活用品和私人物品；（10）包裹、商业样品；（11）礼品：准备赠送的礼品，或者从国外得到的礼品以及国际组织给慈善机构赠送的礼品；（12）赠送给外国代表团、专家代表团以及联合国组织的礼品或物品；（13）核材料、核技术工艺。

5. 海关管理规章制度

（1）海关关税税率。

自 2010 年 1 月 1 日起，俄白哈三国实行统一的海关关税税率；自 2010 年 7 月 1 日起，实施统一的《关税同盟海关法典》。从 2016 年开始，欧亚经济联盟成员国施行新的《欧亚经济联盟海关法典》。

此外，在哈萨克斯坦还根据《关税同盟海关法典》规定实施《哈萨克斯坦共和国海关事务法典》。关税同盟规定：自统一关境建立之日起，成员国双边贸易将取消关税、商品数量限制以及其他同等措施。但不包括保障措施、反倾销和反补贴措施，以及为维护公共道德、人员和动植物的生命和健康、保护自然环境和文化价值而采取的出口或进口禁止性和限制性措施。

根据联盟成员国最终达成的协议,2020年1月1日起,开始执行新的进口关税分配比例,其中,俄罗斯占85.065%、哈萨克斯坦占6.955%、白俄罗斯占4.86%、吉尔吉斯斯坦占1.9%、亚美尼亚占1.22%。

（2）海关税费。

海关税费由欧亚经济联盟统一制定。为保护本国生产企业的利益,哈要求分阶段与统一税率接轨,并为400多种商品申请了过渡期。除过渡期以外,哈萨克斯坦还争取到一项权利：凡用于外资对哈投资项目的进口机械设备和原辅料一律免进口关税。

其他海关税费（海关手续费等）：由哈萨克斯坦政府自行审定。进口增值税和消费税由税务机关征缴。目前,俄白哈亚吉五国增值税率分别为：俄罗斯20%；白俄罗斯20%；哈萨克斯坦12%；亚美尼亚20%；吉尔吉斯斯坦12%。消费税率根据不同商品按各国现有规定征收,将来是否统一还待研究。

对出口企业,增值税、消费税实行先征后退。进口一方自成员国进口时,向本国政府缴纳两税,出口商凭出口单据向本国政府申请退税。

三国税务部门建立信息交换系统,每月相互交换货物过境和纳税资料,负责协调和处理征退税事宜。

关税同盟框架内的保障措施、反补贴与反倾销措施正在完善中。

俄白哈三国从2010年1月1日起实施统一的进口关税税率,但个别商品除外。欧亚经济联盟取代关税同盟后,进口商品关税税率的制定也由欧亚经济委员会负责。由于俄罗斯需兑现加入世界贸易组织的相关承诺,自2016年9月1日起,欧亚经济联盟针对1780种商品

(其中包括纸张、地毯、家具、糖果、鞋类、工业冷藏设备、建材、鱼类、干果等)下调进口关税,从而使平均进口关税税率下降1%~2%。

表4-5 入世后哈萨克斯坦关税税率变化

品种	目前平均税率(%)	入世后平均税率(%)
所有商品	10.293	7.147
农产品	15.634	11.275
工业品	9.387	6.410

点评:

具体商品的进口税率详见欧亚经济联盟统一关税税率,请参考如下链接:eec.eaeunion.org/ru/act/trade/catr/ett/Pages/default.aspx。

(3)海关手续。

运进哈萨克斯坦境内的货物和运输工具,在到货终点口岸办理海关清关手续;从哈萨克斯坦运出的货物,在发货起点口岸办理相关手续。

法律对通关程序有一系列的规定,它适用于所有经过哈海关的货物周转人。对某些个别货物或货物周转人可执行特殊的规定,例如,外交代表机关和领事机构工作人员的物品。

(4)适用免税的特别规定。适用免税的特别规定主要有:

①用于人道援助和慈善目的的进口商品免征增值税。根据2008年12月23日公布的政府令,自2009年1月1日起,凡其他国家、政府和国际组织提供的用于人道援助和慈善目的的进口商品,包括提供的技术援助,一概免征增值税,但应征消费税的商品除外。

②用其他国家、政府和国际组织提供的资金购买的进口商品也免

除增值税,生产货币的进口原料亦免征增值税。

③进口药品和医疗用品免征增值税。免征增值税的医药用品包括:药品,医疗(兽医)用品,其中包括修复整形用品、聋哑盲人器械和医疗(兽医)器械;用于生产各类医药用品的材料、设备和配套设施,其中包括药、医疗(兽医)用品和器械。

六、哈萨克斯坦关于劳动就业的法律规定

(一)劳工(动)法的核心内容

哈萨克斯坦有关劳工的法律体系由劳动、劳动安全与保护、居民就业等基本法律、总统令、政府决议等规范性法律文件构成。宪法规定公民享有劳动就业权利,立法机关和政府机构根据宪法制定相关法律和规章,以此构成哈萨克斯坦较为严密的劳动法律体系。劳动立法目的是将保护劳动者的合法权益作为劳动法的首要价值取向。同时,劳动法作为调整劳动关系以及与劳动关系有密切联系的其他关系的法律规范总和,起着引导、保障、服务、促进市场经济发展以及保障社会安定的作用。

1999年12月10日哈萨克斯坦颁布《劳动法典》,2004年2月28日颁布《劳动安全与保护法》,随后又陆续颁布了其他一系列法规。2015年11月23日出台了《劳动法典》,该法于2016年1月生效,旨在形成新的自由劳动关系模式,并兼顾企业和劳动者利益,国家、雇主和雇员的社会责任。根据劳动法,灵活协调劳动关系的机制将更加广泛,阻碍企业发展的限制逐步减少,同时对企业和劳动力市场的发展及吸引外资具有积极作用。

哈《劳动法典》的宗旨是保护工人的权利与合法利益，规定年满16岁，或在经家长（监护人）同意的情况下，年满14岁可以签订个人劳动合同。

1. 劳动合同

个人劳动合同必须以书面形式签订。劳动法规定劳动合同可以是无期限合同或短期合同（1年），也可以是中期合同（1年以上）。短期合同的签订情况不多。如果雇主与雇员第一次签订了不短于1年的固定期限合同，那么再度和雇员签订劳动合同时就要签订无固定期限，禁止以逃避为无固定期限劳动合同的雇员提供保障和补偿为目的，而和他们签订有规定期限的劳动合同。

除个人劳动合同外，还应签订集体劳动合同。通常情况下，没有必要签订集体劳动合同。但是，如果雇员主动提出要求，雇主必须研究和讨论签订集体劳动合同问题。

2. 劳动权利

哈萨克斯坦劳动法规定每个人在劳动领域都有实现自己权利和自由的均等机会，任何人都不能因为性别、年龄、身体缺陷、种族、语言、财产、社会地位、职位、居住地点、宗教观点、政治信仰、辈分或者在社会团体中的等级而在行使劳动权利上受到任何歧视。

雇主不得强制雇员劳动，禁止以惩罚威胁某个人，要求其完成任何一项工作或者服务。

雇员可随时主动提出终止劳动关系。唯一的条件是要在解除劳动合同前1个月通告雇主。雇主可根据自己的意愿终止合同，但要出具内部依据清单。主要有：裁减人员编制、雇员初次严重违反劳动责任、无故在1个工作日内离岗3个小时以上、拒绝工作安排等。雇主要办理因雇员导致损失的民事法律责任义务保险。

雇主无权要求雇员履行劳动合同中未做出规定的工作，除非在雇员同意并在劳动合同和雇主文件中做出相应的更改手续的情况下，允许调任雇员到其他工作。

如果雇员在企业内部被调到另外一个工作地点、同一地点的另外分支机构、被委派到另外的机组工作，则不被认为是工作调动，不必征求雇员的同意。

由于生产临时需要代替缺勤雇员的情况下，雇主有权在不征得雇员同意的情况下，在企业内部将雇员调到合同中未规定的、无碍其健康状况的其他工作岗位上，每年不得超过1个月，工资不能低于之前的平均工资。

在企业停产的情况下，雇主有权不征得雇员同意，根据其专业技能，将其调到无碍其健康的另外工作岗位上去，期限每年不超过1个月，工资不得低于前工作的2/3。

雇员因健康原因并依照医疗证明，雇主可以将雇员临时调任比较轻松的工作，根据双方协商的意见，可以保留雇员原岗位工资。

雇员因工伤、职业病或其他因为履行劳动义务造成的健康损害，雇主必须在其恢复劳动能力或者是确定残疾级别之前，将其调任较为轻松的工作或免除其劳动义务。如果企业生产发生变化，其中包括改组、工作量缩减，在让雇员继续按其职务、专业或者劳动合同中的所规定的相应技能工作条件下，允许改变雇员的劳动条件，如果雇员因劳动条件的改变而书面拒绝继续从事原工作，雇主有权终止雇员的劳动合同。

雇员有权利主动提出解除劳动合同，并要不晚于1个月书面通知雇主，在通知期限结束之前，根据雇主和雇员之间的协议，劳动合同可以被终止，雇员也有权利撤回关于解除劳动合同的书面申请。

雇员有权利书面通知雇主关于雇主没有执行劳动合同条款的情况，如果在 7 日内，未执行劳动合同条款的情况仍在继续，雇员有权利提前 3 个工作日书面通知雇主解除劳动合同。

雇主通过发布雇主文件的形式进行纪律处分，雇主在实施纪律处分时必须要求雇员出具书面解释，雇员拒绝出具书面解释也不阻碍雇主实施纪律处分。对雇员的每一次违纪，雇主只能采取一种纪律处分，雇主处分文件发布之后 3 天内要向违纪雇员宣布，并由雇员签字确认。雇员拒绝签字已阅知文件的情况下，应该在指令文件中做相关记录，在没有机会使雇员阅知处分文件时要用信件方式通知该雇员。此外，雇员在临时丧失劳动能力、履行国家社会义务脱离岗位、出差、休假期间不得对其发布处分的雇主文件。雇主在实施纪律处分时必须要求雇员出具书面解释，雇员拒绝出具书面解释不阻碍实施纪律处分。

纪律处分应该直接针对被发现的违纪行为实施，但不能晚于违纪行为被发现 1 个月后，处分有效期不得超过 6 个月，如果在此期间违纪雇员没有再受到纪律处分，该雇员就被认为不受纪律处分，雇主也有权根据雇员的申请提前撤销对雇员的纪律处分。

3. 劳动时间和假期

（1）劳动时间。

根据劳动法规定，正常情况下，每周工作 5 天（40 小时）。每月加班时间总计不得超过 12 小时，任何一天的加班时间不得超过 2 小时，对于从事重体力劳动或者是在危险、危害条件下工作的雇员，每天的加班时间不得超过 1 小时，每年加班时间不得超过 120 小时。加班、夜班以及法定节假日工作的，须向雇员支付至少 1.5 倍的工资。

安排雇员加班，必须以部门名义提出申请并征得雇员本人签字同意后方可以总经理令的形式办理加班、加点手续。

对怀孕妇女以及不满 18 周岁的雇员不得安排加班工作。

(2) 假期。

雇员每年享受有薪休假。连续休假时间不得少于 18 天。雇主要向临时失去工作能力的雇员支付社会补助金。补助金额大小根据雇员月平均工资确定。

①产假和育儿假。

产假。产假为分娩前 70 天至分娩后 56 天（若为复杂分娩或分娩两个以上孩子的，则持续到分娩后 70 天）。

领养一个或多个新生儿的雇员休假。该母亲或父亲雇员有权自领养之日起至小孩出生后 56 天届满为止进行休假；

无薪育儿假。母亲或父亲雇员有权在孩子 3 岁之前休无薪育儿假。

②年假。根据个人劳动合同的规定，雇员享有带薪年假。该带薪年假不得少于 24 天（不包括法定节假日）。还应为在危险或有害环境下工作的雇员以及身体残疾的雇员提供额外的休假时间。

③病假。雇主应向暂时生病或残疾的雇员按每月最高月度计算指数（MCI）的 15 倍（约合 110 美元）的标准进行补偿。

4. 工资与医保

雇员的工资数额由雇主自行确定，但不能低于国家预算法规所确定的最低工资标准。工资只能以货币形式支付，而且不得晚于下个月的上旬。

根据哈萨克斯坦政府公布的《2021—2023 年国家预算法案》，自 2021 年 1 月 1 日起，哈萨克斯坦最低月工资标准调整为 42500 坚戈（约人民币 650 元，按 2021 年 1 月汇率折算，下同）；国家支付基本养老金标准调整为 18524 坚戈（约人民币 238 元）；最低养老金标准调整为 43272 坚戈（约人民币 662 元）；月核算基数调整为 2917 坚戈（约人民币44.5元）；最低生活保障标准调整为34302坚戈（约人民币525元）。国家财政用于支付养老金和养老年金的预算支出自2021年1月1日起增长7%。

从2017年起，雇主需要按照雇员月均收入的2%缴纳医疗保险，之后每年增加1%的缴纳比例，至2020年达到5%。对于无社会保障人群（儿童、退休人员、失业及无劳动能力人员）国家将按月均工资7%的比例从预算中拨付。

（二）外国人在当地工作的规定

哈萨克斯坦对外国劳务人员实行严格的工作许可制度。在哈萨克斯坦雇用外国公民时，雇主必须向获授权的国家机构申请并取得工作许可证。此外，外国公民必须获得劳动签证和工作签证（即根据工作许可证签发的证件）或者证明外籍雇员无须取得工作许可证的文件。根据法律规定，工作签证持有人的家属也可获得工作签证。工作许可证是允许外国公民在哈萨克斯坦工作的主要文件，该文件是外国公民获得工作签证（即允许其为在哈萨克斯坦工作而入境的文件）的基础，否则将被罚款、拘留直至驱逐出境。

哈萨克斯坦劳动部门对外国劳务的数量实行总量控制、按州发放。此外，不免签的外籍公民在哈萨克斯坦停留超过3天，需办理临时居留许可（登记），且在哈萨克斯坦停留时间不得超过临时居留许可（登记）的期限。

1. 外国公民需提供的文件

哈萨克斯坦《劳动管理法》规定，外国公民在哈萨克斯坦申请劳动许可应提供相应文件和申请书；申请者符合从事该项经营所需专业要求的证明文件；已交付从事某个别行业所需费用的证明文件。

2. 接收劳务单位代为申请劳动许可所需提供的文件

外国公民由吸收劳务单位在获得批准的基础上代为申请劳动许可，所需文件：接收单位申请书；由接收单位签名、盖章的来哈萨克斯坦外籍专家、工作人员的姓名、出生年月、国籍、专业或文化程度、拟任职务等文件清单共 5 份；与雇用单位签订的劳务合同；哈萨克斯坦卫生部所要求的体检证明（包括艾滋病检验证明）。

3. 外国劳务许可时间

使用外国劳务许可的有效期为 1 年，而对于在公司内部交流调动前来哈萨克斯坦工作的第一负责人和工作人员，许可有效期可以为 3 年。各州、努尔苏丹市和阿拉木图市的社会计划和就业局是授权颁发邀请外国专家许可的机关。给予使用外国劳务许可的决定应在 15 个工作日内做出。

4. 比例要求

获得许可的用人单位必须遵守在其员工中哈萨克斯坦籍人员的占比：哈萨克斯坦人在员工领导层中占比不少于员工总数的 70%；在专家和熟练技工中占比不少于 90%。因此，管理人员中外国公民的比例不得超过 30%，而专业人员中外国公民的比例不得超过 10%。在聘用外籍雇员时，应严格遵守该比例要求。

5. 劳务配额

根据每年 9 月 1 日前用人单位向各州、努尔苏丹市、阿拉木图市以及奇姆肯特市社会计划和就业局（以下简称被授权机关）递交的申请和对下一年劳动力市场需求状况的预测制定配额。根据各州、努尔苏丹市、阿拉木图市和奇姆肯特市等地方行政机关以及有关国家机关的建议，哈萨克斯坦劳动和居民社会保障部在每年 12 月 1 日前向哈萨克斯坦政府提交规定下一年配额的政府决定草案。

哈萨克斯坦政府做出规定使用外国劳务配额的决定后 15 日内，哈萨克斯坦劳动和居民社会保障部按照劳务类别在各州、努尔苏丹市、阿拉木图市和奇姆肯特市之间分配劳务配额，并在其官网上公布配额分配信息。如果该地区的获准配额用完，则可能拒绝向雇主签发工作许可。

6. 申请劳动许可应缴纳的费用

哈萨克斯坦政府 2016 年 8 月 18 日第 459 号命令对收费标准作了明确规定，收费金额取决于雇主从事经济活动的种类和劳务许可级别，最低为 137 个月核算指数（800 多美元），最高为 250 个月核算指数（1500 多美元）。

7. 所需外籍专业技术岗位

就外籍劳务人员的专业而言，共需要 123 种职业的专业技术人员，主要包括工程师、机械师、钳工、电工、安装工、检修工等。

哈萨克斯坦关于劳务的诸多具体规定，请参考《办理哈萨克斯坦签证和劳务许可的有关情况》，网址为：kz. mofcom. gov. cn/article/ztdy/201305/20130500116905. shtml。

8. 外籍雇员的登记

暂时居留在哈萨克斯坦的外国公民有义务在其居住地进行登记。雇主应确保雇用的外国公民遵守这一法律要求。

9. 外籍雇员的纳税

针对外国公民的非居民个税缴纳税率为 10%，包括因建立劳动关系而获得的用工单位支付的劳动报酬及其他财务性收入（如股票、期权、商品等），董事报酬或津贴，针对外国人的补贴等。非居民个人就其来源于哈萨克斯坦的毛收入缴纳个人所得税，不实行税前扣除。

(三) 外国人在当地工作的风险

为保障本国公民就业，哈萨克斯坦限制外国劳务进入，但本国人员不能完全胜任的工种或者缺乏的人才除外。因此，哈萨克斯坦对使用外国劳务有严格的配额制度，且获取签证十分困难。虽然哈萨克斯坦每年的劳务配额不少，但由于对劳务的严格控制和签证手续的烦琐，劳务配额的使用额度较低。

根据哈萨克斯坦颁发签证的规定，持商务签证的外国人不能在哈萨克斯坦境内从事劳动活动，此类签证仅颁发给前往哈萨克斯坦从事谈判、签署合同、参加会议、展会、文化、科技和其他活动的外国人，且对在哈萨克斯坦停留有时间限制。

哈萨克斯坦劳动和社会保障部劳动、社会保护和移民委员会负责哈萨克斯坦劳务政策的制定和管理。其联系方式：007-7172-742829。该委员会其他有关信息请参考下列链接：www.mzsr.gov.kz/taxonomy/term/241。

[案例4-1]

哈萨克斯坦政府不断加大对雇佣外籍劳务的企业检查力度，对违规企业采取严厉惩戒措施。2019年，在哈萨克斯坦承建公路改造项目的某中资企业因违反哈方相关法律法规，多名中方员工持商务签证及旅游签证在哈萨克斯坦务工，导致企业遭受罚款，员工被驱逐出境。

七、哈萨克斯坦关于企业税收的规定

(一) 税收管理部门

税务部门由为保证税款上缴并对财政进行指导的国家收入委员会

(以下简称"主管机关")和具有哈萨克斯坦政府批准代码的各地税务主管机关分支机构组成。税务部门受主管机关的领导。

(二) 税收体系和制度

哈萨克斯坦税收法规以哈萨克斯坦宪法为依据，由《哈萨克斯坦税法典》（以下简称《税法》）和按其规定通过的规范性法律文件组成。任何人都有权利拒绝缴纳税收法规未规定的税款和其他应缴财政款。纳税及其他应缴财政款的制定、征收、变更或注销均按税法规定的程序和办法实行。当税收法规与其他法律文件不一致时，以税收法规为准。除税收法规规定的情形外，禁止将调节税收关系的法规列入哈萨克斯坦非税收立法。当哈萨克斯坦批准的国际条约与税收法规不一致时，以国际条约为准。

《税法》是调节税收的基本法律，于2001年6月公布实施，后经多次修订。最新《税法》于2017年12月25日由纳扎尔巴耶夫总统签署通过，2018年1月1日正式生效，最近一次修订于2020年12月10日。《税法》规定了一些税收和其他环节的预算支付及相关政策，对税种和税率进行了适度调整，减轻了非原料领域税负，增加原料领域税收，给予中小企业较多优惠措施。

根据《税法》，承认常驻哈萨克斯坦的自然人以及不常驻哈萨克斯坦境内但是其主要收入来源于哈萨克斯坦境内的自然人为居民。如果在相应的国家有避免双重征税的国际条约，那么也承认拥有居民特征的外国人和无国籍人士为非居民。根据外国法律建立的实体，包括不具有法人资格的外国实体，通常被视作非居民法人。

(三) 近些年重大税制变化

随着哈萨克斯坦经济的不断发展，税收制度也在进一步变化。以下简要介绍了近几年税制的重要变化。

（1）从 2016 年 1 月 1 日起，非金属建材（水泥，石灰，石膏等原料）的地下资源使用税率设定为 5%。

（2）哈萨克斯坦在五年内免关税进口二氧化钛。欧亚经济委员会决定自 2016 年 9 月 1 日起至 2021 年 8 月 31 日二氧化钛免关税进入哈境内。此外，也将对电动车辆以及以天然气作为动力的部分种类的交通工具下调关税税率。

（3）2017 年 8 月 14 日，在哈萨克斯坦证券市场发行证券的公司在发行证券后，应按照较低的企业所得税率 18% 缴纳税款（代替常规的 20%）。

（4）个人所得税内不包含保险款项；在债务豁免案例中，个人无须缴纳个人所得税，目前，由于债务搁置被视为个人的应税收入，银行必须扣留并支付 10% 个人所得税。

（5）对于中小型企业的税务管理，限制条例从 5 年降至 3 年。

（6）哈萨克斯坦在落实 BEPS 计划不断更新国内反避税规定。以境外非居民企业转让哈萨克斯坦公司股权的情况为例，2017 年之前，对于符合一定条件的转股行为，未设立在避税天堂的境外非居民企业持股超过 3 年，且被转让公司不属于地下资源采掘行业（即不属于石油天然气和矿产等行业），非居民转让股权取得的资本利得可免征哈萨克斯坦预提所得税。同等条件下，股息分配的预提所得税也可以减免。然而，2017 年 2 月 1 日开始，哈萨克斯坦取消了上述因 3 年以上持有期限而给予的免税优惠。可以看出，对于投资哈萨克斯坦非地下资源采掘行业的境外投资者而言，新税法释义的出台可能大幅提高投资者的税收负担。

（7）2018 年 1 月 1 日起，开始执行最新全面修订的税法。对于实体税和税收征管法规进行了较大幅度的调整。这对中亚国家的税法修订产生了较大的影响，同时对于赴哈萨克斯坦投资的企业和个人均产生较大的影响。

（8）需要特别注意的是，根据中国国家税务总局发布的《关于哈萨克斯坦超额利润税税收抵免有关问题的公告》（国家税务总局公告2019年第1号）规定，自2019年1月1日起，中国企业在哈萨克斯坦缴纳的超额利润税，应纳入可抵免境外所得税税额范围，计算境外税收抵免。

（9）2020年9月2日，哈萨克斯坦总统托卡耶夫当天发布国情咨文，要求最大限度减少税费种类，根本性地简化税收义务。

（10）2020年9月24日哈萨克斯坦议会下院当天二读通过关于税收和改善投资环境的多项法律修正案。相关法案规定，引入"投资抵扣税收"概念，赋予企业主最多延期三年缴纳企业所得税和财产税的权利；扩大农产品加工法人企业清单，相关企业可享受抵扣70%增值税的优惠政策。哈境内自然人提供服务的外国互联网公司需缴纳增值税；进一步明确外国公司和非居民企业的纳税标准；自2022年1月1日起，分阶段提高酒精、烟草产品的消费税税率；自2022年1月1日起，将增值税纳税门槛由此前的3万倍月核算基数降至2万倍月核算基数；将商品采购、生产、服务项下支出，以及超过1000倍月核算基数的合同项下支出纳入企业所得税扣除项目；自2022年1月1日起，将闲置农用土地使用税税率由基础税率的10倍上调至20倍。

（四）主要税赋和税率

1. **主要税赋**

哈萨克斯坦现行的主要税种，包括企业所得税、个人所得税、增值税、消费税、社会税、土地税、财产税和其他税费等。纳税人应当：在税务机关办理注册登记；对课税对象和纳税相关项目进行计算；根据课税对象和纳税相关项目，计算纳税基数、税率、税款以及其他缴纳财政款项的数额；按照规定的顺序和期限，编制税务报表并将其递交给税务部门；按照税法规定的顺序和期限，缴纳已计算、加算税款和其他缴纳财政款项。未履行纳税义务的，应当缴纳滞纳金、罚款。纳税人应当按照税法典规定的顺序和期限履行纳税义务。

哈萨克斯坦的税收制度遵循属地原则，依据纳税人的所得是否来源于哈萨克斯坦境内来确定其纳税义务，而不考虑其是否为哈萨克斯坦公民或居民。

哈萨克斯坦税法规定，在哈萨克斯坦领土从事经营活动的哈萨克斯坦和外国公司的常设机构有义务缴纳以下税种：

（1）企业所得税。

①税率。

企业所得税税率为20%。企业所得税税基抵扣项目包括在用建筑、设施、机械和设备。分公司、代表处还需要缴纳净利润税，税率为15%。农产品生产者、水产品（渔业）生产者销售自产指定农产品及加工产品，按照10%的税率征税。

税法取消了中小企业预付企业所得税的规定，如企业出现亏损，可在10年内摊销亏损，即在缴纳企业所得税时进行抵扣。

②申报与缴纳。

企业所得税纳税年度自日历年1月1日起至12月31日止。如果机构是在1月1日之后成立的，则该机构的第一个纳税期是指从其成立之日起至12月31日的时间段。此时，该机构在司法机关注册登记日是其成立日期。如果12月31日前机构被清算、改组，则从年初到清算、改组结束之日前的时间段视为最后一个纳税期。如果1月1日之后建立的机构在同年结束前被清算、改组，其纳税期为自建立之日起至清算、改组结束之前的时间段。

申报前预付款计算书不晚于报告纳税期 1 月 20 日前提交；申报后预付款计算书不晚于报告纳税期的 4 月 20 日前提交。

纳税人有权在报告纳税期的 12 月 31 日前提交申报后预付款补充计算书。缴纳预付款的纳税人，必须在税法规定的纳税期内、不晚于每月 25 日将当月的企业所得税预付款上缴预算，每月缴纳金额为按照税法规定的预付款计算的金额。

企业所得税纳税人应在纳税申报期后的下一年度的 3 月 31 日前向其所在地的税务机关报送企业所得税申报表，但不含在哈萨克斯坦获得源泉扣缴收入的且在哈萨克斯坦不通过常设机构从事经营活动的非居民企业。

企业所得税申报表包括申报表及披露征税对象和征税相关对象信息的附件。

按照税法规定使用小企业特殊税制以简化申报的法人不需要报送企业所得税纳税申报表。

在纳税期内上缴预算的预付款金额，用于缴纳根据企业所得税申报单计算的报告纳税期企业所得税。

纳税期结束后，在申报单递交规定期限后的 10 个日历日内，纳税人缴纳企业所得税。

（2）增值税。

①税率。

增值税税率为 12%，适用于应纳税营业额和应纳税出口业务。部分交易适用增值税零税率，如下所示：货物出口（除税法规定的商品销售营业额外）；国际运输服务［指：从哈萨克斯坦境内出口和进口至哈萨克斯坦境内的商品运输，其中包含：邮件；过境货物在哈萨克斯坦境内的运输；旅客、行李的国际联运运输；国际联运的旅客列车（火车）运行服务］；机场销售的用于外国航空公司国际运输的燃料和润滑剂（其中外国航空公司包括欧亚经济联盟成员方的航空公司）；在经济特区范围内销售的商品；在努尔苏丹新城经济特区内销售的商品；在霍尔果斯国际边境合作中心经济特区内销售的商品；精炼黄金销售营业额；在哈萨克斯坦境内规定免于缴纳进口商品增值税的地下矿藏使用合同、产品分成协议（合同）框架内开展业务的纳税人销售自产商品的销售营业额；在地下矿藏使用合同框架内开展业务的地下矿藏使用者，在哈萨克斯坦开采和销售未稳定凝析油至欧亚经济联盟的其他成员方时的销售营业额；在天然气领域政府间协议框架内，纳税人通过以前从哈萨克斯坦进口的原料，在该欧亚经济联盟成员方境内进行加工，在欧亚经济联盟其他成员方境内开展来料加工产品销售时的销售营业额。

②申报与缴纳。

增值税的纳税期为日历季度。增值税申报表的提交规定如下：

A. 一般情况下，增值税纳税人须在纳税申报期结束后次月15日之前，向所在地的税务机关递交每个纳税期的增值税纳税申报表。特殊情况下，如未进行增值税登记注册的人员，则没有增值税申报表的报送义务。

B. 除申报表外，还须同时提交在纳税期内获得和销售的商品、工程、服务的发票作为申报表的附件。一般以登记表的形式报送，具体形式由主管机关予以规定。

C. 国家物资储备领域的主管机关分支部门，按照主管机关规定的程序、期限和形式，还需要提交从国家物资储备中提取商品的摘录文件登记簿。

D. 按照税务机关决议注销增值税登记的纳税人，必须在完成注销的报告纳税期结束后次月15日之前，向所在地的税务机关递交增值税清算申报表。

增值税应在下列期限内上缴至纳税人所在地的预算部门：

A. 在报告纳税期结束后的次月 25 日之前，金额为每个纳税期应上缴预算的增值税金额以及计算的非居民应缴增值税金额，下列第 B 项和第 C 项规定的增值税除外。

B. 进口商品增值税应该在哈萨克斯坦海关法律规定的缴纳海关费用之日缴纳。

C. 如果增值税纳税人按照税法规定注销增值税登记的，增值税纳税人应向税务机关递交增值税清算申报表之日后 15 个日历日内，按照该申报表中体现的增值税金额缴纳增值税。如果在提交的增值税清算申报表的前一纳税期增值税申报表中，体现的增值税缴纳期限晚于第 C 款规定期限的截止日期，应在向税务机关递交清算申报表之日起 10 个日历日内缴纳税款。

（3）个人所得税。

①税率。

自然人个税税率为 10%，来源于哈萨克斯坦境内外的红利收入按 5% 税率征税。

②申报与缴纳。

取得来自哈萨克斯坦境内和境外的属于个人所得税征税范围的收入的自然人均应当提交个人所得税申报表。其中，扣缴义务人应当向扣缴义务人所在地的税务机关提交个人所得税和社会税申报表，其中包括小型商业主体按照简化申报表提交的情形。除扣缴义务人以外的纳税人，自行提交个人所得税和社会税申报表。

③纳税期。

源泉扣缴个人所得税的申报期为一个月。

编制个人所得税和社会税纳税申报表的申报期为日历季度。

报税单提交期限：报告期结束后次月的 15 日前，向扣缴义务人所在地的税务机关提交个人所得税和社会税申报表。

（4）社会税。

①税率。

自 2018 年 1 月 1 日起，社会税按 9.5% 的税率计算。自 2025 年 1 月 1 日起，社会税按 11% 的税率计算。

②申报与缴纳。

个体私营业主和个人执业人员，应按照缴纳日有效的共和国预算法规定的月核算指标的 2 倍计算其本人的社会税，对于其员工，应按照缴纳日有效的共和国预算法规定的月核算指标的 1 倍计算社会税。

本款规定不适用于：根据纳税人停业歇业相关规定暂时停止提交税务报表的纳税人；采用简易征税制度的个体私营业主；会计核算报告期内没有任何收入的人员。

采用简易征税制度的个体私营业主，其社会税税率由土地税税率的相关规定确定。

社会税在一个纳税期之后的次月 25 日之前在纳税人所在地缴纳。作为分支机构（区域机构）开支的征税对象，其社会税应在该分支机构（区域机构）的所在地缴纳。

（5）土地税。

所有拥有地权和土地长期使用权或初期无偿临时使用土地的组织（法人或自然人）均是土地税的纳税人。农业用地税率根据土地品质分级纳税。

土地税的税额取决于土地的质量、地理位置和水源供给。土地税为年固定税额。

A. 农业用地的基本税率按公顷计算，并且根据土质的不同而不同。

草原区和干草原区的土地，共划分为101个等级，税率从2.4坚戈/公顷至1031.3坚戈/公顷；

半沙漠、沙漠、山地沙漠区的土地，共划分为101个等级，税率从3坚戈/公顷至250.9坚戈/公顷；

提供给自然人开展庭院经济（副业）、园艺经济和乡村别墅建设的农业用地和居民点用地（包括相关建筑物用地）当面积小于等于0.50公顷的，每0.01公顷的税率为20坚戈；当面积超过0.50公顷的，每0.01公顷的税率为100坚戈。

B. 居民点用地的基本税率（宅旁地段除外），按平方米计算，具体税率见表4-6。

表4-6 居民点用地的基本税率表

编号	居民点分类	居民点用地基本税率，但住宅占地以及其项下的建筑物和构筑物所占土地除外（坚戈）	住宅占地以及其项下建筑物和构筑物所占土地基本税率（坚戈）
	市：		
1	阿拉木图	28.95	0.96
2	努尔苏丹	19.30	0.96
3	阿克套	9.65	0.58
4	阿克托别	6.75	0.58
5	阿特劳	8.20	0.58
6	卡拉干达	9.65	0.58
7	克孜勒奥尔达	8.68	0.58

续 表

编号	居民点分类		居民点用地基本税率，但住宅占地以及其项下的建筑物和构筑物所占土地除外（坚戈）	住宅占地以及其项下建筑物和构筑物所占土地基本税率（坚戈）
8	柯克什套		5.79	0.58
9	科斯塔奈		6.27	0.58
10	巴甫洛达尔		9.65	0.58
11	彼得罗巴甫洛夫斯克		5.79	0.58
12	塔尔迪库尔干		9.17	0.58
13	塔拉兹		9.17	0.58
14	乌拉尔斯克		5.79	0.58
15	乌斯季卡缅诺戈尔斯克		9.65	0.58
16	奇姆肯特		9.17	0.58
17	阿拉木图州：			
		州辖市	6.75	0.39
		区级市	5.79	0.39
18	阿克莫林斯克州：			
		州辖市	5.79	0.39
		区级市	5.02	0.39
		其他州辖市	州行政中心规定税率的85%	0.39
		其他区级市	州行政中心规定税率的75%	0.19
		镇	0.96	0.13
		村	0.48	0.09

对居民点进行分类时，应根据技术调控国家主管部门批准的行政区划对象分类表进行。

C. 自然保护区、林地及水资源用地的税率。

用作农业用途的自然保护区、林地及水资源用地，应按照农业用地的规定的基本税率，进行征税。

提供给自然人和法人企业用于农业以外用途的自然保护区、林地和水资源用地，应按照居民点之外的工业用地、交通运输用地、通信用地、国防用地和其他非农业用地（以下统称"工业用地"）的规定的基本税率，进行征税。

D. 停车场（泊车场）、汽车加油站及赌场用地的税率，以及未按照用途使用的土地或违反哈萨克斯坦法律规定使用土地的税率。

此类型土地的税率参考居民点用地（宅旁地段除外）的某一基本税率乘以一定倍数（一般为10倍）进行征税。计税时所使用的某一具体的居民点土地基本税率，由当地方代表机关确定。根据地方代表机关决议，可下调税率，但不得低于居民点用地的基本税率（宅旁地段除外）。

E. 其他规定。

对于农业用地基本税率，如果该土地没有按照哈萨克斯坦土地法规定使用，则根据地方执行机关的提案，地方代表机关有权提高该土地的基本税率，但不能超过10倍。对于未按照哈萨克斯坦土地法规定使用的农业用地，根据本款之规定提高其基本税率后，新税率自土地利用与保护监管部门将关于必须按照土地用途利用土地和消除违反哈萨克斯坦法律违法现象的书面警告书送达给土地所有人或者土地使用人之日起实施。

上述规定中的土地相关材料、土地利用与保护监管部门向税务机关提交该材料的方法，由主管部门确定。

（6）财产税。

哈萨克斯坦财产税分为法人企业和个体私营业主的财产税、个人财产税两种类型。

法人企业和个体私营业主的财产税的税率包括 1.5%、0.5%、0.1% 和 0% 四种税率。除特殊规定外，法人企业应按照税基乘以 1.5% 这一方法计算财产税。个体私营业主、采用简易征税制度的法人企业可按照税基乘以 0.5% 这一方法，计算财产税。

当个人财产税的税基根据《税法》进行确定时，该财产税应以征税对象价值为基础，采取不同税率进行计税。

(7) 其他税种。

法人不动产税 2%。矿产开采税和其他专项税费，包含：矿产开发单位专门支出和税收；矿产资源开采税；超额利润税。

2. 违反税法的处罚

哈萨克斯坦税务管理既有税务监督，又有税务警察。哈萨克斯坦税法规定了根据实际欠缴税款数额进行处罚程序。对违规一方的处罚数额要高于实际应追缴税款的数额。当出现违反税法的情况时，税务机关会将具体细节通告纳税人。纳税人有权根据哈萨克斯坦法律程序，就税务机关的决定，向其上级税务机关提起申诉。

（五）税收征收和管理制度

1. 居民纳税人税收征收管理

所有在哈萨克斯坦从事经营活动的哈萨克斯坦法人和外国法人都应该在税务机关进行税务登记。税务机关应向自然人、法人和法人分支机构派发专属的纳税人识别号，此号码具有唯一性。税务机关依法将纳税人信息数据录入国家数据库。进行税务登记需提供以下信息：

(1) 申请税务登记的纳税人名称；

(2) 纳税人（税务代理人）的号码；

（3）税务登记有效期限；

（4）负责税务登记的人员姓名。

同时，税务机关有权要求纳税人在税务登记表中注明以下信息：

（1）适用税收减免、企业所得税应纳税所得额减免、与投资相关的税收优惠；

（2）固定资产剩余价值及与固定资产相关的后续成本的计算；

（3）增值税纳税人开具并收到的发票等。

增值税税务登记是独立于一般税务登记的程序。对于居民纳税人、非居民纳税人的分支机构或代表处以及个体私营业主，如果其一个日历年内的营业额超过最低计算基数（Minimum Calculated Index，以下简称MCI）的3万倍，则必须办理增值税税务登记。MCI的金额将根据每年的《国家预算法》确定，2019年的MCI为2525坚戈，因此限额约为7575万坚戈。

增值税登记申请人应在收入超过最低计算基数当月结束后的10个工作日内，通过书面或电子方式申请进行登记。无须进行增值税强制登记的法人实体，仍可以通过书面或电子方式申请向当地税务机关提出登记申请。

无论增值税申请人属于强制登记还是自愿登记，税务机关都应当在申请人提交申请的1个工作日内向申请人发放增值税登记证书。申请人自提交申请之日即成为增值税纳税人。

2. 个体纳税人登记

自然人作为个体私营业主，登记注册由税务部门进行，并按照《哈萨克斯坦私营企业法》规定的程序和期限颁发个体私营业主国家登记证。

3. 税务检查

（1）纳税评估。

税务部门可以对纳税人（扣缴义务人）提交的纳税申报表、从国家主管机关取得的资料以及关于纳税人（扣缴义务人）的其他业务文件和资料进行纳税评估。纳税评估的目的，是通过分析纳税人在税务机关登记注册、申报表和税费款入库等信息，评估纳税人可能存在的违规行为风险，并为纳税人提供自行整改的机会。

（2）税务稽查。

税务稽查是税务机关对哈萨克斯坦税法及哈萨克斯坦其他法律执行情况进行的国家稽查，税法执行情况的稽查工作由税务机关负责。

（3）税务监督。

哈萨克斯坦税法规定，税务机关可以通过分析纳税人财务经营活动开展税务监督，从而确定实际税基，监控对哈萨克斯坦税收法规、市场价格的遵守情况，并在转移定价时实施税务监控。

（4）税务审计。

自2018年起，哈萨克斯坦税务机关引入了两种税务审计形式，即基于风险等级开展的特定程序税务审计以及不定期审计。

自2019年起，纳税人按照其相关活动被划分为低、中、高风险等级。基于风险等级开展的特定程序税务审计将适用于高风险等级的纳税人。但不同风险等级的划分标准尚未公开。税务审计的具体执行将根据总检察官办公室网站公布的半年计划进行。2019年上半年的税务审计企业名单在2018年底确认。

根据2018年起生效的《税法》的规定，纳税人有30个工作日的时间来纠正税务机关根据税务审计出具的通知书中列明的相关违规行为。如有异议，纳税人应就所列明的违规行为做出解释。

自 2019 年起，哈萨克斯坦电子税务审计的新规正式生效。根据该项规则，纳税人可以向税务机关提交标准格式的税务信息（即标准审计文件），税务审计的时间可从原先 30 个工作日缩短至 10 个日历日，同时还可以避免纳税人与税务机关的私人接触。

(六) 税收的主要规则

1. 来自哈萨克斯坦的收入

根据税法规定，哈萨克斯坦居民需缴纳多种税收。税收上的"居民"若适用于法人，是指根据哈萨克斯坦法律成立的法人或实际管理机构位于哈萨克斯坦的外国法人。未通过位于哈萨克斯坦的常设机构进行运营的非税收居民，就其从哈萨克斯坦获得的收入需缴纳预提税。构成哈萨克斯坦收入来源的清单非常广泛，其中包括但不限于下列收入来源：（1）在哈萨克斯坦境内销售货物和提供服务；（2）提供管理、财务、咨询、审计和法律服务，而无论服务的实际提供地点；（3）向在享受税收优惠的司法管辖区成立的实体所支付的各种收入；（4）资本收益、股息、利息、特许权使用费和其他种类的收入。

哈萨克斯坦税法规定的预提税率取决于收入类型，列示如下：（1）针对提供服务获得的收入以及向在享受税收优惠的司法管辖区居民所支付的各种收入，预提税率为 20%；（2）资本收益、股息、利息和特许权使用费的预扣税率为 15%。

2. 常设机构

在哈萨克斯坦可根据税法设立常设机构，但哈萨克斯坦批准的避免双重征税协定中另有规定除外。税法列举了常设机构可从事的几种活动类型，其中包括但不限于生产、加工、包装和供应商品；从事管理；勘探或开采自然资源；与管道相关的任何活动；建筑物施工；设立分支机构；与哈萨克斯坦实体达成联合经营协议（若这种联合经营将在哈萨克斯坦境内实施）；通过雇员或其他人员在哈萨克斯坦境内提供服务（若就单个或多个相关项目活动而言，在任何连续 12 个月期间活动的持续时间超过 183 天）；通过非独立代理人从事活动等。

3. **资本弱化规则**

根据税法的规定，针对关联方贷款、关联方担保的贷款以及享受税收优惠的司法管辖区居民提供的贷款，以限制可抵扣利息的方式实施资本弱化规则。除非根据税法计算的年平均负债总额超过年平均所有者权益 4 倍（金融机构为 7 倍）的金额，否则不适用上述限制。不属于此处所列类别贷款的应付利息（例如哈萨克斯坦金融机构提供的贷款）不适用这些限制。

4. **受控外国公司规则**

针对在享有税收优惠的司法管辖区成立的公司（受控外国公司），哈萨克斯坦的受控外国公司规则适用于直接或间接持有或控制该等公司 25% 以上股份或参与权益的个人和法人。哈萨克斯坦共和国财政部批准的这类司法管辖下目前包括 58 个国家和地区，在该等国家或地区中的所得税税率低于 10%，法律保护财务信息的机密性，并且无须披露公司的所有者和股东。建立税收优惠制度的地区还包括中国澳门和中国香港。

税法规定，受控外国公司赚取的利润总额应计入哈萨克斯坦纳税人的应纳税所得额，该等公司在外国就同一利润缴纳的相应税额可予豁免，以避免双重征税。除此以外，哈萨克斯坦居民就其与离岸公司相关的受控外国公司，还须提交报告，其中包括提供财务报表和审计报告。

（七）税收豁免及税收优惠制度

1. 哈萨克斯坦公司股息的免税规定

哈萨克斯坦实体向外国法人、哈萨克斯坦和外国公民派发的股息若符合下列条件可予免税：（1）收取股息的人员不是享有税收优惠制度国家的居民；（2）派息公司不属于地下资源使用者，并且地下资源使用者的财产在公司价值中的占比不超过50%；（3）截至派息日，拥有股份或参与权益的期限不少于三年。为了使股息能够免税，哈萨克斯坦地下资源使用者应符合一系列附加条件，其中包括对特定数量的提取矿物进行后续加工（在初级加工之后）。

2. 哈萨克斯坦公司所收股息的免税规定

哈萨克斯坦公司收取的股息通常应当纳税，并应计入应税总收入。但是，在计算企业所得税时，可不将股息计入应税所得额（共同基金、风险投资基金、免缴企业所得税公司的股息除外）。

3. 资本收益免税

非税收居民通过出售哈萨克斯坦参与权益股份所获得的收益，可按照与股息免税相同的条件免缴预扣税。除此之外，如果以公开招标方式出售在哈萨克斯坦或外国证交所上市的股份，则资本收益可以免税。

4. 经济特区

哈萨克斯坦各地设有经济特区。经济特区的主要目标包括发展特定的非主营产业，如建筑、基础设施、制成品和高科技产品的生产等。哈萨克斯坦政府就每个特定经济特区批准了在特区范围内所开展的活动类型或所生产商品种类的清单。目前在哈萨克斯坦各地共设有10个经济特区，专门生产某些产品或提供某些服务。税收优惠可能因经济特区的不同而各异。一般来说，经济特区参与者可享受某些税收优惠，其中包括企业所得税、增值税、社会税（仅限信息技术园区）、物业税、土地税和土地租赁费。

5. 投资合同中的税收和海关优惠

"企业法令"中对实施"投资项目"或"优先投资项目"的投资者给予某些税收优惠。这些投资优惠并非自动授予，而是根据实施该项目的哈萨克斯坦法人与授权机构签订的投资合同所授予的。

6. 某些固定资产的加速折旧

针对优惠对象的重建和现代化过程中产生的费用和开支，税法规定了一种加速扣除方法。优惠对象包括首次在哈萨克斯坦境内投入使用的建筑和工业设施、机器和设备，并且自纳税人投入使用并基于相关活动而产生应税收入之日起，优惠期至少为后续的三个税收期间。有两种不同的方法可以抵扣优惠对象的成本：（1）在优惠对象投入使用后的三年内扣除等分费用，或（2）在优惠对象投入使用前产生相关费用时，在税务期间内全额抵扣优惠对象的成本。

（八）中哈税收协定

1. 中哈税收协定

中哈避免双重征税协定（以下简称《中哈协定》）于2001年9月12日由时任外交部长唐家璇和时任哈萨克斯坦财政部部长叶辛巴耶夫分别代表各自政府在努尔苏丹签署，于2003年7月27日生效，2004年1月1日起执行。

《中哈协定》总共29条，在中国适用税种为个人所得税和企业所得税，在哈萨克斯坦适用的税种也为个人所得税和企业所得税。《中哈协定》规定了居民、常设机构、不动产所得、营业利润、海运和空运、联属企业、股息、利息、特许权使用费多个概念和事项。

2. **哈萨克斯坦税收抵免政策**

（1）企业境外所得的税收抵免办法。

有文件可以证明来源于外国的收入已在外国缴纳所得税的情况下，外国已纳税款通常可予抵扣。该文件应在纳税人提交税务申报表的时候一并提交给税务机关。该文件应是由外国税务机关出具的，并应由具备资质的机构翻译成俄语或哈萨克语。

（2）饶让条款相关政策。

哈萨克斯坦与部分国家签订的税收协定中包括了税收饶让条款，给予特定境外所得固定的外国税收抵免，即使此类所得在境外来源地免税或只征收了较低税负。哈萨克斯坦签订的以下国家税收协定含有税收饶让条款：印度、马来西亚、巴基斯坦、吉尔吉斯斯坦和土库曼斯坦。

八、哈萨克斯坦关于用地的法律规定

（一）土地资源管理部门

哈萨克斯坦土地资源管理局是哈萨克斯坦土地资源管理的中央全权机关，在法律规定范围内实施专门执行权力机关职能、许可职能和监督－监察职能，并在土地资源国家管理、土地整理、管理国家地籍、土地监测、地形测量和绘图范围内负责协调工作。

哈萨克斯坦土地资源管理局是拥有地区机关的纵向管理机构，其地方机关涵盖国家全境。哈萨克斯坦土地资源管理局在所有州、努尔苏丹市、阿拉木图市都有下属的土地资源管理委员会，该局还管理国营企业。

（二）土地法的主要内容

根据最新版《土地法典》，哈萨克斯坦土地分为国有和私有两部分，其使用权有三种方式：长期使用、临时使用（租赁）和私有。其中，国家单位可长期使用国有土地；外国的自然人和法人可以租用哈国土地（临时使用），原属国有的农用地可依法转归哈国自然人或非国有法人私有。外国人和外资企业可以在哈国租赁土地，但不得转让和买卖。

（三）外资企业获得土地的规定

根据法律规定，从事农业经营的哈萨克斯坦公民、哈萨克斯坦非国有法人及其从事商品性农业生产的连带责任人可拥有私人土地，外国人、无国籍人士以及外国法人为在哈萨克斯坦从事商品性的农业生产，可在有偿临时使用土地（租赁）权基础上使用土地。2016年6月，哈萨克斯坦曾对《土地法典》进行修订，将土地使用权分为长期使用权、临时使用权、有偿临时使用权（租赁）、无偿临时使用权。外国人和获得哈绿卡的人无权购买哈农用土地，只能进行租赁，农用土地租用年限由原来的10年延长至25年。但由于部分人担心外国人大肆购买哈土地，陆续在部分城市组织抗议活动，抵制修正案实施。纳扎尔巴耶夫随后宣布将《土地法典修正案》的生效时间冻结5年，至2021年底。

2020年7月，哈萨克斯坦总统托卡耶夫再次重申："2021年，《土地法典》部分条款暂缓执行即将到期，应当就此问题作出最终决定。基本原则已经确定，哈萨克斯坦的土地不会向外国人出售。"

(四) 地下资源使用的规定

1. 哈萨克斯坦地下资源使用的法律依据

哈萨克斯坦地下资源立法始于 1992 年，目前采用的是 2017 年底新版的《地下资源及其使用法典》，该法典主要修改原则如下：大力吸引本国和外国投资，振兴矿业原料基础；在开发和利用地下资源时应该注意环境保护，加大环境保护力度；优化或简化各种国家审批许可程序；重视市场调节机制。

2. 《地下资源及其使用法典》的主要内容

（1）地下资源所有权属于国家。

（2）地下资源使用权的主体。

地下资源使用权的主体包括自然人和法人。同一地下资源使用权的主体可以是数人，该数人是地下资源使用权的共同持有人。共同持有人可以是通过使用权授予的方式共同持有同一地下资源使用权，也可以通过地下资源使用权转移的方式共同拥有地下资源使用权。

（3）地下资源使用权的取得方式。

哈萨克斯坦的地下资源使用权可通过获得地下资源使用权许可证和签订地下资源使用权合同两种方式取得。

方式一：申请使用权许可证。

地下资源使用许可证一般经过申请的方式取得，采取"先到先得"的原则，在先申请人未被拒绝申请之前，不接受在后申请人的申请。主管部门的审核期限为 10 个工作日。

哈萨克斯坦地下资源使用许可证主要分为六种：地下资源地质研究许可证、固体矿产资源勘探许可证、固体矿产资源开采许可证、普通矿产资源开采许可证、矿段使用许可证、淘金许可证。

方式二：签订地下资源使用权合同。

合同的一方向另一方提供一定期限的地下资源使用权，而合同的另一方支付一定的费用并对此承担风险。同地下资源使用许可证一样，合同双方仅可针对一个矿段的使用权签订合同。同一人可签订多份地下资源使用合同。地下资源使用权合同取得的方式主要分为以下两种：①直接谈判，直接谈判的主体只限定在国家控股或者管理的公司及其战略合作伙伴。②拍卖。

地下资源法规定了以下类型的地下资源使用合同：勘探合同；开发合同（也称生产合同）；联合勘探和开发合同（只有当哈萨克斯坦政府就具有战略重要意义和/复杂地质的地下资源区作出决定时方予适用）；与勘探或开发无关的地下工程建设和/操作合同；地下资源的国家地质研究合同。

勘探合同的期限为6年。如果是在海上进行勘探，或者需要额外时间以完成储量评估，则可再延长2年。开发合同的期限不得超过25年。对于拥有重大和独特储量的矿区而言，期限不得超过45年。

（4）地下资源使用权及地下资源使用权有关客体的移转。

哈萨克斯坦的地下资源使用权及地下资源使用权有关客体（主要指股权等权益），可基于民事法律行为（合同）进行流转，但是应当注意的是，勘探固体矿物质许可证有效期的第一年、地下资源地质研究许可证和淘金许可证是不允许流转的。

最新的《地下资源及其使用法典》中规定，在具有战略意义的矿段内，在重新签订或者先前签订的地下资源使用权合同时，国家在获得地下资源使用权（包括份额）、发行有关地下资源使用权的股票及其他有价证券方面，有优先于其他任何主体的优先权。

点评：

具有战略意义的矿段主要包括：

- 石油储备超过 5000 万吨或者天然气储量超过 150 亿立方米；
- 位于哈萨克斯坦里海的扇形区域；
- 含铀矿床。

[案例 4-2]

哈萨克斯坦石油（PK）公司是哈萨克斯坦第二大外资石油生产商，总部设于加拿大，总资产 12.69 亿美元。PK 公司的主要业务包括油气勘探、开发、炼油及原有和炼化产品销售，主要业务范围位于哈萨克斯坦，原油储量约 5.5 亿桶，日产油量约 15 万桶。由于哈萨克斯坦 2004 年起实行的矿产国有化运动，PK 公司遭受多次审查，被处以巨额罚款，许多油田遭政府关闭，经营状况十分糟糕，而此时中石油公司正在开展全球并购行动。当时哈萨克斯坦外商投资较少，竞争力小，中石油并购 PK 公司不但可以增加原油的产量，直接得到经济效益，而且能够壮大中国在哈萨克斯坦的投资，从而提高自身在哈萨克斯坦乃至整个中西亚地区的竞争力和国际地位。

同年 8 月 22 日，中石油宣布收购 PK 公司。然而，中石油很快就发现，这次收购面临许多前所未有的困境。哈萨克斯坦政府对国内石油资产的出售享有优先购买权，竞购初期，这一因素还不是问题。一方面，据报道有关法律仅适用于国内资产的出售，而 PK 公司是在加拿大注册的外国资产；另一方面，中哈之间存在非同寻常的外交和贸易关系。

但是，事情不应盲目乐观。2005 年 10 月 5 日，哈萨克斯坦下议院一致通过议案，允许国家干预哈萨克斯坦的石油公司中外国股份的出售。10月12日哈萨克斯坦方面开始禁止外资转让国家石油资产交易。为了得到哈萨克斯坦国家的认可，中石油与哈萨克斯坦石油公司磋商，最终达成协议，将PK公司石油33%的股份以14亿美元的价格卖给哈萨克斯坦国有石油公司。获得认可后，该项收购继续进行，在10月18日举行的哈萨克斯坦石油公司股东大会中，以99.04%的赞成被高票通过。

然而，就在哈萨克斯坦进行上述政治、法律操纵的时候，收购过程中又出现了另一个阻碍。2005年10月5日，俄罗斯的卢克石油公司在斯德哥尔摩提起国际诉讼，意图阻止其与PK公司在哈萨克斯坦的合资公司50%的股份因中石油的收购而被间接出售。卢克石油和PK公司分别出资50%设立的合资公司图尔盖石油公司，参与了哈萨克斯坦中部Kumcol油田的部分开发工作。根据图尔盖石油公司的注册文件，卢克公司对PK公司所持有的图尔盖公司50%的股份享有优先收购权，该优先购买权不仅在合作伙伴抛售其股份时生效，在这部分股份最终易主时同样生效。如果中石油收购PK公司，就意味着卢克公司在图尔盖石油公司中的合作伙伴易人，此时卢克应当有权要求优先购买图尔盖公司中PK公司所持的50%股份。

卢克公司诉称，PK公司所有权的变化，将使其优先购买权丧失。就在斯德哥尔摩仲裁悬而未决之时，卢克石油公司又向加拿大Alberta地区法院申请对中石油收购PK公司颁布临时禁令。在Alberta地区法院审理的后期阶段，卢克提出，如果法院可以阻止这次交易，他们将以同样的报价收购PK公司。

点评:

尽管中石油最终成功收购哈石油,但这一案例足以说明了解当地投资法律风险对于对外投资的成功至关重要。本案例中涉及哈萨克斯坦政府对资源享有优先购买权的问题,对于矿产资源利用权转让导致"集权"的认定问题,哈萨克斯坦政府一定条件下所享有单方面修改、拒绝执行或终止合同的权力问题,股东对其他股东持有股份的优先购买权问题等。中国企业如选择在哈萨克斯坦投资,尤其是投资于矿产、石油等自然资源领域时,务必在充分了解法律法规与相关风险后,谨慎做出投资决定,合理安排战略规划。

(6) 地下资源使用合同的终止。

地下资源法规定,主管当局可基于以下理由单方面终止地下资源合同:

①在主管当局所发送通知中规定的期限内,地下资源使用者未就其违反地下资源使用合同中所承担义务的情形予以补救,且次数超过两次;

②在未事先征得主管当局批准的情况下,地下资源使用者转让地下资源使用权或者与地下资源使用权相关的标的物,但无须取得该等批准者除外;

③连续两年履行合同规定的财务义务低于30%(即必须达到70%以上)。

若地下资源使用者在运营期间,就具有战略重要意义的矿产所采取的行动导致哈萨克斯坦共和国的经济利益发生改变,并对国家安全产生威胁,则经政府决定,主管机构亦可终止地下资源使用合同。

地下资源法还单独规定了若干事由,可据此终止勘探协议范本,这通常适用于常见的矿产资源。

九、哈萨克斯坦关于环境保护的法律规定

（一）环保管理部门

2019年6月政府机构重组后，哈萨克斯坦生态、地质和自然资源部负责环境保护，制定自然资源利用、水资源管理的国家政策，确保生态可持续发展。该部下设有专门负责生态调节等委员会，其主要职责是提高环境质量确保生态安全，实现环境可持续发展；管理和调控环境保护；制定自然资源利用、水资源管理和社会生态可持续发展的国家政策；负责环保立法；完善国家环境管理和生态调控体系；推进环保和可持续发展的国际合作；发展环保信息及教育体系；根据环保法规、规章的要求，监控国家生态环境。

（二）主要环保法律法规

哈萨克斯坦保护环境的有关法律主要包括：

（1）1991年8月23日颁布的《保护赛加羚羊种群的法规》；

（2）1992年4月7日颁布的《关于保护乌拉尔-里海流域鱼类孵化场的法规》；

（3）2003年7月8日颁布的《森林法》；

（4）2004年12月2日颁布的《水法》；

（5）2003年6月20日颁布的《土地法典》；

（6）2003年12月3日颁布的《2004—2015年生态安全》总统令；

（7）2006年11月14日颁布的《2007—2024可持续发展过渡方案》总统令；

（8）2007年1月9日颁布的《生态保护法》；

（9）2008年2月19日颁布的《2008—2010年环境保护方案》；

（10）2021年1月2日颁布的《生态法典》等。

(三) 环保法律法规基本要点

当前哈萨克斯坦政府环保与生态问题的关键焦点是：大城市和工业中心空气污染，里海和巴尔喀什地区的污染；地表水、地下水和跨界污染问题；土地荒漠化；咸海生态灾难和塞米巴拉金斯克地区（前苏联核试验场）历史遗留污染问题。

环保法规主要涉及以下几个方面：

1. 禁止在国家林场砍伐成材林

《森林法》第24条规定，禁止在国家林场砍伐成材林。采伐权必须经过程序严谨的招标和申领许可证获得。树木砍伐必须是保护性的，砍伐与种植结合，做到砍伐与种植并举。未取得许可非法使用林地用于建设其他建筑物、加工木材、修建仓储设施的，对自然人处以5倍月核算基数的罚款；对公职人员、个体企业主、中小企业法人以及非商业组织处以10~15倍月核算基数的罚款；对大企业处以100~150倍月核算基数的罚款。非法砍伐和破坏林木和灌木林的，对自然人处以10~15倍月核算基数的罚款；对公职人员、个体企业主、中小企业法人以及非商业组织处以30~40倍月核算基数的罚款；对大企业处以100~150倍月核算基数的罚款，并没收非法砍伐的林木，以及交通运输工具和其他违法设备等。此外，情节严重的将追究刑事责任。

2. 违反生态保护法的赔偿责任

《森林法》第321条规定：凡违反生态保护法的人，必须依法进行损失赔偿。损害赔偿包括环境、公民健康、公私财物等，具体包括：

自然资源的灭失和损害；对自然资源肆意浪费；肆意污染环境，丢弃危害物质和随意放置生产和生活垃圾；超标排放和污染。对埋藏有害物质、放射性废料和排放污水进行国家登记。

3. 禁止油气开采企业放空燃烧

《地下资源和地下资源利用法》规定，从 2005 年 1 月 1 日起，在石油开发业务中禁止放空燃烧伴生气。在未对伴生气和天然气进行有效利用的情况下，禁止对油气田进行工业开采。不符合大气环保的企业投入生产的，对公职人员、个体企业主、中小企业法人以及非商业组织处以 50~60 倍月核算基数的罚款；对大企业法人处以 70~100 倍月核算基数的罚款。在仓储和焚烧工业废物和日常生活所产生的废物时未遵守大气环保和防火安全的，对自然人处以 3 倍月核算基数的罚款；对公职人员、个体企业主处以 30~40 倍月核算基数的罚款，对中小企业法人以及非商业组织处以 50~70 倍核算基数罚款；对大企业处以 100~120 倍月核算基数的罚款等。

4. 加强水体保护

严格限制企业向自然水域排放污染物；保护地表水，对地表水和土壤易造成污染的工业废弃物必须进行封存处理；污水处理必须依法进行。污染或耗尽地表水、饮用水源的，违法水库水保护规定造成其污染以及其他有害后果的，对公职人员、个体企业主、中小企业法人以及非商业组织，处以 30 倍月核算基数的罚款，对大企业处以 100 倍月核算基数的罚款。如果企业未建设相关设施，防止污染水以及导致其他有害后果的，对自然人处以 5 倍月核算基数的罚款；对公职人员、个体企业主、中小企业法人以及非商业组织处以 50 倍月核算基数的罚款；对大企业处以 100 倍月核算基数的罚款等。此外，情节严重的将追究刑事责任。

(四) 环保评估的相关规定

哈萨克斯坦环保评估制度强调可能对环境和人类健康产生直接或间接影响的所有类型的商业活动和其他活动强制性进行环境影响评价，也将环境影响评价作为开展商业活动和其他活动的前置性义务，类似于中国环评制度中的项目环评未通过绝不允许开工的原则。

建议在启动项目之前实施环境影响评估。在实践中，针对以下类型的活动通常必须实施环境影响评估：新设施的建设或现有设施的重建；矿产勘查和生产；农业项目。

点评：

随着中国"一带一路"倡议和哈萨克斯坦"光明之路"计划的实施，越来越多的中资企业把投资目光转向哈萨克斯坦市场，但是哈萨克斯坦的环境保护政策仍是值得谨慎对待的。在投资哈萨克斯坦市场时，中国企业应提前考虑哈萨克斯坦的环境保护政策，至少要把相应的环保成本列入投资区域的考虑范围内。

十、哈萨克斯坦反对商业贿赂的法律规定

(一) 哈萨克斯坦反商业贿赂法律

2008年5月4日，哈萨克斯坦加入《联合国反腐败公约》，遵守该公约的相关规定。另外，哈萨克斯坦还是《伊斯坦布尔反腐败行动计划》的成员之一，并遵守该计划的相关规定。

为加强同腐败和经济犯罪活动斗争，2019年4月，哈单独组建国家反腐败署。目前，哈萨克斯坦关于商业贿赂的法律主要有《反腐败法》、《竞争法》和《刑法》等。

（二）反对商业贿赂或官员腐败行为的法规要点

哈萨克斯坦《竞争法》规定，禁止直接或间接向买方和卖方（供应商）员工行贿。根据哈萨克斯坦《刑法》231条，为获得有利于行贿人的行为、保护和纵容而向企业或其他组织工作人员提供现金、证券、财物及服务，处以相当于500~800个月核基数的罚金，或处限制人身自由2年以下，或处有期徒刑3年以下。组织团体屡犯处以相当于800~1000倍月核基数的罚金，或处以限制人身自由3年以下，或处以有期徒刑5年以下。企业或其他组织工作人员非法收受现金、证券、财物及服务，做出有利于行贿人的行为、保护和纵容处以相当于1000~2000倍月核基数的罚金，或处以剥夺职务或从事某行业活动权利2年以下，或处以限制人身自由3年以下，或处有期徒刑5年以下。数额较大的处以相当于2000~3000倍月核基数的罚金，或处以剥夺职务或从事某行业活动权利5年以下，或处有期徒刑6年以下。数额巨大的，处以相当于300~3000倍月核基数的罚金，或处以剥夺职务或从事某行业活动权利5年以下，或处有期徒刑4到8年。

[案例4-3]

哈萨克斯坦卡拉干达州特别刑事法庭2015年12月11日裁定，哈萨克斯坦前高管2009—2012年担任州长期间，曾收受总额大约240万美元贿赂，此外还侵吞了大量国有资产，被判处10年有期徒刑并没收个人财产。最近几年来，哈萨克斯坦已经有超过3200名官员因腐败相继落马。

高级官员贪污腐败是对哈国家安全的主要威胁。哈国家反腐败署日前向媒体透露，2020年上半年查处的腐败案件数量是上年同期的3倍；追缴各类腐败赃款332亿坚戈，是上年同期数额的1倍。

十一、哈萨克斯坦对保护知识产权的规定

(一) 有关知识产权保护的法律法规

哈萨克斯坦是欧亚经济联盟成员国,也是所有国际性知识产权重大协议的缔约方。其保护知识产权的主要法律依据是 1996 年 6 月 10 日颁布的《版权与著作法》。此外,哈萨克斯坦还加入了 1971 年 7 月 24 日签署的《国际文学和艺术作品保护柏林公约》、1996 年 12 月 20 日签署的《涉及版权法保护某些作品类单独法规的世界知识产权组织协议》,以及其他保护知识产权的国际法规。

(二) 有关知识产权保护的内容

1. 认可的知识产权种类

哈萨克斯坦认可以下权利:(1)原创作品(包括文学作品、编舞、音乐作品、录音、绘画、素描、雕塑、照片和电脑程序等)的版权;(2)邻接权(或相关权)(包括表演、录音制品和广播);(3)个性化手段(如公司名称、商标、服务标记和商品原产地名称);(4)工业产权(发明、实用新型和专利设计);(5)未披露信息以及商业秘密(专有技术);(6)选择性育种结果;(7)集成电路拓扑图。

科学、文学和艺术作品的版权自其实际诞生日起生效。作品版权的形成与存在无须作者办理注册或履行其他手续。

2. **各级保护**

对于工业产权、商标、服务商标和商品原产地名称可在以下层面获得保护:(1)国家层面(哈萨克斯坦专利和商标局);(2)欧亚专利组织(仅限于发明专利);(3)国际层面(通过世界知识产权组织,

仅限于商标、服务标记和发明专利）。

3. 版权保护

哈萨克斯坦版权法保护哈萨克斯坦国民（作为作者和共同作者）或者《伯尔尼保护文学和艺术作品公约》任何缔约国国民（作为作者）创作的文学和艺术作品。哈萨克斯坦根据《伯尔尼公约》对作品进行保护，且原创作品受到版权保护，不存在任何附加条件。

4. 知识产权期限

作者终生及其死亡后 70 年（针对经济版权）；

第一次演出、出版录音制品和广播后 70 年（与邻接权（或相关权）有关）；

发明专利为 20 年（自提出申请之日起），并可延长 5 年（仅涉及与药物和农药相关的发明）；

专利设计为 15 年（自提交申请之日起），并可延长 5 年；

实用新型为 15 年（自提交申请之日起），并可延长 3 年；

商标和服务标记为 10 年（自提交申请之日起），并可延长 10 年；

商品原产地名称的使用权为 10 年（自提出申请之日起），并可延长 10 年，但是针对注册的商品原产地名称，须保留相关商品的特性；

选择性育种结果为 25 年（自提交申请之日起），并可延长 5 年；

集成电路拓扑图为 10 年。

5. 申请专利

哈萨克斯坦实行专利公开检验制度。根据这一制度对发明和工业样品发放两种类型的保护许可证书。按公开检验制度，首先将发放初步专利证书。之后，申请人如果愿意继续保护该项目，就应该申请进行实质性评估，授权机关根据其评估结果决定是否发放专利证书。

6. 注册商标

按照哈萨克斯坦有关法律，哈萨克斯坦知识产权局通常不直接受理外手续，凭借事务所出具的证明方可到努尔苏丹知识产权局办理注册手续。哈萨克斯坦司法部知识产权保护局负责办理专利申请和商标注册，具体事宜可登陆知识产权局网站 www.kazpatent.kz 查询。

（三）知识产权侵权的相关处罚规定

哈萨克斯坦法律承认并保护知识产权，有责任根据法律赋予的权力制止侵权行为。知识产权所有人有权要求侵权者赔偿侵权行为给产权所有人带来的所有损失，追缴违反版权和著作权非法获得的所有收入。赔付补偿额为最低工资额的 2 万~5 万倍，计算机程序或其资料库侵权补偿额为最低工资额的 500~50000 倍。

当知识产权受到侵犯时可采取的救济措施：保护知识产权的措施包括《民法典》《刑法典》及相关法律（如商标法、版权法和专利法等）中规定的民事和刑事措施。个别的知识产权和工业产权所有人可采取反不正当竞争法以及《保护工业产权巴黎公约》中规定的某些措施。

当违反知识产权时，侵权人必须：（1）停止侵权行为；（2）就权利人遭受的损害进行赔偿；（3）在执行工作或提供服务时使用的商品或材料中移除受到知识产权保护的项目。损害赔偿要求中应证明损害金额。损害金额可根据原始商品的市场价格或许可证费用进行计算。

十二、哈萨克斯坦对外国公司承包当地工程的规定

（一）建筑主管机关

哈萨克斯坦的建筑主管机关为国家土地资源管理署，相关法律包

括《建筑法》《建筑、城市开发和建设法》。

（二）许可制度

（1）在哈萨克斯坦，工程承包和建设是高度管制的行业，需要烦琐的审批手续，办理多种许可证。规范工程承包的主要法律是 2007 年 1 月 11 日颁布的《许可证法》和 2001 年 7 月 16 日颁布的《建筑、城市开发和建设法》。需要工程承包公司特别注意的是两部法律的修正案已经于 2012 年 1 月 30 日生效。

根据 2001 年 7 月 16 日哈萨克斯坦颁布的第 242 号法律《建筑、城市开发和建设法》（另译《关于在哈萨克斯坦国境内从事建筑、城市建设工程和施工》）第 65 条的规定，外国人、无国籍人和外国法人均可承揽工程，但必须持有所承揽工程相应许可资质。在参加工程招标时，可以凭借总公司的资质购买标书，中标后同哈萨克斯坦招标委员会签订合同，并在哈萨克斯坦正式注册外国企业的子公司或独立的合资公司以执行项目。

在哈萨克斯坦注册的公司视同当地法人，在项目建设过程中，必须遵守哈萨克斯坦的各种法律法规及规范标准，包括办理特种行业许可证，依法纳税，遵守施工要求、技术标准、安全和防火规范等。聘用工人必须严格按照程序进行，在哈萨克斯坦本地不能满足专业技术要求的情况下，可以自外国引进，但必须为其办理劳动许可。在工程验收时必须由哈萨克斯坦招标委员会组建国家验收委员会对所施工工程进行验收。

无国籍人士、外国自然人和法人，可以按照哈萨克斯坦立法规定，在哈提供（从事）与建筑设计、城市建设和建筑活动有关的服务（工作）；有权获取拟建设工程的信息和文件等；应按照法律法规的规定从事相应活动,保障施工对居民的安全等。

根据《建筑、城市开发和建设法》法律第 32 条,主要的建筑、城建和建设活动方面的许可证制度规定如下:

①建筑、城建和工程建设方面的单工种,应按照哈萨克斯坦许可证发放法发放许可证。

②开展建筑、城建和工程建设方面设计工作和施工安装作业的自然人和法人,可分为以下几类:

Ⅰ类许可资质——可实施本条款范围内所有责任等级的项目;可以允许建设各种复杂等级的建筑,它要求建筑公司必须具有在这一领域 10 年以上的工作经验;

Ⅱ类许可资质——可实施本条款范围内二级责任等级和三级责任等级的项目,同时也可以在分包合同条件下实施所获许可范围内一级责任等级项目中的工作;它要求承包公司要有 5 年以上在这一领域的工作经验;

Ⅲ类许可资质——是基础等级,可从事本条款范围内简单的二级责任等级和三级责任等级的项目,同时也可以在分包合同条件下实施所获许可范围内一级责任等级和二级等责任等级项目中的工作。它对工作经验也没有要求。

自然人和法人的特定分类,应由许可证发放者按照对建筑、城建和工程建设方面设计工作和建筑安装作业所提的专业资格要求签发许可证时执行,并在许可证的特殊有效条件内说明。

申请设计和施工安装工程资质的申请人应具有执行对应活动的有资质的工程技术人员,但是不允许其他组织的工程技术人员在申请人处兼职。

由其他生产者提供的工艺设备和(或)材料的安装和投产调试工

作，根据哈萨克斯坦关于许可和通知的法规的规定，可以无须建筑、城建和工程建设领域的许可资质。

点评：

除一些豁免情况外，在大多数情况下，根据申请人在哈萨克斯坦境内外所获得的相关经验的累积时间来授予相应类别的许可证。

（2）根据行业的不同性质，某些工程建设项目还需要受专门法律法规的规范。比如天然气管道的工程建设项目受 2011 年 1 月 9 日颁布的《天然气与天然气供应法》规范，矿产资源开发的工程建设项目受《地下资源和地下资源使用法》的规范。按照法律规定需要进行公开招投标的工程建设项目，受《国家采办法》《地下资源使用者采办规则》等法律法规的规范。

（3）哈萨克斯坦颁布的《许可证法》对于需要政府颁发许可证方可经营的项目进行了罗列。原则上不论是外国申请人还是国内申请人，均可以取得许可证。许可证按照法律分为三类：总许可证；一次性许可证；经营类许可证。

总许可证针对某一活动的资质进行许可，没有时限；一次性许可证是根据经营活动的特定时间、次数或货物重量和数量等来颁发的许可证；经营类许可证一般颁发给银行和金融机构。

在哈萨克斯坦，许可证的适用范围还有地域限制，有些为全国许可证，有些为区域许可证。许可证所有人不得转让许可证，但是通过企业并购可以取得其他法人的某些许可证从事运营活动。

有关工程承包活动相关的许可证颁发机构和许可范围如表 4-7。

表 4-7　与工程承包活动有关的许可证颁发

审批机构	许可范围
石油与天然气部	技术建设与使用矿业、石油化工设施，石油与天然气设施（包括石油与天然气的生产，与其有关的技术、液化处理和钻井工作，以及油气田现场的维修、监测和安装工作等）； 石油与天然气井上防爆电子技术设备，地质设备和相关管线、电梯的生产、设计、安装和维修。
建筑与住房事务局	工程建设（包括建筑工程、铁路工程、技术设备的安装、建筑物等的维护与修缮等）； 设计与勘探工作（包括工程设计、地质勘探、测绘等）； 建筑行业的专家咨询与工程设计服务。
自然垄断管理局	电力和发电能源的生产、运输和销售，包括发电总站和分站的维护； 以供电为目的进行的电力采购； 石油与天然气处理设施的维护，天然气管线、原油管线，以及其他储备原油、天然气和成品油的设备维护。
环境保护部	环境工程与标准； 生态审计； 生态测评领域的服务。

（三）禁止领域

根据《关于在哈萨克斯坦国境内从事建筑、城市建设工程和施工》的第 66 条第 7 款规定，下列情况不允许参与项目投标：按法规规定程序不允许在哈萨克斯坦境内从事经营活动的自然人和法人；已申请破产的法人；作为招标组织者（举办者）或其评委会（招标委员会）委员的人员；未按法规规定程序注册的单位。

哈萨克斯坦《建筑法》规定，外国投资者可以合资形式进入哈萨克斯坦建筑业市场，但外资在合资企业中的持股比例不得超过49%。如100%外资控股的哈萨克斯坦本地企业作为一个主体参与建筑业合资企业，则外资持股比例可以超过49%。

（四）工程项目的其他合规规则

1. 许可用途和分区规划

可建造的建筑物类型取决于相关土地的许可用途，而许可用途又取决于在分区规划（空间规划）项下设定的土地类别。规划系基于住宅区的总体规划，并且当地详细规划和当地建筑规则亦基于该总体规划。建筑设计必须符合当地的详细规划和建筑规则。只有在非常有限的情况下方可在未经设计的情况下建造建筑物。

2. 开发批准

除非投资者拥有土地并计划在该土地上建造一座供个人使用的小型住宅建筑物，否则需基于投资者的开发目的向地方当局获得建筑用地。当局不会向投资者批予住宅区用地（若该区域已被占用），但是投资者可以在住宅区外部购置土地，并且须赔偿业主的财产价值损失和损害。

3. 建筑批准

目前就开工建设已无须申请许可证。一般来说，在开工建设之前，投资者必须通知负责控制施工程序的地方当局。除非适用有限豁免情形，否则投资者必须聘请独立专家对设计进行评估，并获得其出具的正面意见。

4. 建筑工程合同

重大、复杂的开发项目通常使用国际咨询工程师联合会建筑工程合同。建筑工程合同可能适用外国法律。

5. 建筑工程交付

在工程竣工后，大多数建筑物不再需要获得国家机构的批准。但是，在整个施工过程中，投资者必须聘请合格的专家进行设计监督和现场施工。在竣工后，独立行事的承包商和专家必须证明已竣工工程是合规的。在成功完成检查后，投资者需要与承包商和专家签署验收证书。此时投资者方可基于验收证书来登记该建筑物的不动产所有权建议。

6. 购买土地

如果投资者希望建造建筑物，其无须购买土地。但是，投资者应当从地方当局获得建设用地出让书。在住宅区中，如果当地政府出于国家需要已购买相关土地，则投资者只能获得租约中的空置土地。即使投资者在开始施工设计之前可获得住宅区中的土地所有权，仍应申请获得当地政府的出让书。

7. 安装工程

在安装和启动工程时通常需获得相关的施工许可证。即使将这些工程分包给当地承包商，仍需获得许可证。只有设备、材料制造商或者制造商授权的其他人员（在有资格证明的情况下）无须获得该等许可证。安装使用许可证（GGTN）是哈萨克斯坦共和国技术法规委员会发布的文件，规定了在危险行业使用技术设备、技术和材料的权利。根据民事保护法，只有在获得使用许可后才有权将技术设备、技术和材料应用于危险行业。

8. 截止日期

在启动项目之前，除非投资者计划在自有土地上建造住宅，否则投资者应向当地政府申请获得土地。批地条件是建筑工程应在三年内竣工，但设计文件允许更长时间者除外。就此而言不允许延期。

9. 分包工程

承包商不得将三分之二以上的工程价值（或合同价格）进行分包。施工合同必须明确规定分包工程的范围和价值。这种限制亦适用于分包商。

（五）BOT/PPP 承包方式

BOT（建设-经营-转让）方式在哈萨克斯坦是一种新兴的投资方式，是政府实施"政府同社会资本合作"的独特工具。目前，哈萨克斯坦利用 BOT 方式的主要领域为交通、电力、市政基础设施、废物回收、水处理等。在哈开展 BOT 的外资企业主要来自韩国、土耳其和俄罗斯等，尚无中资企业成功参与 BOT 模式的案例。

发展 PPP 模式是哈政府的优先工作方向之一。2015 年 10 月，哈萨克斯坦政府颁布《政府和社会资本合作法》。据哈方统计，截至 2019 年 5 月，哈萨克斯坦国内已签署和正在筹备阶段的 PPP 项目共计 1300 余个，总价值近 3 万亿坚戈，主要集中在交通、基础设施、能源、住宅公用服务、教育、医疗等领域。哈萨克斯坦国民经济部下属的哈萨克斯坦 PPP 中心是面向投资者的 PPP 项目受理服务机构。

十三、哈萨克斯坦对中国企业投资合作的保护政策

（一）双多边投资保护协定

中哈双边投资保护协定签署于 1992 年 8 月 10 日。2011 年 3 月中哈经贸分委会第五次会议期间，中方提交了新版中哈双边投资保护协定。目前已举行六轮新版投资保护协定谈判工作。

(二) 中国与哈萨克斯坦签署避免双重征税协定

中哈避免双重征税协定于 2001 年 9 月 12 日由时任外交部部长唐家璇和哈萨克斯坦财政部部长叶辛巴耶夫分别代表各自政府签署。

(三) 其他协定及发布的声明

目前,已签订的中哈两国间协定还有:经贸合作协定(1991 年 12 月 22 日)、成立经贸科技合作委员会协定(1992 年 2 月 26 日)、过境铁路运输协定(1992 年 8 月 10 日)、汽车运输协定(1992 年 9 月 26 日)、司法互助条约(1993 年 1 月 14 日)、航空运输协定(1993 年 10 月 18 日)、科技合作协定(1994 年 12 月 30 日)、利用连云港港口协定(1995 年 9 月 11 日)、银行间合作协议(1996 年 7 月 5 日)、商检协定(1996 年 7 月 5 日)、石油领域合作协定(1997 年 9 月 24 日)、海关合作与互助协定(1997 年 9 月 26 日)、反不正当竞争和反垄断协定(1999 年 11 月 23 日)。

2004 年,两国签署《中华人民共和国政府和哈萨克斯坦共和国政府关于建立中哈霍尔果斯国际边境合作中心的框架协议》。

2004 年 5 月,中国和哈萨克斯坦合作委员会正式成立,截至目前已举行八次会议。委员会下设经贸、能源、交通、口岸和海关、地质与矿产、科技、金融、环保等 12 个分委会,致力于协调和解决双边关系中存在的各项问题。

2005 年,两国元首签署了《中哈关于建立和发展战略伙伴关系的联合声明》,双方还签署了《中哈关于霍尔果斯国际边境合作中心活动管理的协定》和《中哈关于地质和矿产利用领域合作的协议》等 8 个双边合作文件。

2011 年 6 月 13 日,签订的《中华人民共和国和哈萨克斯坦共和国关于发展全面战略伙伴关系的联合声明》。

2012年，签订《中华人民共和国和哈萨克斯坦共和国睦邻友好合作条约》。

2015年8月，签订《中华人民共和国和哈萨克斯坦共和国关于全面战略伙伴关系新阶段的联合宣言》。

2016年9月2日，共同签署《中华人民共和国政府和哈萨克斯坦共和国政府关于"丝绸之路经济带"建设与"光明之路"新经济政策对接合作规划》。

2018年6月7日，共同签署《中华人民共和国商务部和哈萨克斯坦共和国国民经济部关于电子商务合作的谅解备忘录》。

2018年11月22日，共同签署《哈萨克斯坦大麦输往中国植物检疫要求议定书》和《哈萨克斯坦玉米输往中国植物检疫要求议定书》。

十四、在哈萨克斯坦解决纠纷的主要途径及适用法律

（一）主要途径及适用法律

根据1995年6月19日颁布施行的《外国公民法律地位法》规定，外国公民（包括自然人和法人）和无国籍人在哈萨克斯坦享有与其国民相等的权利和自由，并承担相应的义务。在权利受到侵害时，根据对等原则有权按照哈萨克斯坦法律规定的程序向法院提起诉讼，也可以寻求其他途径解决争议。

哈萨克斯坦《仲裁法院法》（1992年1月17日）对仲裁法院的组成和职能等事项进行了规定。在哈萨克斯坦，仲裁法院是司法体系的组成部分，根据宪法独立行使司法职权，为商事法院，主要解决经济

或合同纠纷。

《仲裁庭法》规定仲裁庭对商事纠纷进行仲裁的有关程序和仲裁庭的职能，是真正意义上的仲裁法，适用于自然人与法人之间所签订的民事法律合同所发生纠纷的争议关系。

《集体劳动争议和罢工法》（1996年7月8日实施），规定调整解决集体劳动争议程序和方式以及实现罢工权的程序。

在程序法方面，《民事诉讼法典》（1999年7月13日公布）是基本法。在1999年颁布施行后，又几经修订，最后一次修订是2012年2月17日。

(二) 哈萨克斯坦诉讼制度

1. 哈萨克斯坦法院体系

哈萨克斯坦的法院系统共分三级，由高到低分别为：

第一级，最高法院；

第二级，州级法院：州法院、努尔苏丹市法院、阿拉木图市法院、阿拉木图市专门金融法院；

第三级，区级法院：区法院、市法院、卫戍部队军事法院、区际专门行政法院、区际未成年人案件法院。

2. 中国与哈萨克斯坦司法合作

中哈两国都是上合组织成员国，近些年来，司法系统几乎每年都有交流活动，并不断促进各成员国间的司法合作。如2006年9月22日各成员国的最高法院院长就签署了《上海合作组织成员国最高法院院长会议联合声明》，声明指出，根据本国的安排，落实本国所参加的解决刑事、民商事、执行等法律争议的国际公约及其他相关法律文件的规定，并按照已批准的有关国际条约或在个案互惠的基础上，进一步加强在法院裁判、仲裁裁决承认和执行方面的合作。

3. 民商事诉讼立法

在哈萨克斯坦提起民商事诉讼，程序上适用《民事诉讼法典》（以下简称《民诉法典》）的相关规定。

审理民商事案件所使用的语言为哈萨克斯坦官方语言（哈萨克语），在必要时可以使用俄语或其他语言。法庭上使用的语言，视原告提交的起诉状使用的语言而定。

法律保护财产所有权。除法院判决外，任何人的财产都不能被剥夺。只有在民事诉讼法规定的情形下，并按照法典规定的程序，才能冻结银行存款和其他财产，或在民事诉讼过程中予以没收。

民事争议一般的诉讼时效为 3 年。特殊的争议诉讼时效有长有短，适用特别法的规定。

4. 选择应当适用的准据法

当事人除选择仲裁机构或确定诉诸法院外，还应选择应当适用的法律。确定涉外民商事纠纷法院或仲裁机构应予适用的准据法，是各国国际私法的重要制度。

哈萨克斯坦《民法典》规定，涉外民事法律关系应当适用的法律，根据哈萨克斯坦《民法典》、其他法律文件、哈萨克斯坦共和国签署的国际条约和认可的国际惯例确定。

如果哈萨克斯坦法律没有强制性规定，当事人可以协议选择所适用的法律。当事人选择适用的法律应当表述明确，或从合同条款和案件情形能够直接推导出来。

对于标的为不动产的合同以及信托管理财产合同的权利和义务，适用财产所在地国家的法律；如果财产属于哈萨克斯坦，则适用哈国的法律。

对于共同活动和建筑承包合同，适用活动实施地或合同规定建筑物所在地国家的法律。根据招标结果或在交易所竞标订立的合同，适用招标地或交易所所在地国家的法律。

如果当事人没有选择适用的法律，可以适用对于合同具有实质意义的履行地国家的法律。否则适用与合同有最密切联系的国家的法律。

如果在合同中使用了国际贸易术语，在合同中未有其他说明的情况下，则视为合同双方同意适用针对这些贸易术语的国际惯例。

涉外法人设立合同应予适用的法律为法人设立国或注册地法，其所调整的关系还包括法人的终止、变更以及股东之间的权利义务关系，也涉及其他涉外设立文件确定的股东权利义务的情形。

5. **确定法院管辖**

根据《民诉法典》的规定：

如果国际条约和哈萨克斯坦共和国立法或双方没有另行规定，法院有权审理有外国公民、无国籍人、外国组织、外国法人、涉外组织以及国际组织参与的案件。

如非法律规定的专属管辖案件，可以根据当事人的约定将案件移交仲裁庭审理。如果相互联系的规定既要求法院管辖，也要求非法院机关管辖，则法院具有优先权，由法院进行审理。对具体争议存在异议或现行立法文件对管辖权问题彼此冲突的时候，由法院审理。

一般民事案件由区（市）法院和与之同级法院管辖。州一级法院和最高法院作为一审法院审理的案件主要涉及公民选举权、法律文件违宪审查等重要案件。对于经济案件则有专门法院管辖。

区专门经济法院审理从事经营活动的公民、法人财产和非财产争议案件。区专门法院和同级行政法院有权受理行政违法事务的机关（公职人员）、被授权人决议所产生争议的案件。

起诉应向被告住所地的法院提起，即原告就被告原则。对法人的诉讼，应向法人机关所在地的法院提起。

被告住所地不明或者在哈萨克斯坦共和国没有住所，则在其财产所在地或最后住所地起诉。对法人提起诉讼也可以选择其财产所在地。

对法人分支机构或代表处提起诉讼，也可以选择分支机构或代表处所在地的法院。合同中标明履行地的合同，可以向合同履行地法院提起诉讼。如果按照法律规定同时有几个法院都有管辖权，则由原告选择确定起诉的法院。

当事人可以选择法院管辖，但一些案件为专属管辖，当事人不得选择。这些案件包括：对于土地、楼房、建筑物、设施及固着于土地上的其他客体（不动产）以及解除财产扣押的诉讼，在这些客体或被扣押财产所在地提起诉讼；针对货物、旅客或行李运输合同所产生的争议，在运输企业所在地向承运人提起诉讼。

当事人协议选择外国法院管辖，应当采书面形式。如果存在选择外国法院管辖的书面协议，被告应在法院进行实质审理之前提出申请，法院根据申请不再对案件进行审理。

如果外国组织被告或外国公民被告在哈萨克斯坦境内有住所，哈萨克斯坦法院即可审理相应的案件。

以下案件也可由哈萨克斯坦法院管辖：外国法人的管理机关、分支机构或代表处在哈萨克斯坦境内；被告在哈萨克斯坦境内有财产；案件争议涉及的合同全部或部分履行在哈萨克斯坦境内。

除专属管辖的案件外，如果存在双边互助条约，在外国法院就相同当事人之间、同一标的和根据相同理由已经提起的诉讼，或已经作出相应的判决，需要在哈萨克斯坦根据法律规定承认和执行，哈萨克斯坦法院不再审理，并终止诉讼程序。

(三) 哈萨克斯坦仲裁制度

哈萨克斯坦于 2004 年 12 月 28 日颁布施行了《国际商事仲裁法》和《仲裁庭法》，并以其为根据成立了国际仲裁院和仲裁庭，根据案件的性质受理国内和国际的经济贸易纠纷。

以仲裁方式解决争端的必经程序是：在合同中订立仲裁条款或签订独立的仲裁协议，选择仲裁机构和应当适用的实体法，获得有效仲裁裁决，申请相关法院的承认和执行。

1. 仲裁协议

仲裁协议对双方具有约束力，合同本身无效并不影响仲裁条款（协议）的效力。在国际商事仲裁实践中，各国一般都要求仲裁协议采用书面形式，中哈两国也不例外。

双方争议提交仲裁必须订立仲裁协议，并采用书面形式（纸质文件、电子邮件、传真、信函等均可）。当事人也可以在主合同中订立仲裁条款，与独立的裁协议具有同等法律效力。

2. 仲裁机构

中哈两国企业，在签订合同时可以订立仲裁条款，在仲裁条款中首先需要确定仲裁机构。仲裁机构的选择由双方本着自愿原则自行协商确定，既可以选择国际仲裁机构，也可以选择中国或哈萨克斯坦的仲裁机构。

选择仲裁机构是仲裁协议的必备条款，协议中没有确定仲裁机构的，将导致仲裁协议无效。

哈萨克斯坦的主要仲裁机构是哈萨克斯坦共和国国际仲裁院，附设于哈萨克斯坦工商会，2005 年根据哈萨克斯坦通过施行的《国际商事仲裁法》和《仲裁庭法》而成立。哈国内现有分支机构 30 个，并在 8 个国家设有代表处，在中国的代表处设在北京市。

除上述国际仲裁院外，哈萨克斯坦工商会之下附设的仲裁机构还有一个称为仲裁庭。两者实际上没有本质区别，称谓上往往混而为一，不分彼此。两个机构在受理案件的当事人方面不存在分工，既可受理涉外（当事人一方或双方为侨民）纠纷，也可以受理国内的争议，不同的是受理案件的性质有所区别，以案件的性质不同划分两者受理。

3. 案件的管辖范围

根据哈萨克斯坦《国际商事仲裁法》和《仲裁庭法》的规定，仲裁机构管辖的案件为民事合同纠纷，其他法律文件另有规定的除外。

点评：

中国对哈萨克斯坦的投资始终面临的一个问题就是投资活动总是受到哈萨克斯坦政府的干预，而通过法院的诉讼程序对投资纠纷的解决往往会付出更多的成本，且难免会受到东道国政府的影响，而运用国际商事仲裁制度则会简化程序提高效率。

自国际仲裁院成立以来，受理的仲裁案件逐年攀升，最多的是涉及俄罗斯国家公民和法人的纠纷，占整个受理案件的 7%。其次是涉及中国的争议案件，占 5%。

各国际和国内仲裁机构，当事人根据需要和意愿可以自由选择。对于中国投资者而言，选择中国或哈萨克斯坦的仲裁机构进行仲裁也许是首先应予考虑的选择。因为对于中国投资者来说，最熟悉中国的国际仲裁机构，如果选择适用法院地法作准据法，对于仲裁庭所适用的法律也有相当的了解，加上不存在语言问题，成本费用也会降至最低。但是，中国企业对哈萨克斯坦投资，经营场所都在哈萨克斯坦境内，选择哈萨克斯坦仲裁机构也不失为一种较好的选择。因为仲裁裁决是一方面，裁决之后还涉及执行。

选择哈萨克斯坦仲裁机构，不仅对争议双方都较为便利，也会相应地节省解决争议的成本，并且也便于仲裁裁决的最后执行。

4. **仲裁费**

哈萨克斯坦共和国工商会国际仲裁院《仲裁收费办法》规定，仲裁案件的登记费为500美元，并以此为基础，根据仲裁申请标的的增加而递增。具体收费标准见表4-8所示。

表4-8 仲裁费收费标准

仲裁标的（美元）	仲裁费（美元及递增比率）
不足20000	500
20001~50000	500+（20001~500）×3.3%
50001~100000	1500+（100000~50001）×2.5%
100001~300000	3000+（300000~100001）×2.3%
300001~500000	9000+（500000~300001）×2.0%
500001~1000000	15000+（1000000~500001）×1.8%
1000001~5000000	30000+（5000000~1000001）×1.5%
5000001~10000000	90000+（10000000~5000001）×1.0%
10000001及以上	105000另加超过10000001美元以上数额的0.5%

如果仲裁申请人为哈萨克斯坦共和国的侨民，仲裁费以坚戈支付。在其他情形下可以支付美元。外汇兑换坚戈或美元，以仲裁申请提起之时哈萨克斯坦国家银行确定的汇率换算。

[案例4-4]

某里海运营公司因卡沙甘油田输气管泄露，而违法燃烧伴生气，由于违反哈萨克斯坦《环境法》，哈萨克斯坦政府对其作出7.3亿美元巨额罚款的处罚。该公司与哈萨克斯坦政府协商未果后，通过哈萨克斯坦法院上诉。但哈萨克斯坦法院一审、二审均维持原判。目前，该公司正考虑通过国际仲裁的途径解决。

（四）调解程序

2011年1月28日哈萨克斯坦颁布施行了《哈萨克斯坦共和国调解法》，根据该法的规定，调解适用于自然人和（或）法人参与的民事、劳动、家庭以及其他法律关系所产生的争议（冲突），适用于审理刑事诉讼程序中的中等和轻微犯罪案件的调解，哈国法律另有规定的除外。不适用于涉及未参与诉讼的第三人和无民事行为能力人利益的争议解决，争议一方为国家机关的争议也不适用。贪污受贿和损害国家利益的刑事犯罪案件不适用调解程序。

在诉讼程序开始前，争议各方可以与调解员达成调解协议，并签订书面合同。调解协议应当包含争议各方的信息资料、争议标的、调解人（组织）以及调解协议条件、执行方式和期限、未履行或未适当履行的后果。

在诉讼过程中达成的调解协议，法官根据民事诉讼法规定的程序予以确认，一经确认有效，即停止诉讼程序，并返还诉讼费。

点评：

调解哈萨克斯坦引进的多元化解决争端的一种新方式。为此，法律规定可以成立专业调解员组织，并为维护其权益组建调解员协会或联合会等团体组织。这些组织在法律性质上属于非商业组织。

根据该法相关条款的规定，调解程序几乎适用于刑事、民事等各种法律关系产生的纠纷和争议，亦未排除涉外因素所产生的争端解决。所以，我国投资者在未来与哈萨克斯坦伙伴发生争议时，亦会遭遇该法所规定的调解程序的适用。

（五） 中国与哈萨克斯坦司法判决和仲裁裁决的承认和执行

中哈两国都是《关于承认和执行外国仲裁裁决的公约》（1958年《纽约公约》）成员国，因此，中哈两国当事人可以选择仲裁方式解决彼此之间的投资和贸易纠纷，仲裁裁决在对方国家完全可以得到承认和执行。

另外，中哈两国于1993年1月14日在北京签订了《中华人民共和国和哈萨克斯坦共和国关于民事和刑事司法协助条约》，并于1995年7月11日生效。该条约明确规定适用于商事和经济案件。

哈萨克斯坦于2015年7月27日正式批准加入WTO，适用于WTO争端解决机制。WTO的《关于争端解决规则和程序的谅解》（DSU）是目前最完备的解决国际贸易争端的法典，争端解决机构（DSB）是WTO中专门解决各个协议关联的争端机构。

外国国家职能机关针对哈萨克斯坦公民和组织或外国人按照规定形式在哈萨克斯坦共和国境外制作签发的文件，如果法律或哈萨克斯坦共和国所签署的国际条约没有不同规定，经过领事认证哈萨克斯坦法院可以接受并承认。

外国法院的判决和仲裁裁决，在法律规定或哈萨克斯坦共和国所签署的国际条约规定了相互义务的情况下，在哈萨克斯坦共和国可以得到承认和执行。外国法院的判决和仲裁裁决，在发生法律效力后的3年内可以强制执行。存在正当理由而超过期限，还可以按照法定程序由哈萨克斯坦法院予以恢复。

点评：

在哈萨克斯坦从商从业，需要完全遵守哈萨克斯坦国家法律及行政要求，如果自身主动违反甚至违法，应该自查自检，及早纠正或补救，如果因违法违规，触及法律及政府政令，被检查发现，在协商沟通的基础上，积极配合，保持正确态度，服从合法合理的处罚，消极对抗不利于解决问题。

如果商业合作发生纠纷，一般情况先由双方谈判协商解决。如果协商无法解决，可以寻求相关关系人从中调节，减少直接利益矛盾冲突。如果仍未能协商达成相互谅解，也应主动沟通，杜绝消极回避，置之不理，在此情况下，寻求法律途径则诉诸法律，根据双方缔约合同、协议中约定的纠纷处置约定，例如仲裁地及法律框架（地方法律或哈国国家法律），通过哈萨克斯坦法院裁判解决。对哈萨克斯坦法院裁判不服的，可通过双方在签订投资协议中规定的国际仲裁法庭解决。

Chapter 5
第五章

工程项目投建营全生命周期中的合规要求

作为企业风险管理重要组成部分的项目合规管理，首先要识别合规义务，即合哪些规。企业应以适合其规模、复杂性、结构和运行的方式记录其合规义务。合规义务的来源包括合规要求和合规承诺。

（1）合规要求：企业必须遵守的外部各项法律法规、监管规定。

①境内经营：境内工程建设相关的法律、法规、部门规章。

②境外经营：强调所在国的法律法规、国际条约、规则等。强调对外承包工程相关的投标管理、合同管理、项目履约、劳工权利保护、环境保护、连带风险管理、债务管理、捐赠与赞助、反腐败、反贿赂等方面的要求。

（2）合规承诺：企业自愿遵守的指引、合约、协议、内部章程、规定等。

按内容划分，合规义务又可以分为以下四类：

①法律、法规、规章、政策；

②行业协会等自律性组织的规范、标准、惯例等；

③公司章程及企业内部规章制度；

④诚实守信的职业道德。

我们按工程项目投建营全生命周期，梳理了生命周期各个阶段的合规要求。

一、第一阶段：项目前期论证

在哈萨克斯坦开展工程项目的投资、建设和运营势必需要严格遵守哈萨克斯坦关于投资、工程建设、环保、法律、税务等方面的要求和规定，是企业在哈萨克斯坦正常经营的前提，也是企业在哈萨克斯坦获得长期稳定发展的必要条件。

（一）相关法案、政策和规则

项目前期论证阶段，需要研习和了解相关法案，熟悉规则，降低后续工作开展的政策风险。

国际法：从国际法层面看，哈萨克斯坦法律承认所有关于保护外国投资权利的条约、公约、贸易协定，并尊重所有签署和通过的国际贸易规则。哈萨克斯坦是大多数外国投资国际公约的签署国。

国内法：正如本书上章所述，《投资法》是哈萨克斯坦针对外资投资的基本法律。但哈萨克斯坦没有专门针对工程承包的法律，有关工程承包的立法体系主要体现在以下三个方面：

首先，工程承包法律关系的建立主要是通过招投标方式，因此，政府公共采购法律制度是哈萨克斯坦工程承包立法体系的重要内容。

其次，石油天然气领域是哈萨克斯坦工程对外承包的重要领域，因此，哈萨克斯坦的石油天然气法律制度与工程承包密切相关。

最后，工程承包与合同法、侵权法、诉讼法、仲裁法等一般性法律制度密切相关，这些一般性法律制度对工程承包一体适用。例如，工程承包合同的订立和履行适用哈萨克斯坦民法的规定，工程承包纠纷的解决适用哈萨克斯坦诉讼法和仲裁法，工程承包方或发包方破产则应适用哈萨克斯坦破产法去处置相关财产。

（二）中国境内合规要求

中资企业开展境外投资活动前，应当完成中国境内的核准、备案程序，避免出现境外工作完成后因境内合规问题导致投资失败的风险。

1. **中国境内相关政策法规**

中资企业境外投资需要遵守的国内相关政策法规主要包括：国家发展改革委、商务部、国家外汇管理局、国务院国资委等部门制定的相关政策法规等，具体内容见表5-1。

表5-1 中资企业境外投资需遵守的部门规章

序号	部门规章	发文机构	发布时间
1	《境外投资管理办法》	商务部	2014
2	《企业境外投资管理办法》	国家发展改革委	2017
3	《境内机构境外直接投资外汇管理规定》	国家外汇管理局	2009
4	《关于境内居民通过特殊目的公司境外投融资及返程投资外汇管理有关问题的通知》	国家外汇管理局	2014
5	《关于进一步改进和调整资本项目外汇管理政策的通知》	国家外汇管理局	2014
6	《关于进一步简化和改进直接投资外汇管理政策的通知》	国家外汇管理局	2015
7	《关于进一步推进外汇管理改革完善真实合规性审核的通知》	国家外汇管理局	2017
8	《中央企业境外投资监督管理办法》	国务院国资委	2017
9	《关于进一步引导和规范境外投资方向的指导意见》	国家发展改革委、商务部、人民银行、外交部	2017

续表

序号	部门规章	发文机构	发布时间
10	《境外投资敏感行业目录（2018）》	国家发展改革委	2018
11	《对外投资备案（核准）报告暂行办法》	商务部、人民银行、国务院国资委、银监会、证监会、保监会、国家外汇管理局	2018
12	《关于做好国内企业在境外投资开办企业（金融企业除外）核准初审取消后相关工作的通知》	商务部办公厅	2018
13	《对外投资备案（核准）报告实施规程》	商务部办公厅	2019

2. 境内核准、备案流程及主要规定

（1）国家发展改革委相关规定。

对敏感类项目实行核准管理，对非敏感类项目实行备案管理。具体见表5-2。

表5-2 国家发展改革委相关规定

项目分类	境内企业直接开展投资	境内企业通过其控制的境外企业开展投资	具体内容
敏感类项目	核准（国家发展改革委）	核准（国家发展改革委）	实行核准管理的，投资主体向核准机关提交项目申请报告并附具有关文件，项目申请报告应当包括以下内容：投资主体情况；项目情况，包括项目名称、投资目的地、主要内容和规模、中方投资额等；项目对我国国家利益和国家安全的影响分析；投资主体关于项目真实性的声明。

续 表

项目分类	境内企业直接开展投资	境内企业通过其控制的境外企业开展投资	具体内容
			核准机关应当在收到项目申请报告之日起5个工作日内一次性告知投资主体需要补正的内容。核准机关应当在受理项目申请报告后20个工作日内做出是否予以核准的决定。项目情况复杂或需要征求有关单位意见的，经核准机关负责人批准，可以延长核准时限，但延长的核准时限不得超过10个工作日，并应当将延长时限的理由告知投资主体。符合核准条件的项目，核准机关应当予以核准，并向投资主体出具书面核准文件。
非敏感类项目	央企、大额：备案（国家发展改革委） 央企、非大额：备案（国家发展改革委） 非央企、大额：备案（国家发展改革委） 非央企、非大额：备案（省级发展改革委）	央企、大额：报告（国家发展改革委） 央企、非大额：无须履行手续 非央企、大额：报告（国家发展改革委） 非央企、非大额：无须履行手续	·实行备案管理的，投资主体通过网络系统向备案机关提交项目申请报告并附具有关文件。项目备案表或附件不齐全、项目备案表或附件不符合法定形式、项目不属于备案管理范围、项目不属于备案机关管理权限的，备案机关应当在收到项目备案表之日起5个工作日内一次性告知投资主体。备案机关在受理项目备案表之日起7个工作日内向投资主体出具备案通知书。 ·投资主体通过其控制的境外企业开展大额非敏感类项目的，投资主体应当在项目实施前通过网络系统提交大额非敏感类项目情况报告表，将有关信息告知国家发展改革委。投资主体提交的大额非敏感类项目情况报告表内容不完整的，国家发展改革委应当在收到之日起5个工作日内一次性告知投资主体需要补正的内容。

177

其中的"敏感类项目"指涉及敏感国家和地区的项目和涉及敏感行业的项目。

"敏感国家和地区"是指与我国未建交的国家和地区；发生战争、内乱的国家和地区；根据我国缔结或参加的国际条约、协定等，需要限制企业对其投资的国家和地区；其他敏感国家和地区。

"敏感行业"是指由国家发展改革委发布敏感行业目录（2018年1月31日发布），例如武器装备的研制生产维修、跨境水资源开发利用、新闻传媒、房地产业，根据我国法律法规和有关调控政策需要限制企业境外投资的行业等。

"大额"是指中方投资额3亿美元及以上。

（2）商务部相关规定。

2018年1月25日，商务部、人民银行、国务院国资委、银监会、证监会、保监会、国家外汇管理局共同发布了《对外投资备案（核准）报告暂行办法》（商合发〔2018〕24号），规定由商务部牵头对外投资备案（核准）报告信息统一汇总，各部门定期将备案（核准）信息和报告信息通报商务部，实行"备案为主、核准为辅"的管理方式。

2018年8月和2019年7月，商务部分别出台《关于做好国内企业在境外投资开办企业（金融企业除外）核准初审取消后相关工作的通知》《对外投资备案（核准）报告实施规程》，明确了相关工作细则。

企业境外投资涉及敏感国家和地区、敏感行业的，实行核准管理。企业其他情形的境外投资，实行备案管理。实行核准管理的国家主要是与中华人民共和国未建交的国家、受联合国制裁的国家。必要时，商务部可另行公布其他实行核准管理的国家和地区的名单。实行核准管理的行业主要是涉及中华人民共和国限制出口的产品和技术的行业、影响一国（地区）以上利益的行业。

（3）国家外汇管理局相关规定。

银行按照国家外汇管理局《直接投资外汇业务操作指引》直接审核办理境外直接投资项下外汇登记，国家外汇管理局及其分支机构通过银行对直接投资外汇登记实施间接监管。

表5-3 国家外汇管理局相关规定

银行直接办理的事项	境外直接投资前期费用登记	（1）境内机构（含境内企业、银行及非银行金融机构，下同）汇出境外的前期费用，累计汇出额原则上不超过300万美元且不超过中方投资总额的15%。 （2）境内机构汇出境外的前期费用，应列入其境外直接投资总额。 （3）银行通过资本项目信息系统为境内机构办理前期费用登记手续后，境内机构凭《业务登记凭证》直接到银行办理后续资金购付汇手续。 申请材料： （1）《境外直接投资外汇登记业务申请表》。 （2）营业执照（尚未办理"五证合一"的企业，还需提供组织机构代码证）。 （3）境外投资资金来源证明、资金使用计划和董事会决议（或合伙人决议）、合同或其他真实性证明材料。 注意： 境内机构为其境外分支、代表机构等非独立核算机构购买境外办公用房的，需提交以下材料： ①《境外直接投资外汇登记业务申请表》； ②境外设立分支、代表机构等非独立核算机构的批准、备案文件或注册证明文件； ③境外购买办公用房合同或协议； ④其他真实性证明材料。

续 表

		银行要求的审核材料主要有： (1)《境外直接投资外汇登记业务申请表》。 (2) 营业执照或注册登记证明及组织机构代码证（多个境内机构共同实施一项境外直接投资的，应提交各境内机构的营业执照或注册登记证明及组织机构代码证）。 (3) 非金融企业境外投资提供商务主管部门颁发的《企业境外投资证书》；金融机构境外投资提供相关金融主管部门对该项投资的批准文件或无异议函。 (4) 境外投资资金来源证明、资金使用计划和董事会决议（或合伙人决议）、合同或其他真实性证明材料。 (5) 外国投资者以境外股权并购境内公司导致境内公司或其股东持有境外公司股权的，另需提供加注的外商投资企业批准证书和加注的外商投资企业营业执照。 (6) 其他真实性证明材料。
境内机构境外直接投资资金汇出		

点评：

企业开展对外投资之前，应针对具体投资项目向各部门进行确认具体流程及要求。同时，国家对于境外投资行业的政策可能随时变化，因此，投资者应当关注我国针对具体行业的境外投资政策，特别是敏感行业或国家战略不支持的行业的政策变动，及时向相关部门咨询、核实。

（三）前期论证各子阶段

1. 投资机会研究

中国与哈萨克斯坦同处于工业化进程中，两国在重点产业发展、吸引投融资、推进产业国际合作等方面的政策契合度较高，推动了两国产业的对接与合作。具体来看，基础设施建设、汽车制造、农业、石油天然气行业可以成为我国企业赴哈萨克斯坦投资的重点领域。

（1）基础设施建设。哈境内基础设施受制于历史原因相对老旧，缺乏足够的货运设备，阻碍了哈萨克斯坦进一步扩大出口能力和发挥本国过境运输潜力；哈电力基础设施落后，伴随着采矿业的发展，其电力短缺现象日益突显，每年都需要电力进口来满足国内用电需求，未来电力基础设施建设势在必行。

（2）汽车制造。哈萨克斯坦汽车市场新车市场低迷，汽车产业依赖进口，依赖度高达82%，俄罗斯是其汽车主要进口国。

（3）农业。哈萨克斯坦农业资源丰富。然而，由于哈萨克斯坦劳动力相对不足，且生产技术较为落后，农业发展长期受限，一直处于粗放经营、广种薄收的状态。

（4）石油天然气。哈萨克斯坦石油储量丰富，在独联体国家中仅次于俄罗斯。然而哈萨克斯坦石油深加工能力不足，虽是石油出口大国，但国内成品油市场仍依赖进口；哈萨克斯坦常规天然气储量高且集中，但天然气管道建设较为滞后，部分地区管道天然气使用率低，很多居民小区不得不依靠煤炭、重油和液化气供暖。

点评：

目前中国对哈萨克斯坦的投资仅限于运输和能源领域，而对非能源领域，尤其是制造业和农业投资规模相对较小。

2020年，哈萨克斯坦建筑业投资大幅下滑。但是据哈萨克斯坦2020—2025年"光明土地"国家住房及公用事业发展规划，在未来5年，哈萨克斯坦将大力发展国家住房及公用基础设施。其中在2020年1—11月，住宅建设行业累计吸引投资1.7万亿坚戈，同比增长33.4%。这些都是不错的工程投资方向。

在哈萨克斯坦，所有大型采购、建设项目均需通过招标程序。招标信息可登录政府各部门网站、政府采购网（goszakup.gov.kz）、政府主办的电子商务中心网站（www.ecc.kz；www.ecc.kz/ru；www.tender.kz），以及各大企业集团网站等查询。

2. **初步可行性研究**

建设项目初步可行性研究，项目意向经过投资机构研究认为具有投资的可能性后，进一步对拟建项目建议进行粗略的技术经济分析。

对哈萨克斯坦工程投资可关注工程细分市场需求情况，如电力、交通、住房等，从市场竞争价格、施工技术、政府政策及相关风险方面进行分析。

点评：

> 不同国家技术标准和规范通国际标准之间存在差异，这些差异很有可能对项目技术方案可靠性、可行性带来风险。比如有些工程建设采用中国标准 GB，有些设计要求采用美国机械工程师协会（ASME）标准，有些可能倾向于 GOST 标准等。目前中国已经发布《标准联通"一带一路"行动计划（2015—2017）》，以期统一在"一带一路"倡议下的项目技术标准与规范。

3. **可行性研究**

根据《工程可行性研究报告的编制、报批、批准和构成的规定》，可行性研究的编制须考虑哈萨克斯坦的国家、地区、行业、科学技术及其他国家计划等社会经济发展规划条款规定，考虑工业产能分布和发展规划图、城建文件（包括城市和居民区发展总体规划）以及其他关于在哈萨克斯坦境内项目建设的文件。可行性研究结果是取决投资项目建设的经济必要性、技术可能性、商业经济和社会合理性的基础，是取得挑选项目用地文件的基础。以下情况可以不编制可行性研究报告：

如果地方城市建设文献对投资项目的合理性和技术经济参数已有规定，可以不编制可行性研究报告。此类项目是无偿投资的工程项目，包括无复杂工艺生产流程的居住和民用项目，以及城市内道路网建设、工程管线建设等，但不含国家规划和其他文件确定的超高和特殊建筑物和构筑物。

属于国家、行业（区域的）地区的规划范围的，并取得认可的技术简单、规范，以及设计标准的和重复使用的项目，不需要编制可行性研究报告。

（1）可行性研究报告的构成和内容。

编制可行性研究报告的目的是为了制定涵盖项目实施中针对市场营销、技术工艺、财务、体制、环保和社会等方案的具有最佳结构和规模的设计方案。可行性研究报告的构成和内容应充分评估项目建设的合理性和投资效益，包含以各个专业支出和收益的经济分析为基础编制的工程项目可行性和效益的研究结果。投资的经济效益应该通过相关概算以及技术经济指标与类似项目（如果存在）的比较来考证。

可行性研究报告中应该有多种备选方案，推荐方案的估算，包括原则性计划方案、投资效益估算以及项目施工和投产期间对社会、生态等影响后果数据，包括对土地所有者、土地使用者、承租人带来的损失程度，占用土地后对农业生产的损失等。

（2）项目用地。

项目可行性研究报告须按照哈萨克斯坦关于项目选址程序的标准规范向相关部门和国家监管机构报批。如果可提供的用地属于城市和居住区所在地，执行机构根据已批准的城市或居住区城建文件进行批复的建设（公路）用地，项目用地不进行预报批。

4. 项目评估及决策

哈萨克斯坦项目评估和决策就是可行性研究报告的审批。根据项目资金来源，可将项目分为国家投资项目和非国家投资项目。根据 2015 年 4 月 2 日哈萨克斯坦国民经济部发布的第 304 号令《关于使用国家投资的预算和其他形式的工程项目（可行性研究报告和设计概算文件）审批的规则》，国家投资的项目是指资金来源是国家或当地预算资金（包括用于预算投资和预算贷款的专项资金）、由国家保障或国家担保的非国家贷款的资金、哈萨克斯坦国家基金、为执行特许权项目的资金。业主是国家机构、国家机关、国企或者国家持股大于 50% 的法人，以及国家管理的控股公司、国家控股公司、国家管理的公司、国企和相关法人、央行等。这类项目，需要根据上述第 304 号令来进行审批。根据国家资金的类别，又分别按以下方式进行审批：

（1）国家投资项目的可行性研究报告需要提交哈萨克斯坦国家鉴定中心进行审批。

（2）在获得了哈萨克斯坦国家鉴定中心审批通过后的 15 个日历日内应提交国家机构、地方机构和其他要求的机构进行审批。提交审批后 20 个日历日内完成审批。依靠国家投资实施的项目，只能在可行性研究报告和设计概算文件获得审批通过后才能实施。

（3）地方预算投资的项目。可行性研究报告和（或）设计概算文件应获得当地执行机关（第一领导、第一授权领导）的审批。

（4）从国家预算转款给地方预算投资的项目。可行性研究报告和（或）设计概算文件应获得当地行政机关（第一领导或第一授权领导）的审批。

（5）在预算投资框架内，国家控股公司和国家管理的控股公司参与的不同经济领域的不能单一划归某一预算管理行政单位的项目。可行性研究报告和（或）设计概算文件由该国家控股公司和国家管理的控股公司（第一领导或第一授权领导）进行审批，但不包括萨姆鲁克-卡兹那国家福利基金股份公司（以下简称萨姆鲁克基金公司）。

（6）在预算投资框架内，萨姆鲁克基金公司参与的项目。可行性研究报告和（或）设计概算文件由作为业主，或者直接所有人，或者业主间接股东的萨姆鲁克基金公司的子公司（第一领导或第一授权领导）审批。

（7）由国家投资的哈萨克斯坦境内国际专业展览会的项目（不含首都区域内轻轨道路和配套设施）。设计概算文件由哈萨克斯坦政府审批成立的组织和执行国际专业展览会的法人来审批。

（8）由预算拨付资金资助自治教育机构的项目。可行性研究报告和（或）设计概算文件由该自治教育机构的领导或授权领导审批。

（9）由国家保障或国家担保的非国家债务资金来资助的项目［即BOT（建设-经营-转让）项目］。可行性研究报告和（或）设计概算文件，应由债权人审批或重新审批。

如果是通过一段程序选择的特许权所有者，则可行性研究报告和（或）设计概算文件由特许权所有者来审批或重新审批。

如果是通过两段程序选择的特许权所有者，则可行性研究报告和设计概算文件由潜在特许权所有者来审批或重新审批。

在可行性研究报告审批通过后3年内没有编制和审批设计概算文件的项目，被视为过期，应重新进行鉴定和审批。

值得注意的是在对设计概算文件进行修改的时候，增加可行性研究报告中没有的部分，导致项目预算投资额增加，在没有获得预算委员会的审批的情况下不允许开工建设。

二、第二阶段：建设准备

（一）工程合同

1. 项目合同文件的起草、谈判和签署

合同是交易参与方之间权利、义务和责任及风险分配载体，是当事人之间的"法律"，境外商事主体特别是欧美企业，都十分重视交易文件，特别是合同文件的起草和谈判工作，做到交易文件的严谨、规范，保护己方利益。相对说来，我国企业对于交易文件的设计和管理较为粗放，合理利益的争取力度不够，所面临的合同风险更大。

我国承包企业"走出去"承接的工程承包项目的交易模式较为简单，交易文件种类和数量也较少，与投融建营一体化项目相比，风险也相对较低。以我国承包企业认为复杂、风险大的EPC/交钥匙项目为例，其项目参与方主要有业主、承包商、分包商、供货商、保险公司等，相应地，其交易文件主要包括EPC承包合同、分包合同、采购合同、保险合同以及业主融资银行要求签署的直接协议等。

但承包企业一旦跨入投资领域运作投融建营一体化项目，所涉及的参与方将更多，主要有中国投资方、当地政府、合资方、项目公司、土地权利人、产品及服务购买方、融资方、承包商、燃料供应商、运维商和保险公司等，相应地，其交易架构将复杂得多，风险更大，交易文件种类和数量也更多，所以交易文件的起草、谈判和合同风险管控更应引起我国承包企业的高度重视。

2. 工程承包合同的一般规定

（1）哈萨克斯坦民法典中对承包合同作出了规定。根据承包合同，合同一方（承包人）应按照另一方（发包人）的任务完成特定的工作，并将成果在规定期限内交付发包人，而发包人必须接受工作成果，并支付承包费。如果法律或合同没有另行规定，工作风险由承包人承担。

如果承包合同没有另行规定，承包人可以自行确定完成工作任务的方式。承包合同包括日常事务承包、建筑承包、项目或勘探工作承包、科学研究承包、实验设计和技术工艺工作承包合同。

如果立法或合同没有专门作出规定，材料在承包人交付工作成果期限届满之前意外灭失或意外损坏的风险，由提供材料的一方承担；而在工作成果延期交付或延期接收的情况下，由超期一方承担。

（2）总承包人与分包人的法律关系。如果立法或合同没有限制性规定，承包人有权委托他人（分包人）履行合同。在这种情况下，承包人对于发包人为总承包人，而对于分包人为发包人。总承包人对分包人承担发包人未履行或未适当履行义务的责任，对发包人承担分包人未履行或未适当履行义务的责任。如果立法或合同没有明确规定，发包人和分包人之间相互不承担任何责任。经总承包人同意，发包人有权与第三人签订合同，以完成个别种类的工作。在这种情况下，第三人直接对发包人承担未完成或未适当完成工作的责任。如果合同是同时与两个以上承包人签订的，而合同标的又不可分割，则承包人对于发包人为连带债务人，亦为连带债权人。如果债务是可分的，或者法律或各方协议又作出了明确规定，则每一承包人在其份额范围内对发包人享有权利，并承担相应责任。

承包合同中可以标明工作开始和终止的期限，在各方协商一致的情况下，合同还可以规定结束个别工作阶段的期限。如果合同没有特别规定，承包人对完成工作的开始和结束以及阶段性期限承担违约责任。这些开始、结束或阶段性期限，可以按照合同规定的程序予以变更。

（3）关于工程价款的规定。承包合同应标明完成工作的价款或确定价款的方法。如果合同中未标明价款，而各方经协商又未达成一致意见，则由法院根据通常情况下完成类似工作的价款确定，并考虑各方必须支付的费用。

工程价款可以通过预算的方式予以确定。在根据承包人编制的预算完成工作的情况下，自发包人确认之日起，预算对承包人有效，并成为合同不可分割的一部分。工程价款（预算）可以是暂定的或固定的。在合同中没有明确规定的情况下，工程价款（预算）是固定不变的。如果出现必须进行增加工作的情况，并因此而增加了工程价款，承包人必须及时通知发包人，并暂停工作。在未达成增加工程价款的情况下，承包人有权拒绝继续履行合同。在这种情况下，承包人有权向发包人要求支付已完成工作部分的价款。未将必须提高价款情况及时通知发包人的承包人，必须履行合同，并保留按照合同确定的价款获得报酬的权利。

承包人无权要求提高固定价款，发包人亦无权要求降低固定价款。但在合同签订后，应由承包人提供的原材料和设备以及第三人提供服务的价格发生实质性提高，承包人有权要求提高价款，在发包人拒绝要求的情况下可以解除合同。

如果承包人的实际支出少于确定的价款（预算），但发包人不能证明承包人节约支出实质上影响了完成工作的质量，则承包人保留按照合同确定的价款获得报酬的权利。

如果承包合同中未规定完成工作或按阶段支付预算款，发包人必须在交付工作成果后支付承包款，条件是工作应符合相关要求，并在约定的期限内。经发包人同意，也可以提前交付。只有在法律文件或合同有明确规定的情况下，承包人才有权要求向其支付预付款或定金。

（4）关于原材料的规定。发包人可以进行物资采购，承包人必须节省使用发包人提供的原材料和物资。承包人在完成工作之后应向发包人提交使用材料账目，并返还剩余材料，或经发包人同意，根据尚留在承包人处的材料价值抵扣一部分工程价款。

承包人对于发包人为完成合同而提供的材料、设备及其他财产负保管责任。

（5）关于合同履行的规定。在不影响承包人活动的情况下，发包人有权在任何时间检查工作进度和质量。如果承包人没有按照合同规定开始履行合同义务，或完成工作非常缓慢，以至于已经不可能完成工作，则发包人有权拒绝继续履行合同，并要求赔偿损失。

如果在工作执行期间发现，合同已经不可能适当履行，则发包人有权为承包人指定消除缺陷的期限。承包人在指定期限内不能完成这一要求时，发包人可以委托第三人完成，费用由承包人承担，发包人并可要求承包人赔偿损失。

（6）承包人必须提醒发包人的情形。在接到暂停工作指示之前，承包人发现以下情况必须立即告知发包人：

①发包人所提供的材料、设备、技术文件或移交加工的物品不可用或质量不合格；

②按照发包人指示的方式执行工作可能给其带来不良后果；

③影响所完成工作成果的实用性或稳固性或造成不能按期完成工作而不取决于承包人的其他情形。

没有及时告知发包人上述情形，或没有经过合理期限等待回复或无视发包人暂停工作的及时指示而继续工作，承包人在向其提出相应请求时无权引述上述情形为自己抗辩。

如果发包人无视承包人及时和根据充分地对上述情形的提醒，在合理的期限内未替换不合格或不适用的材料，不改变执行工作方法的指示或不采取必需措施消除影响工作实用性或稳固性的情形，承包人有权拒绝继续履行合同，并要求赔偿因终止合同而造成的损失。

发包人应在承包合同规定的范围内按照规定的程序给予承包人必要的协助。在发包人未履行上项义务的情况下，承包人有权要求赔偿损失，其中包括因停工或超期未完成工作而增加的费用支付，或提高工作价款。因发包人的行为或疏忽致使承包合同无法履行的情况下，承包人有权要求向其支付参照已完成工作部分预期利润。

发包人必须在合同规定期限内按照合同规定的程序，在有承包人参与的情况下检验和接收工作成果，发现所完成的工作成果与合同不符或其他缺陷，应立即向承包人提出。发现工作缺陷应在接收文件中注明，以便之后提出消除的请求。对于用通常方法即可发现的缺陷（明显的缺陷），发包人未经检查而接收工作成果的，丧失对工作缺陷的抗辩权。在接收之后发现工作成果存在不符合合同之处或其他不能以通常方法发现的缺陷（隐蔽缺陷），其中包括承包人故意隐瞒的缺陷，发包人必须在发现后的合理期限内通知承包人。发包人通知承包人隐蔽缺陷的期限为1年。对于与楼房和设施有关的，以及不论何种工作或工程而为承包人故意隐瞒的缺陷，则为自接收工作之日起的3年。立法文件或承包合同可以规定更长的期限（担保期）。如果依照合同规定，发包人分批接收工作，则期限自工作成果全部接收时起计算。

（7）承包合同争议的解决。因工作缺陷在发包人和承包人之间发生争议时，应当进行相应的鉴定。鉴定费用由承包人负担，鉴定结果确定没有违反合同约定或所发现缺陷与承包人行为不存在因果关系的情形除外。如果双方达成协议进行鉴定，则由双方平均分担。对于承包人提供原材料的项目，如果发包人刻意回避验收工作成果导致了交付的延期，则承包合同项下标的所有权自移交之时起移转为承包人所有。

（8）承包标的灭失或工作不可能完成时的各方结算。如果承包标的物在交付前意外灭失，或非因各方过错导致工作不能完成，则承包人无权要求支付工作报酬。如果承包合同标的物灭失或工作不能完成为发包人提供材料缺陷或其未完成工作指示方法所致，或发生在发包人迟延验收工作成果期间，在承包人不存在过错的情况下，承包人有权要求取得工作报酬。

（9）关于承包工程的质量。承包人所完成的工作应符合合同条件，如果合同中没有规定或规定不完整，应符合相应种类工作的通常要求。当然，还应该符合法律的强制性规定，某些种类工作的承包人应具备相应的资质。承包人可以承诺按照较强制性规定更高的标准要求完成工作。

（10）关于工程质量的担保。在法律或承包合同有规定的情况下，承包人提交的工作在全部保证期内应符合相应的质量要求。质量担保涵盖承包工作的全部内容。质量保证期的计算从发包人验收或应当验收工作成果之时起计算。

如果法律或承包合同没有明确规定，承包人完成的工作不符合合同质量要求或存在其他缺陷致使其不能使用，发包人有权按照自己的选择要求承包人：

①在合理期限内无偿消除工程缺陷；

②降低相应工程价款；

③如果合同中规定发包人有权消除缺陷，要求承包人支付发包人为消除缺陷所发生的费用。

承包人有权无偿重新完成工作，以替代消除工程缺陷的工作，并赔偿因延期交付工作给发包人造成的损失。在这种情况下，如果工程成果性质能够返还，发包人应返还此前已交付的工程成果。如果工程不符合合同要求或工程存在的其他缺陷是实质性的，或无法消除，或在发包人确定的合理期限内无法消除，发包人有权解除合同，并要求赔偿损失。

3. 建筑工程承包合同的特别规定

（1）依照建筑承包合同，承包人应在合同规定的期限内按发包人提出的任务建筑一定客体或者完成一项建筑工程，而发包人应为承包人创造完成工程的必要条件，验收工作成果并给付约定的价款。

建筑承包合同的内容是建筑或者改建建筑物（包括住宅）、构筑物或其他客体以及完成安装、调试或与正在建设的工程有关的其他工作。如果合同没有不同规定，建筑承包合同的规则也适用于对建筑物、构筑物的大修。

（2）在合同规定的情况下，承包人在发包人验收后的合同规定期限内对标的物的使用承担担保责任。

在"交钥匙"建筑合同项下，承包人对于建筑及其担保承担全部责任，并按照合同约定向发包人交付已符合使用条件的客体。在交付发包人并支付工程款之前，未完建筑的所有权人为承包人。

如果按照建筑承包合同完成的工作只是为了满足公民（发包人）日常生活或者其他个人需要，则对该合同相应地适用关于日常生活承包合同中发包人权利的规定。

建筑客体在合同确定的交工期限之前因不可抗力坍塌或损坏，如果合同未另行特别规定，发包人应支付已完成工程或复建工程的款项。

如果法律或合同没有其他规定，因意外事故导致的工程不能完成的风险，由发包人承担。工程意外增大的风险由承包人负担。合同可以规定可能的建筑风险全部由承包方承担（"交钥匙"建筑工程）。合同可以规定承包人购买风险为保险。在这种情况下，保险费计入建筑工程款。建筑工程的安全责任由承包方承担。

（3）承包人必须依照确定工程范围和内容以及确定工程价款的预算项目文件进行工程建设，并符合对工程提出的其他要求。

在合同中没有其他注明的情况下，承包人必须完成项目文件和预算文件中的全部工程。

承包人在建设施工中发现项目预算文件没有考虑到的工程而因此必须增加建设工程并提高建筑预算价款，则必须通知发包人。如果法律或合同对此没有规定，则在未收到发包人的相应回复时，承包人可以中止相应的工作，并由发包人承担相应的误工损失。如果承包人未尽通知义务，导致工程中止情况下在建工程客体的灭失或损坏，则承包人无权要求发包人支付增加工程价款和赔偿因此所受损失。

（4）如果承包合同中未规定工程的全部或特定部分由发包人提供物资保障，则由承包人承担建设工程的物资保障义务，包括配件和工具以及设备。对承担建筑工程物资保障义务的承包人，应对其提供的物资（配件、工具）和设备承担责任。在发包人提供物资（配件、工具）或设备出现质量问题的情况下，承包人有权要求发包人替换材料，如果这一要求不能得到满足，承包人有权拒绝继续履行合同，并要求向其支付已完成工程的价款，同时可以要求赔偿因此而造成的损失。

（5）发包人应在法律规定的期限内向承包人足额支付预算确定的工程款。如果双方协议没有其他规定，发包人应在验收项目客体后足额向承包人支付"交钥匙"工程合同中确定的价款。

（6）发包人应当及时向承包人提供合同中标明的地块，并使其处于可使用状态。如果合同中没有相应条款，则土地的面积和状态应保障在工程建设开始时可正常使用和正常管理。建筑承包合同可以规定，由发包人将实施工程所必需的楼房和设施移交给承包人，保障重载物资的运输，及时供电、水和气以及其他服务，并按照合同规定的条件支付费用。

（7）在建筑承包合同中，发包人有权对工程进度和质量、遵守工程期限（计划）、承包人提供的材料质量以及使用发包人材料的正确性实施监督和监管，但不得干扰承包人正常的业务经营活动。发包人在对工程实施情况进行监督和监管中如果发现不符合合同条件足以影响工程质量，或存在其他缺陷，应立即告知承包人。未进行告知的发包人丧失在未来对所发现缺陷的抗辩权。

在施工过程中，承包人必须执行发包人的指示，前提是这些指示与合同条款不相抵触，并对承包人的业务经营活动没有构成干扰。未以应有方式完成工程的承包人，无权以发包人未实施监督和监管为由逃避责任。

（8）如果建筑承包合同的工程因不可抗力等原因中止、项目停建，发包人应向承包人全额支付在停建前所完成的工程费用，以及赔偿因工程中止和停建所导致的费用支出。

（9）发包人收到承包人关于准备交付按照建筑承包合同所完成的工程成果的通知后，或收到关于准备交付合同规定的阶段性工程成果的通知后，应立即着手工程的验收。如果工程承包合同没有规定，发包人应自行支付费用组织和进行工程验收。在法律有明确规定的情况下，验收工程应有国家机关和地方自治机关的代表参加。

在验收工程时，承包人和发包人应制作交接单，并由双方代表在交接单上签字，在法律有明确规定的情形下，还要有国家机关和地方自治组织代表的签字。一方拒绝在上面签字，应在文件中注明原因。只有在法院认定拒绝签字的理由不充分的情况下，法院才可以认定工程交接单由单方签字有效。在法律或承包合同有明确规定的情况下，工程成果验收前可以进行预先试验。在这种情况下，只有在预先试验取得良好结果时方能进行验收。

（10）如果发包人发现工程存在缺陷，且该缺陷使工程既不能用于建筑承包合同规定的目的，又不能由承包人、发包人或第三人消除，则发包人有权拒绝验收。承包人对建筑物、构筑物或者其部分降低或者丧失牢固性、稳定性、安全性承担责任。如果法律没有明确规定，建筑标的的担保期限为自发包人验收之日起的10年。

（二）对外承包工程资质

现在我国对外承包工程的相关国家规定是《对外承包工程管理条例》2017修订版。修订版中将原来《对外承包工程管理条例》第二章"对外承包工程资格"全部删除。这意味着民营建筑企业与央企一样，不再受对外承包工程资质的限制。

哈萨克斯坦当地对工程承包工程资质的规定见本书第四章相关内容。

点评：

> 世界各国都对国内外的建筑承包商进行资质管理，以保证工程建设的质量安全，维护本国公共利益，规范建筑市场秩序。对外国承包商进入本国建筑市场设置准入条件是世界各国的通行做法。而中企开展境外经营，建议参与所在国的资质认证。

(三) 工程项目计划与设计

哈萨克斯坦设计资质分为Ⅰ类资质许可、Ⅱ类资质许可、Ⅲ类资质许可，拥有哈萨克斯坦资质许可才能承揽对应技术难度的工程项目。

项目技术难度：是指工程项目地基的结构可靠性和牢固性技术要求程度方面的责任水平，这些要求由国家或国家间（国际）标准根据项目功能用途、项目承重和围护结构的特点、层数（结构层）、施工点（地区）地震风险或其他特殊地质、水文地质、地质工作条件规定。

《哈萨克斯坦建筑、城建和建设活动法》将所有类型的项目划分为三个技术难度等级：一级责任——高；二级责任——正常；三级责任——低。

一级高责任风险等级是指具有重大经济意义、重要社会影响和高度环保责任风险的项目（10000立方米及以上的石油和石油产品储罐、枢纽管线、跨度100米及以上的厂房、高度100米及以上的通信设施，同时包括具有独特性的建筑和设施）。

二级中等责任风险等级是指大众化的建筑和设施（住宅、宿舍、生产厂房设施、农用建筑设施）。

三级低责任风险等级是指季节性设施或具有辅助作用的设施（温床、温室、夏季更衣室、小库房等类似设施）。

《哈萨克斯坦政府第162号决议》对于企业申请Ⅰ、Ⅱ、Ⅲ类设计资质许可的要求，从初次取得许可年限、人员机具配置、从业经历、生产生活基地配套等几大方面作出了详细的要求，以非侨民身份初次取得许可的年限超过10年才能申请Ⅰ类设计资质许可。申请资质的条件极大地限制了进入哈萨克斯坦市场年限不足的外资企业参与哈萨克斯坦重点项目的机会。

在设计时，特别需要注意设计的标准和规范。目前中国海外项目大部分为国际竞标项目，中国标准还不允许被采用。如世界银行贷款、非洲发展银行贷款等项目，在其同资金使用国的资金借贷协议中，往往对技术标准有强制性要求，且一般都要求使用欧美标准。

中国在亚洲、非洲、南美洲开拓出了一些市场，但这些发展中国家，往往会由于发达国家施加的政治压力和国际环境背景，对中国标准产生抵触。

殖民地国家技术、文化、语言都受宗主国的影响，因此对发达国家的工程标准存在一定的路径依赖。

对于俄罗斯及中西亚国家项目（原苏联国家），驻现场的操作监理以当地工程师为主，年轻工程师惯于使用欧美标准，资历老的工程师也只是借用ГОСТ标准（原苏联规范）。

更多关于哈萨克斯坦工程设计规范和标准要求见本章相关内容。

点评：

针对在哈萨克斯坦执行工程项目的特殊性，在项目设计中需要注意以下要点：

（1）按照哈萨克斯坦设计文件编制要求和绘图习惯，业主通常要求非本国设计公司设计的图纸文件，需要委托当地设计院进行哈萨克斯坦规范的符合性审查，因此策划与当地设计公司合作必须纳入计划内。

（2）当地设计院在符合性审查过程中，需要派遣懂英语或俄语的、有经验的工程师进行交流沟通，直至设计文件批复为止。

（3）哈萨克斯坦设计一般不采用国内通用的标准图集，储罐和设备梯子平台等需要绘制KMD图，每个零件下料和制作等需要绘制详细图纸说明等。

（4）尽可能在前期谈判的时候确定采用的标准。

另，苏联规范 ГОСТ 目前在中西亚国家的地位已不如欧美标准，中西亚国家只是把 ГОСТ 标准作为可接受的备用标准，这些国家使用标准已基本西化，如格鲁吉亚、亚美尼亚、塔吉克斯坦、吉尔吉斯斯坦、哈萨克斯坦等。但最近哈萨克斯坦的努尔苏丹高架线采用的是中国地铁设计规范，并快速设计及施工，取得很好的效果，受到了当地官员的称赞。

（四）工程项目征地及建设条件的准备

根据哈萨克斯坦法律要求，不允许外国人购买土地，因此工程项目的征地通常是由业主进行征地，中资企业只需要对临时设施所需用地进行临时征地或租赁。一般情况，中资企业的征地范围为临时营地、临时设施等，对于需要中资企业自行进行临时征地的，则需要按照哈萨克斯坦国家法律规定，在工业用地范围内进行临时营地和临时设施建设。建设前，需要和土地所有者签订临时租赁合同，并到政府部门申请征地。

建设条件的前期准备工作通常包括：项目立项审批，可行性研究评估与审批，办理征地手续（规划用地许可），现场测量与勘察，初步设计及国家报批、施工临时设施、设备准备，详细设计及审查，现场"四通一平"，现场施工许可和开工报告申请等。

对于工程项目建设所需硬件设施，如果当地依托不能满足，根据承包合同约定可以从国内进行调运，并在当地进行注册之后才可使用。国内调运到哈萨克斯坦的设备设施分临时进口和永久进口，临时进口即是在 2 年内必须返回国内，永久进口即是进入哈萨克斯坦国家后，以后不再返回国内。

设备设施一般通过铁路从国内运输至哈萨克斯坦，对于尺寸和重量超过铁路运输范围的，则采用汽车运输。正常情况下，运输周期从新疆霍尔果斯口岸到达哈萨克斯坦工程项目现场的时间不超过一个月。

（五）工程项目招投标

1. 不允许投标的范围

根据 2001 年 7 月 16 日哈萨克斯坦颁布的第 242 号法律《关于在哈萨克斯坦国境内从事建筑、城市建设工程和施工》第 4 条的规定，无国籍人、外国自然人和法人，可以按照哈萨克斯坦立法规定，在哈萨克斯坦提供（从事）与建筑设计、城市建设和建筑活动有关的服务（工作），但哈萨克斯坦立法另有规定的除外。

根据上述法律的第 66 条第 7 款规定，下列情况不允许参与项目投标：按法规规定程序不允许在哈萨克斯坦境内从事经营活动的自然人和法人；已申请破产的法人；作为招标组织者（举办者）或其评委会（招标委员会）委员的人员；未按法规规定程序注册的单位。

2. 招标形式

（1）非国家采购项目的招标。

根据第 242 号法律《关于在哈萨克斯坦国境内从事建筑、城市建设工程和施工》第 66 条的规定，对于非国家采购项目的招标，如果哈萨克斯坦法规对此项目（计划）未作另行规定，则不用进行招标；可以采用内部或公开竞标（招标）的方式；可采取招标前资格预审或无须资格预审的方式来确定邀请投标单位。

如果哈萨克斯坦国际合同中没有规定，则招标地点应在哈萨克斯坦境内。

（2）国家采购项目的招标。

根据哈萨克斯坦《国家采购法》，国家采购是指完全或部分使用预算资金或私有资金（不包括与哈萨克斯坦非侨民提供服务的收入）采购商品、工程和服务的活动。国家采购项目的业主是国家机构、国家机关、国家企业、国家持股超过50%的法人和法人分支机构，但不包括国管股份公司、国家股份公司、国管公司、国企和分支机构；哈萨克斯坦央行和其分支机构，以及哈萨克斯坦央行持股50%以上的法人和其分支机构等。

国家采购项目的招标方式主要由：招标（公开招标、有资格预审的招标、两段式招标）、拍卖、询价、唯一来源采购、通过市场采购。由国家指定的招标实施单位在国家招标网站上选择相应的招标方式来执行。

点评：

> 按照哈萨克斯坦政府规定，自2016年起，所有政府采购原则上都应通过政府采购网（goszakup.gov.kz）进行。

3. 招投标相关规定

按专业划分，工程项目招标主要包括设计、勘察、土建、安装、服务等类别。各类别工程在进行招投标时，需要注意相应的许可资质、投标人数量、投标期限、投标保证金、标底和拦标价、投标限制、属地化含量等要求，另外分包总额等与国内也不一样。

（1）信息获取。

在哈萨克斯坦所有大型采购、建设项目均需通过招标程序。招标信息可登录政府各部门网站、政府采购网（goszakup.gov.kz；goszakup.gov.kz）、政府主办的电子商务中心网站（www.ecc.kz；www.tender.kz），以及各大企业集团网站等查询。

（2）投标的资质许可。

根据2011年7月15日发布的第461-IV号文件《哈萨克斯坦建筑、城建和施工活动法》的调整，将原来单独针对建筑物的等级划分改为对所有类型的项目进行等级划分，共分3个技术难度和责任等级，对施工和设计分为3个资质等级，因此，在进行招标工作的时候，对不同工程和工作需要根据对应的责任等级和许可资质来选择潜在分包商。

施工许可证由建筑领域的授权机关国家（或地区）建筑委员会发放，申请人向授权机关提供从事项目所需全部文件及许可证手续后，许可证发放单位在1个月内做出是否签发许可证的决定。

建筑工程项目结束（技术不复杂的项目除外）需要通过国家验收委员会的验收。国家验收委员会的验收结果报告是国家登记项目投产财产证明的基础文件。

非侨民外国公司在哈萨克斯坦办理从事建筑工程业务施工许可证需根据合同实际工作量、具体项目和金额向哈萨克斯坦政府制定部门提交申请。所需文件清单见第四章相关内容。

（3）开展招投标。

①相关时间。对投标申请进行法律和技术资格审核（3天时间）；评委对标书进行评标（不超过7天）。

②投标人数量。哈萨克斯坦国家采购法规定，投标人数量不应少于2个。

③投标期限。哈萨克斯坦国家采购法没有规定固定的投标期限，但规定应给投标人必要的准备时间（例如中国对依法必须招标的项目，要求招标周期至少是20天）。

④投标保证金。哈萨克斯坦国家采购法规定，投标保证金不得超过招标项目估算价的1%，投标保证金的有效期应与投标文件有效期

一致。投标截止后,投标人撤销投标文件的,招标人可不退还投标保证金。保证金可以转账方式支付,也可以提供银行保函。

⑤标底和拦标价。招标人可自行决定是否编制标底,但一个项目只有一个标底。可设置拦标价,但不能设置最低投标限价。

⑥投标限制。与招标人存在利害关系的,可能影响招标公正性的法人、组织或个人,不得参与投标;负责人为同一人或存在控股、管理关系的不同单位,不得参与同意标段或者未划分标段的同意项目的投标。

⑦属地化含量要求。为了发展本国经济,哈萨克斯坦加大力度扶持和鼓励使用当地用工、当地采购和当地服务。如果是哈萨克斯坦国家投资、国企参股大于50%以上的项目,对满足哈萨克斯坦相应法律法规要求的属地化含量的投标人,会在评标过程中给予倾斜。

例如:在萨姆鲁克招标网上公开招标的项目,在评标时,对哈萨克斯坦当地法人和个人的投标价格给予预设降价,属地化含量越高,预设降价比例越大,越具有竞争力。中标后,仍然按原报价授标。

(六) 建设设备及材料的采购及运输

国际项目的物资管理包括采购、集港发运(报关)、国际物流及项目所在国清关、内陆运输、现场储管等一系列事务,是工程管理的重要组成部分,与工程项目建设全过程有着密切的联系。根据国内外工程项目合同价款构成分析,设备、材料在总合同价款中所占比例一般都将达到50%~60%,国际项目施工物资种类繁多、质量标准规范复杂,对成本和到场时间要求严格,且由于工程周期长、运输路途远,更见其物资管控的重要性。

哈萨克斯坦地处欧亚大陆中心地带,是世界上最大的内陆国,其工业基础相对薄弱及物资匮乏，大部分物资依赖进口。目前在哈萨克斯坦部分仪表、消防器材、普通钢材、建材、部分防腐保温材料、部分电气材料及电缆、普通阀门、轻板房、气体、油料以及日常办公生活等辅助设备和材料可以满足工程建设材料采购需求，机械设备、机床、精密仪表等需从国外进口。

工程建设设备材料执行标准主要有但不限于：哈萨克斯坦标准、俄罗斯标准、独联体标准、欧美国际标准及中国标准等。

1. 工程建设项目采购原则

针对工程项目范围规定的采购任务，需对从外部获取设备、材料或服务的各项过程进行管理，功能上主要包含计划、采购、催交、监造检验、运输、现场仓储管理和材料控制等业务活动。建议采购策略及原则如下：

（1）确认采购原则，加大属地化采购份额。

根据哈萨克斯坦工程项目执行经验，一般要结合业主相关要求，深入开拓哈萨克斯坦当地市场，通过经济型分析和技术分析，尽量加大属地化采购的份额。物资采购渠道的选择顺序首先考虑属地化采购，属地化采购不能满足的再考虑中国国产品牌，其次考虑合资品牌，最后考虑第三国采购产品，尽量减少第三国采购物资所占比例。

哈萨克斯坦共和国总统第733号令《关于组织和国家组织在采购商品、承包工程和服务时哈萨克斯坦含量的若干问题》中规定：采购商品、承包工程和服务时要满足哈萨克斯坦属地化含量的要求，并提供了统一的计算公式。其目的为：一是监视和控制哈萨克斯坦含量采购义务的遵守情况；二是确定国有企业供应商品、工程和服务的累计量；三是评价国有工业竞争力水平。哈萨克斯坦政府所给出的统一计算公式很复杂，而且计算出来的比例会比较小。由于该规定并没有具体说明应遵守的最小属地化含量比例，因此，一般情况下具体比例可以与合同相对方商议。另外，各个州政府对于当地的属地化要求也不尽相同，由于规定中没有规定最低比例，因此有些州政府要求高些，有些州政府要求低些，但一般都会要求在10%以上。

属地化采购应注意以下几点：

①选择有资质、无欠税、信誉良好的大的供货商或生产商、服务商。

②合同文本标准及严谨、周到。可以规避未来的各种风险，更好地保护自身合法权益。

③物资的生产标准必须符合设计文件要求。

④发票及其他付款性文件完整、准确。避免因付款单据的不完整或不正确导致被税务机关稽查或罚款。因此对方开具的发票及其他付款文件必须认真检查核对，如有错误要求对方修正或重开。

（2）计量仪表的注册及标定工作应提前筹划。

依据2004年6月9日第558号哈萨克斯坦法律《关于保障计量统一法的修改和补充》，在哈萨克斯坦未注册的计量仪表（压力表、温度计、流量计、电流表、电压表、温度开关、流量开关等）是不允许在哈萨克斯坦流通、销售及投入使用的，所以在哈萨克斯坦采购计量仪表既可以节约成本，同时又节省了时间和避免了一些不必要的麻烦。

如果这些计量仪表选择在中国国内采购，应选择在哈萨克斯坦计量站已注册目录里的计量仪表进行采购。无论是哪个公司注册的计量证只要计量证里的品名、规格型号、生产厂家、产地一致且证书在有效期内则其他公司都可以使用。特别注意的是产地及证书有效日期。很多情况下国际知名品牌的计量仪表会在多个国家生产，而注册证上的产地只是某个国家而已，从而导致产地不一致计量证无法使用。证书有效日期，尽量选择有效日期较长的计量证，确保有效期在项目投产前。通常出现的问题是计量仪表采购时在计量证有效日期内，等计量仪表移交业主或投产前已过有效期，导致计量仪表无法标定，重新注册时间已来不及从而影响到项目投产。计量注册周期时间长，一般需要 6 个月左右甚至更长。

（3）建立科学的供应商名录。

选择好的供应商将使工程项目执行、质量保证、开工调试得到非常好的保障。因此要充分调研哈萨克斯坦市场资源，通过评审合作，形成一批合作过且业绩良好的供应商名录，并在今后项目执行过程中对交货周期、价格水平、交货的准时性、产品质量等几方面持续进行动态考核。

（4）实施严格的招投标采购策略。

物资采购，要严格遵守哈萨克斯坦和中国相关招投标法，按照相关的招投标程序进行采购，从而保证在采购的过程中货比三家，择优选用，保证物资采购质量，降低采购成本，缩短采购周期。

哈萨克斯坦招投标依据哈萨克斯坦《国家采购法》《关于批准国家采购实施条例的命令》《电子化国家采购实施条例》等进行。

点评：

> 出口到哈萨克斯坦的特种设备（塔吊、吊车等）必须在使用前到哈萨克斯坦当地的紧急状态委员会备案办理技术护照后才能使用，办理时间为 1~3 个月。如果该型号产品没在哈萨克斯坦注册过，还需去哈萨克斯坦外交部办理相关手续。备案资料包括中英文说明书及设备进口的相关手续等。阶段性使用或者因赶抢工期增加的施工机械，例如挖掘机、自卸运输车、混凝土输送泵车、吊车等可以在当地租赁。

根据施工状况可以要求出租方二班工作制连续施工，中方应注重配合、指导。

2. 进口物资的运输

对工程建设项目进口货物要采取专用进口包装，进口包装的设计和结构要求应能满足海陆运输和航空运输要求。通常选择具有良好声誉的国际运输公司进行货物的运输及相关组织工作。

熟悉、了解和掌握哈萨克斯坦的运输情况和运输市场，对于运输过程中可能出现的问题和困难将作出周密策划和考虑。在保证货物运输安全、质量和价格合适的前提下，利用当地的运输力量协助完成项目的货物运输。可采取以下主要措施保证物资的运输、清关畅通，满足项目实施的需要。

（1）根据物资生产地不同，综合考虑运输质量、安全、时间、成本、设备特性等各种因素，制定合理的物资运输方案。中亚国家、俄罗斯和中国物资采用铁路运输为主、公路运输为辅的运输方式，欧洲等西方国家物资采取海陆联运或公路运输为主、空运为辅的运输方式。

（2）充分利用企业在哈萨克斯坦建立的运输和清关服务网络，选择有实力、有经验的运输清关服务商，确保物资运输畅通和安全。

（3）为了确保物资安全，降低运输费用，对于超限设备和构件，尽可能在制造厂预制，以拆分状态供货，现场完成组装。

（4）为了确保进口物资快速通关，应在当地找几家实力强大的清关代理公司同时开展清关业务。

点评：

根据哈萨克斯坦的目前情况有以下几种运输方式：

（1）铁路运输。从国内始发站（或中欧班列），经霍尔果斯或阿拉山口换装哈铁运至目的地火车站。中欧班列现开通渝新欧、蓉欧快铁、郑新欧、连新欧、汉新欧、湘欧、义新欧、合（肥）新欧、甘肃武威–中亚、黄骅港至欧洲等多条。运输时间 10～15 天（不含清关时间）。不仅是国际运输采用铁路，而且哈萨克斯坦国内采购的物资，也可以采用。

（2）汽车运输。除非超限和急需的物资，不建议采用汽运。汽运方式成本高。

（3）空中运输。急需配件或关键贵重物资，为了不影响工程进度也可考虑搭乘国际航班运输。

（4）海陆联运。国内港口出发走欧洲航线到地中海，经土耳其海峡到黑海停靠俄罗斯新罗希斯克港，在新罗希斯克换驳船，经顿河、伏尔加河到达里海，抵达哈萨克斯坦的阿特劳（或阿克套）港，再陆运至项目现场。这种运输方式适合大件物资运输。值得注意的是俄罗斯境内运河有冰封期，每年4月中旬开河，8月中旬后关闭。

3. 进口物资有关的海关手续

运进哈萨克斯坦境内的货物和运输工具，在到货终点口岸办理海关清关手续；从哈萨克斯坦运出的货物，在发货起点口岸办理相关手续。

目前企业经常涉及的海关手续有自由流通货物的放行即通常说的永久进口，偶尔涉及的海关手续有海关仓库、货物的临时进口和临时出口。

其中，临时进出口的货物，除自然损耗或正常运输、储存和使用条件下出现的变化外，应原封不动地返运回去。货物临时进出口的期限为自其进出口之日起不得超过两年。对于某些类别的货物，哈萨克斯坦中央海关可以确定更短或更长的极限期限。根据《哈萨克斯坦共和国海关事务法典》第 347 条，到规定期限已满之日仍未返运的临时进出口货物，应被宣布适用于其他海关制度，或被移入哈萨克斯坦海关部门的临时储存仓库中。

海关手续在哈萨克斯坦中央海关确定的程序规定的哈萨克斯坦海关部门的工作地点、活动地区和工作时间内办理。哈萨克斯坦中央海关有权确定某些货物和运输工具的海关手续只能够在固定的哈萨克斯坦海关部门办理。在办理海关手续时，对货物和运输工具拥有全权的人员和他们的代表有权在场。

办理海关手续，其中包括填写海关文件单据，应使用哈萨克语或俄语。

通过哈萨克斯坦关界的货物和运输工具只有在通过动植物检疫、生态检疫和其他国家检查之后才可以完结海关手续。

在紧急供货的情况下（提供救灾物资、活的动物、易腐烂货物、放射性物质、大众新闻媒介通信工具和其他器材），从简办理海关手续。为紧急供货从简办理海关手续的程序及其适用情况由哈萨克斯坦中央海关确定。

为了办理海关手续，哈萨克斯坦海关有权对货物进行取样化验（检验）。海关监管下货物取样，经哈萨克斯坦海关允许，也可以由对货物拥有全权的人员、他们的代表和其他监察机关实施以便实施监督。货物取样以能保障对其进行化验的最低数量为限。海关监管下的货物取样必须按照哈萨克斯坦中央海关规定的样式填写正式记录。

对货物拥有全权的人员和他们的代表有权在哈萨克斯坦海关和国家其他监察机关公职人员取货样时亲临现场。当国家其他监察机关以及对货物拥有全权的人及其代表对货物取样时,哈萨克斯坦海关公职人员必须到场。上述人员和他们的代表必须配合哈萨克斯坦海关公职人员取样,其中包括以自费实施取样时所必要的货物搬运和其他作业。

在交验货物 10 天后,对货物拥有全权的人员和他们的代表不到场,以及在不容拖延的情况下,哈萨克斯坦海关部门可在上述人员缺席的情况下对货物实施取样。在这种取样时,对取样化验结果无关的自然人应在场。对货物拥有全权的人员和他们的代表有权了解其货物样品的化验结果。哈萨克斯坦海关应出示国家其他监察机关所取货样的检查结果。哈萨克斯坦海关不为货主和他们的代表在货物取样所支付的费用。货样在哈萨克斯坦海关和海关实验室化验的费用由海关承担,但如果化验是货主和他们的代表主动要求进行的情况例外。货物的取样、化验期限和化验程序以及样品的处理由哈萨克斯坦中央海关确定。

4. 清关

清关即结关,是指进出口或转运货物出入一国关境时,依照各项法律法规和规定应当履行的手续。清关只有在履行各项义务,即办理海关申报、查验、征税、放行等手续后,货物才能放行,货主或申报人才能提货。同样,载运进出口货物的各种运输工具进出境或转运,也均需向海关申报,办理海关手续,得到海关的许可。货物在结关期间,不论是进口、出口或转运,都是处在海关监管之下,不准自由流通。

(1)清关流程及注意事项。提前准备清关所需资料(进口合同、发票、装箱单、货物技术描述等)提交清关代理公司做清关前准备工作。

（2）海关税费核算及缴纳。海关税费由欧亚经济联盟统一制定。一般清关需要缴纳3种税费：海关杂费、关税、增值税（НДС）。海关杂费每清关一笔货物20000坚戈。关税是根据每种货物所独有的海关物资编码所对应的税率得出的。自2010年1月1日起，俄白哈三国实行统一的海关关税税率。一般进口物资的关税税率在0~20%之间。增值税税率为12%，除以上3种税费外，部分物资会征收特别关税或调节性关税。

（3）海关查验及放行。部分商品在进口到哈萨克斯坦时需要进行海关查验。遇到海关人员开箱查验时要配合海关执法人员，找到对应的物资，技术描述并对货物进行说明，以便海关人员尽快了解并出具放行手续。

（4）货物提取。货物在海关放行后应及时凭海关放行文件进行提取并转运到指定位置。有些物资在清关时是以"有条件放行"的方式放行的。有条件放行的物资是不允许进行分类、加工及使用的，需在申请的地点存放直至条件放行解除。

（5）清关后证件办理。有些物资在清关时报关单上已明确标记为"有条件放行"。凡是"有条件放行"的物资都需要及时办理哈萨克斯坦合格证并提交海关进行关闭报关单即解除"有条件放行"。

5. 其他相关注意事项

（1）注意发票的差异性和重要性。

哈萨克斯坦借鉴的是英国的财税体系，实行以增值税为主的纳税体制（增值税率12%），财务资料严谨且烦琐。哈萨克斯坦的税务机关对企业税务检查非常严格，尤其对外资公司。每一笔的资金收入与支出都要有相对应的票据来吻合验证。哈萨克斯坦的转账支付发票是收款方自己打印在A4纸上的，没有专用的发票。打印分发票（金额和税金）和服务（货物）明细两部分，两部分缺一不可。在哈萨克斯坦采购尤其注意以下几点：

①现金采购物资需索要现金发票（税控机打小票和清单），这就要求采购物资（包括后勤物资）要在有营业执照的单位采购，以便将发票提供给财务用于税务机关检查现金支出用途，否则现金没有单据吻合，有可能面临资金非法使用的指控。

②大额资金转账支付后，有可能被接收银行停滞调查，需提供服务方（供货方）凭借合同等资料去银行证明是自己的合法收入后而转入本单位账户。

③转账支付后供货方提供的发票有错误或者供货方失信没有向税务机关缴纳增值税，中方企业将受到牵连补缴对方应缴的税款（当然对方首先受到处罚）。这就要求中方企业必须选择守法的能持续经营的供货方或服务方。

④因外资公司在哈萨克斯坦会遭到严格检查，因此发票的任何瑕疵包括错一个字母都将影响发票的使用，因此对方开具的发票需认真检查核对，如有错误必须更正重开。

（2）在报关时，特别需要注意报关物资临时性出口或永久出口的选择。

临时出口货物报关，需在报关单上注明临时机具，工程结束后返回，所有机具的合格证或者铭牌应妥善保存（清关时用）。临时机具进口时效2年，2年后必须返回国内，否则违法或者将其转为永久出口。临时机具的进口关税一般由收货人或中方在哈分公司缴纳（非一次性），一般每月缴纳全部税费的4%左右，根据使用年限缴纳，可半年或一年缴纳。

如果施工机具和材料回运价值不大或当地出售、继续使用的价值与扣除回运费用的国内价值相当后,应选择永久出口,并办理出口退税。当年的报关单在次年的 3 月 1 日前完成开票,供货单位开票内容和报关单上的品名和数量必须一致,然后凭报关单和发票办理退税。

(3) 重视采购人员人身和资产的安全性。

哈萨克斯坦部分地区由于宗教信仰,同情和支持东突分子的大有人在,执法官员有严重的狭隘民族保护意识,并且当地人认为中国人有钱,中方人员便容易成为当地警察敲诈和盗匪实施抢劫的目标。因此为了自身和公司资产的安全请注意以下几点:

①中方企业人员(非哈族专职司机)不在哈萨克斯坦公用道路开车行驶。一是由于中哈双方的开车习惯不同,中方企业司机不熟悉当地开车习惯极易发生交通事故;二是当地警察对外方驾驶员歧视罚款,找理由敲诈。

②不携带和存放大量现金。出入银行、市场、酒店或租住地方等注意是否有可疑人员跟踪,防范抢劫。出行小心谨慎,避免人多大声交谈引起当地人的注意和不法分子跟踪。

点评:

物资供应得及时和顺畅是工程顺利实施的保障。在国内做好了充足准备,在国外找到守信用有实力的供应商,摈弃物资采购高高至上的心态,与供货方将心比心,及时的沟通和相互的支持是在哈萨克斯坦做好物资供应至关重要的。营造良好的供需方合作关系对整个项目的实施有很大裨益。

物资采购多方面着手,有以下几种方法可以借鉴:

(1) 聘用当地司机(或新疆哈族),对项目所在地的周边资源和市场进行广泛调研。当地司机一是便于应付哈萨克斯坦警察检查,二是熟悉当地资源,便于采购,再者节约劳务签证指标。

（2）到哈萨克斯坦其他中方施工单位内沟通信息，互通有无。

（3）购买或索取当地物资供求信息，像当地有供求信息的报纸或期刊。这样便于我们在茫茫市场中找到供货商源头。

（4）利用当地媒体或广告商查找信息或发布物资供求信息。

（5）利用当地有实力的公司（包括中资公司）代理物资的采购，尤其在资金短缺的情况下，便于中方企业缓解资金压力，保障物资及时供应。

（6）大宗物资放眼周边国家。哈萨克斯坦本国物资匮乏但临近的俄罗斯等独联体国家钢材木材等物资丰富，和中国比较存在着一定的价格优势，尤其是欧亚经济联盟内的诸多便利条件，使采购运输通关更便捷。

中国与哈萨克斯坦间的陆路开放口岸见表5-4。

表5-4 中国与哈萨克斯坦间的陆路开放口岸（均为常年开放口岸）

口岸——对应的哈方口岸	位置	性质	通关能力
阿拉山口口岸——阿拉木图州多斯特克口岸	位于新疆博尔塔拉蒙古自治州博乐市境内的东北角。地处东经83°36′、北纬45°12′。距博乐市73千米，距乌鲁木齐市460千米；距中哈两国边防会晤点即接轨点4.4千米、德鲁日巴站12.3千米、阿拉木图580千米。	铁路、公路、原油管道三重口岸。向第三国开放，具有国际联运地位。	年换装能力达20万铁路标准箱。2014年口岸过货量总计2545.1万吨，其中铁路1316.16万吨，管道进口原油1205.37万吨，公路23.57万吨。

续 表

口岸——对应的哈方口岸	位 置	性质	通关能力
霍尔果斯口岸——阿拉木图州霍尔果斯口岸	口岸位于伊犁哈萨克自治州霍城县境内，地处东经80°29′，北纬44°14′。距伊宁市90千米，距乌鲁木齐670千米。联检厅距中哈边境线210米。距哈萨克斯坦霍尔果斯口岸1.5千米，距哈萨克斯坦雅尔肯特市（原名潘菲洛夫市）35千米、阿拉木图市378千米。	铁路、公路、天然气管道三重口岸。向第三国开放，具有国际联运地位。是中国西部最大的公路交通口岸。	2013年进口天然气1980.7万吨，铁路过货总量165万吨，公路货运量69.3万吨。
巴克图口岸——东哈州巴克特口岸	位于伊犁哈萨克自治州塔城地区境内，地处东经82°48′、北纬46°41′。距塔城市17千米，至乌鲁木齐市621千米；出境至哈方巴克特口岸800米，至马坎赤市60千米，至乌尔加尔机场110千米，至阿亚库斯车站250千米，至东哈州首府800千米。	公路口岸	年货运能力20万吨，客运量10万人次。
吉木乃口岸——东哈萨克斯坦州迈哈布奇盖口岸	位于阿勒泰地区吉木乃县境内，地处阿尔泰山南麓，东经85°43′，北纬47°33′，平均海拔770米左右。距吉木乃县城24千米，至阿勒泰市198千米，至乌鲁木齐市650千米；出境至哈方对应口岸迈哈布奇盖0.5千米，距斋桑县60千米，至东哈州首府约500千米。	天然气、公路口岸	每周6天8小时工作制。2014年进口天然气4亿立方米。2012年进出境人数13.88万人次，过货量11.91万吨（进口0.28万吨，出口11.63万吨），货物总值7.06亿美元（进口0.057亿美元，出口7亿美元）

续　表

口岸——对应的哈方口岸	位　置	性质	通关能力
都拉塔口岸——阿拉木图州科尔扎特口岸	位于伊犁哈萨克自治州察布查尔县境内，距察县约50千米，距伊宁市约63千米，距哈萨克斯坦阿拉木图市约250千米，距哈方科尔扎特口岸仅3.8千米。	公路口岸	2013年过货量36.875万吨，进出口贸易额37.48亿美元。
木札尔特口岸——阿拉木图州纳林果勒口岸	位于伊犁哈萨克自治州昭苏县西南109千米处，地处天山北麓，特克斯河上游，东经80°45′，北纬44°35′，海拔1806米。距新疆生产建设兵团农四师74团机关西北9千米，距伊宁市296千米。与对面哈方口岸相距4千米，距阿拉木图市320千米。	公路口岸	尚未运营。
阿黑土别克口岸——东哈萨克斯坦州阿连谢夫卡	位于阿勒泰地区哈巴河县西部，北纬48°21′，东经85°44′。距哈巴河县城117千米，距阿勒泰市284千米，距乌鲁木齐市829千米。	公路口岸。向第三国开放，具有国际联运地位。	截至2015年初尚未开通

（七）哈萨克斯坦工程成本

1. 水、电、气成本

哈萨克斯坦的水、电、燃气价格相对较低，这也是哈萨克斯坦政府引以为豪的投资环境优势之一。哈水、电、天然气价格计算方式与中国不同，实行分段、分区、分时计算法。2019年12月哈萨克斯坦国内水、电、气、油的平均价格统计见表5-5。

表5-5 哈萨克斯坦工业用、民用水、电、燃气价格（2019年12月）（坚戈）

	电（千瓦时）	水（吨）	热水（吨）	取暖（吉卡）	天然气（立方）	95#汽油（升）
工业用	16.87	158.16	—	3907.37	9.73	169
民用	12.72	45.68	328.51	2437.97	9.73	169

资料来源：哈萨克斯坦国家统计委员会。

2. 人工成本

从劳动者的总体素质看，哈萨克斯坦产业工人专业技能素质偏低，存在效率低、流动性大等问题，专业技术人员、高素质人才匮乏的状况未得到改善。

（1）薪资水平。

与周边国家相比，哈萨克斯坦薪资水平较高。截至2019年底，哈萨克斯坦职工月平均工资约合485美元。2019年，哈最低生活标准约合76.66美元。

（2）社保税费水平。

①个人所得税。个人所得税采取固定税率10%。哈萨克斯坦雇主，包括法人、外国法人分公司和代表处有责任对支付给雇员的现金或其他支付形式中代扣个人所得税并代缴至国家财政。

②社会税。哈萨克斯坦雇主，包括在哈萨克斯坦经营的外国企业分公司和代表处均应为其本国员工、外籍员工和借调员工缴纳社会税。税率：2018年1月1日至2024年12月31日为9.5%；2025年1月1

日起为 11%。

③社会保障缴款。哈萨克雇主应向国家社保基金对哈国本地员工和拥有永久居留许可的外国员工进行社会保障缴款。无永久居留许可的外国人无须缴纳社会保障费用。应缴部分为雇主向雇员支付的工作或服务报酬。最高月缴纳基数为最低月工资（2019年最低月工资为42500坚戈）的7倍。强制社会保险的缴纳比例：2018年1月1日至2024年12月31日为3.5%；2025年1月1日起为5%。社会保障缴款可抵扣社会税，不造成额外税负。

④强制养老缴款。哈萨克斯坦公民应向统一养老基金缴纳其收入的10%作为强制养老缴款。最高月度缴纳基数控制在最低月工资的50倍以内。雇主应对养老缴款进行代扣并代缴至养老基金。针对一些高危作业员工还设有强制职业年金缴款，由雇主按照相关员工月工资收入的5%进行缴纳。

自2020年1月1日开始，雇主需要向统一养老基金缴纳一项新的养老体系费用——雇主强制养老缴款（EOPC），所有注册在哈的雇主均需按照员工总收入的5%进行缴纳。统一养老基金将雇主强制养老缴款逐一记录在每个员工开设的名义养老金账户中。

⑤强制医疗保险。自2017年7月1日实行新的强制医疗保险费用支付制度，缴款将汇入社会医疗保险基金。保险缴纳由两部分组成：一部分由雇主缴纳，另一部分从员工工资中代扣代缴。雇主应每月将强制医疗保险全额缴纳至社会医疗保险基金。对雇主、签署服务合同的员工缴纳基数为扣除法定应扣除或免征费用后的月收入，每月最大缴纳基数不应超过最低工资的10倍；对于其他纳税人，法定缴纳基数为最低月工资或平均月工资。

3. 土地及房屋价格

哈萨克斯坦法律不允许外国人购买土地。对于租赁而言，土地价格依其位置和用途有较大差别。

4. 其他

据哈萨克斯坦国家统计局发布数据，2020年1—12月，哈建筑业价格指数同比增长0.6%。其中，建安工程价格下降0.2%，建筑机械设备价格上涨2.3%，其他费用上涨2.1%。

2020年12月，砖头价格环比上涨1.6%，沙子价格环比上涨1.3%，电气设备价格环比上涨0.7%，砂浆价格环比上涨0.4%，沙土价格环比下降2.2%，沥青价格环比下降1.5%，水泥价格环比下降0.1%。

三、第三阶段：建设实施

（一）依法用工

本书第四章"哈萨克斯坦关于劳动就业的法律规定"对哈萨克斯坦关于劳动用工方面有所陈述，本节是对上述资料的进一步补充。

1. 中企用工

中方人员在哈萨克斯坦合法工作必须持有哈萨克斯坦政府颁发的劳务许可及签证。哈萨克斯坦政府通过限制每年引进外国劳务数量配额来保护国内劳动市场，并对外国劳动力按照人员类别进行划分，不同人员类别办理劳务签证期限及属地化要求有所不同。其中，一类劳务的企业领导和二类劳务的企业中层管理岗位人员，外国企业所雇佣的外国劳动者与当地劳动者的比例不低于3∶7；三类的技术专家和四类熟练技工劳务人员比例则不低于 1∶9。因此，如果企业要想在哈萨克斯坦顺利开展业务，需要大量的中国员工参与工作时，则需要招聘更多的当地员工才能符合当地要求，否则企业在劳务许可申办以及后续的政府检查中都可能出现问题，影响中方员工的正常工作。此外，哈萨克斯坦政府对于引进外国劳动力的岗位也有限制，一般引进的人员均为哈萨克斯坦紧缺的管理和技术人员，要求必须在国内取得大学本科学位以上，而出于保护本国劳动市场的需要，对引进操作工等普通工种人员则限制颇多。根据哈萨克斯坦法律规定，在哈萨克斯坦的中方人员从事与自己劳务许可岗位的相匹配的工作，如果实际工作与劳务许可不符，则可能面临受到哈萨克斯坦政府行政处罚甚至劳务许可被收回的风险。

2. **当地用工**

哈萨克斯坦当地企业在招聘和使用当地雇员时必须严格遵守劳动法的相关规定。哈萨克斯坦劳动法对于企业可招收的雇员年龄、工作小时、加班加点以及休息及假期安排等均有严格的限制。比如，劳动法规定安排员工加班每月不得超过 12 小时，每年不得超过 120 小时，对于孕期妇女以及 18 岁以下的未成年人不得安排加班，员工的加班加点时间要按照法律规定支付加班费；员工每年享受的带薪年假不得少于 24 个日历日，对从事重体力劳动以及在有毒有害环境下工作的雇员要根据法律规定增加休假天数；根据法律规定，企业不得与孕期以及孩子在 3 岁以前的妇女主动解除劳动合同等。此外，因为雇主方原因造成劳动合同失效，并且没有对劳动合同失效员工进行劳动报酬支付，则雇主要对员工支付未休年假费用及其他方面的经济补偿为了生产需要或者替代缺岗的员工，雇主有权在不经雇员同意的情况下将雇员临时调岗，临时调岗不超过 3 个月。在提供孕期妇女新岗位之前，员工应脱离工作并保留平均工资,在孕期妇女拒绝雇主提供的新岗位时,其脱离工作岗位在产假之前不保留工资。因为企业生产组织发生变化,包括重组或者经济技术条件的变化,劳动组织条件或者雇主工作量的减少,在让员工继续按其职务、专业或者劳动合同中规定的相应技能工作时允许变更员工劳动条件,在变更时要签订相关的变更补充协议。

在实践过程中,根据国际通用做法,外国企业在哈萨克斯坦企业为降低公司运营成本,减少管理风险,会采用劳务派遣(劳务外包)的方式减少正式用工的当地雇员数量。从员工属性来看,由于雇员不直接与企业签订劳动合同,而是与中介服务公司签订劳动合同,因此企业与员工之间无雇佣关系,避免了发生劳动关系风险,企业也能够将精力集中在企业的核心业务上。但哈萨克斯坦政府劳动部门对于劳务分包的法律地位上存在异议,议会立法迟迟没有完成,因此到目前为止,此种形式的用工方式没有获得哈萨克斯坦政府在法律上的认可,实施起来会有一定的法律风险。

[案例 5-1]

国内某能源企业在哈萨克斯坦油气合资公司劳资纠纷案

国内某能源企业下属阿克纠宾油气股份有限公司在哈萨克斯坦西部的阿克纠宾州开采原油,为哈萨克斯坦五大石油生产公司之一。按 2007 年统计结果,其产量约占哈萨克斯坦石油产量的 8.6%。它也是阿克纠宾州石油开采量最大的公司(2007 年统计占整个州开采量的 76%)。2010 年油气产量已接近 1000 万吨,有职工近 8000 人。

2010 年上半年,阿克纠宾油气股份公司员工内部到处流传着一个消息:公司打算剥离运输部门,集体解聘现有 2000 名员工。于是,运输部门部分哈萨克斯坦员工组建了名为"稳定"的独立工会,向公司领导层提出提高员工工资、改善待遇等要求。

在州政府的调停下,工会与公司就薪资待遇等问题举行了多轮谈判。中资代表承诺当年6月加薪15%,8月再加20%。工会代表不同意这个解决方案,认为两大油田各车库职工收入普遍不高于50000坚戈(约合人民币2200元),工资过低;平时基本没有节假日,劳动时间从早5点到晚6点甚至更长;假如休息日不上班,工资还要减为35000坚戈(约合1500元人民币);公司还串通地方政府取消了原有的环境补贴(折合职工工资的60%),改为每月发放10000坚戈(人民币450元左右)。此外,公司车辆破旧不堪,管理层一直让司机垫付维修费并限量供给燃料。公司领导层也不让步,于是谈判陷入僵局。

6月16日,第四车库员工(近400人)发动了警告罢工,封锁了车库大门。运输部的管理者顶替上岗,一度遭到工人阻拦起哄,随后终于放行。罢工者要求加薪至25万坚戈,表示在哈萨克斯坦每个油企同等工作的薪资不低于这个数。工人们还要求更新设备、报销维修费以及撤换对哈萨克斯坦工人的难处不屑一顾的运输主管。"稳定"工会副主席库·库里穆托夫声称:"我们想得到其他地区石油工人的待遇。"

由于公司负责人迟迟不到,预定的短暂"警告性罢工"延长至傍晚。在副州长和几名检察院官员簇拥下,一位公司高层代表来到罢工现场,对工人提出的要求,资方代表表示先复工,日后答复,并许诺不开除任何人。

次日早班,第四车库恢复正常上班。同日,肯基亚克油田500名司机短暂停工表示声援。

6月17日,公司将3位罢工领导人告上区法庭。次日,法庭以"稳定"工会未遵守罢工流程（事先没举行全体会议通过相关决议）为由，认定罢工"非法"，并对3名被告处以小额罚款。

公司给车库职工分别在7月上调20%（之后10月又上调15%）的工资。但工会方面认为没有达到他们提出的要求，继续发动职工与公司对峙。

8月12日区法院重申罢工"非法"。几天以后，公司以"旷工"名义解雇了这3名"稳定"工会的干部。

8月25日部分司机联名发表致资方的公开信，再次要求改善劳动待遇。同日，第四车库员工又进行了2小时的警告性罢工。但公司领导层没有退让。公司以运输部管理层的名义发表复信，警告工人遵守劳动纪律和劳动合同的约定，否则将要承担责任，可能受到行政处罚，或可追究刑事责任。

同年10月12日，当地州法院再次判决"6·16"罢工非法。虽然公司采取多种防范措施，但"独立"工会的活动并没有完全停止。资方以儆效尤，取消了16名工会积极分子的包餐福利。

最终，由于哈方政府的调停和双方彼此做出的一些让步和妥协，事件得以平息，劳资双方暂时相安无事。

点评：

不像西方发达国家，哈萨克斯坦的工会组织并不强大，可以说是刚刚起步，但会慢慢成长。阿克纠宾油气股份公司这次罢工风潮是个信号，2011年4月石油工人大规模罢工浪潮的发生，证明哈萨克斯坦工人运动和工会组织已经有了一定的发展。这一切都应该引起中国在哈萨克斯坦雇有当地员工企业的足够重视。注意在提高工人待遇的同时，还要调动他们的劳动积极性，相应提高他们的生活待遇，避免产生矛盾，给企业带来损失。

（二）境外 QHSE 管理规范

1. 质量管理规范（体系）

哈萨克斯坦质量管理规范（体系）执行 KPcтISO 9001—2016（ISO 9001：2015 Quality management system Requirements，IDT）标准，该标准等同采用 ISO 9001：2015《质量管理体系要求》。

对于工程建设项目，业主在招标文件中通常会提出承包商应获得 KPcтISO 9001—2016（ISO 9001：2015）标准认证的基本要求，承包商在投标时要提供相应的 KPcтISO 9001—2016（ISO 9001：2015）认证证书和质量文件。

业主要求承包商要建立和贯彻执行一个有效的质量管理体系，质量管理体系的建立和实施要充分考虑合同文件和 ISO 9001 标准的全部要求。业主通常不直接涉及在承包商的质量管理程序中，但在整个质量管理过程中，业主将全方位监督承包商的质量管理活动以确保质量管理体系被正确而有效地贯彻执行。

2. 职业健康安全环境管理规范（体系）

哈萨克斯坦安全管理体系执行 CT PK OHSAS 18001—2008（QHSAS 18001：2007）的《职业健康安全管理体系要求》标准，该标准等同采用 OHSAS 18001：2007《职业健康安全管理体系要求》。

哈萨克斯坦环境管理体系执行 CT PK ISO 14001—2016（ISO 14001：2015）《环境管理体系要求及使用指南》标准，该标准等同采用 ISO 14001：2015《环境管理体系要求及使用指南》。

对于工程建设项目，业主在招标文件中一般会提出承包商应获得 CT PK OHSAS 18001—2008（QHSAS 18001：2007）和 CT PK ISO 14001—2016（ISO 14001：2015）职业健康安全环境管理体系标准认证的基本要求，承包商在投标时要提供相应的 CT PK OHSAS 18001—2008（QHSAS 18001：2007）和 CT PK ISO 14001—2016（ISO 14001：2015）职业健康安全环境管理体系标准认证证书和有关 HSE 体系文件。

业主要求承包商建立和贯彻执行一个有效的 HSE 管理体系，HSE 管理体系的建立和实施要充分考虑合同文件、CT PK OHSAS 18001-2008（QHSAS 18001：2007）和 CT PK ISO 14001—2016（ISO 14001：2015）标准的全部要求。在整个 HSE 管理过程和合同文件中，业主方将全方位约定和监督承包商的 HSE 管理活动，以确保 HSE 管理体系被正确而有效地贯彻执行。

同时承包商还要严格遵守和执行哈萨克斯坦有关劳动保护、工业安全、生产卫生和环保的所有适用法律和法规以及业主有关 HSE 要求。

（1）需办理的环保文件。

工程建设企业在哈萨克斯坦执行项目时，需要办理的环保文件有（包括并不限于，根据当时当地具体规定）：生态鉴定和卫生防疫结论；施工期间环保排放许可和试运期间环保排放许可；污染物来源分析报告；施工生产气体污染排放方案；环境施工监督方案；环境保护方案；举行环保公众听证报告；危险物品处理说明；废物分配处理标准方案。

（2）环境监测合同（每季度进行环境监测）。

在哈萨克斯坦执行项目，需要对环境影响进行评估，制定环境影响评估实施方案和植被恢复方案。严格遵守哈萨克斯坦相关法律法规，注重保护生态环境和提高自然资源的利用效率。积极推广应用有利于环境保护的新技术，切实采取提高能效、循环利用资源、生态修复和减少排放等多种措施保护环境,将生产经营活动可能给环境带来的不利影响降到最低。

项目执行前,要根据所在项目区域的水文、地质、气候、地形、交通等情况制定详细可行的环境保护计划,包括工程概况、初始环境评价、环境监测、环境保护措施等。在项目执行过程中,一是要通过HSE监督人员对工程施工期间环境保护计划的实施情况以及作业现场实施进行监督,发现问题或隐患限期整改;二是要与哈萨克斯坦当地环评公司签订合同,由其进行环境保护监测并取得政府许可。项目竣工后,最大限度地恢复原有地貌,减少因项目施工对环境造成的影响,促进生态环境趋向良性循环。

要致力于利用废水治理技术和水处理技术,提高水资源利用率,减少废水排放量。坚持对废物进行分类科学处理,与当地有资质的垃圾处理公司签订废物处理合同,对所有生产、生活产生的废水、废液和固体废弃物均由垃圾处理公司进行回收处理。

[案例5-2]

重视安全管理

某石油工程建设公司充分利用说服、教育、帮助、引导等方式,使项目参与者提高自身HSE管理水平。在实际工作中,HSE项目管理人员对违章人员耐心讲解违反HSE规定可能造成的严重后果,并告诉他们正确的做法,使现场员工知道安全与自身利益息息相关。这些措施改善了HSE监督管理人员与工人的关系,增强了工人的自我管理意识,从过去的"要我安全"到"我要安全",从"被动管理"到"主动管理",员工的安全思维方式得到了转换。在全过程HSE管理中,项目运用目前国际上最先进的

"危险与可操作性（HAZOP）分析"管理软件，进行危害分析、风险控制与隐患治理，并通过识别、评估、控制、恢复四个步骤，解决可能发生的潜在风险和危害。

3. 境外工程技术标准

哈萨克斯坦全国标准化管理机构是哈萨克斯坦技术调节与计量委员会，隶属于工业与新技术部，包括哈萨克斯坦标准化与认证研究所和哈萨克斯坦计量研究所，以及地方管理局。

哈萨克斯坦标准化体系和构成中绝大部分是沿袭和借鉴前苏联标准以及现今各独联体国家的标准法规、海关同盟标准，等效采用国际标准，等同或等效采用原经互会标准，标准体系构成复杂。

哈萨克斯坦标准化体系规范文件包含9大类，分别为：哈萨克斯坦标准（СТ РК）；国家技术经济信息分类（ГКТЭИ）；跨国标准（ГОСТ）；按规定程序采用的国际、区域和外国国家标准，技术经济信息分类、技术条件、规定、手册、章程、标准方法指南和建议；科技协会、工程协会和其他社会团体标准；建议；公司标准；技术条件；行业标准。

（1）哈萨克斯坦国家标准（СТ РК）、技术经济信息分类（ГК РК）、标准化规则（ПР РК）和建议（Р РК）。

该部分为由哈萨克斯坦国家技术调节和计量委员会发起并重新制定的标准和规范文件，这些标准有哈萨克斯坦本国编制的，也有直接采用国际标准、俄罗斯标准及其他国家标准的（如СТ РК、СТ РК ИСО、СТ РК ГОСТ Р、СТ РК IEC、СТ РК EN、ПР РК、Р РК等），以及原哈萨克苏维埃社会主义共和国的共和国标准（РСТ КазССР）。

（2）跨国标准 ГОСТ（GOST）。

苏联解体后，国家标准GOST全部转化为独联体跨国标准GOST，其标准的名称为"独联体跨国标准",标准符号采用前苏联国家标准符号,就是把前苏联标准原封不动的移过来,由独联体跨国标委(全称"独联体跨国标准化、计量与认证委员会")管理这些标准。

(3)РМГ 及 ПМГ。

独联体跨国标准化建议 РМГ,独联体跨国标准化规则 ПМГ;在哈萨克斯坦境内有效的国际标准(如 ISO、IEC、OLML 等)。

(4)在哈萨克斯坦境内有效的区域标准、技术经济信息分类、标准化规则和建议,如 CODEX STAN(欧洲区标准)、海关联盟标准规范文件(TP TC)等。

(5)在哈萨克斯坦境内有效的外国标准、技术经济信息分类、标准化规则和建议,如俄罗斯标准(ГOCT P)、美国标准(ASTM)等。

哈萨克斯坦《技术调节法》中明确指出,国家标准只有在哈萨克斯坦法律或技术规程中含有强制性指令的情况下是强制性的,含有强制规定的方面主要为:保证产品、过程对人员生命健康和环境的安全,包括动植物界的安全;保证民族安全;预防会引起用户在产品、服务的安全和质量方面有误解的行为;消除贸易领域技术壁垒。

技术规程规定的要求是强制性的,在哈萨克斯坦全境直接生效,并可能通过变更和补充对相应技术规程进行修改,其他标准技术文件则是自愿性的。

当前,哈萨克斯坦工程建设领域技术标准、规范文件约有 2500 多个,其中包括:

①哈萨克斯坦法律:《哈国建筑、城建和工程建设活动法》《技术调节法》《许可证法》《消防安全法》《住宅关系法》等;

②技术规程:《建(构)筑物、建材和制品安全要求》《钢筋混凝土、混凝土安全要求》《木质结构安全要求》、《金属结构安全要求》

《其他材质结构安全要求》等；

③建设标准和规范（СНиП、СНиП РК）；

④建设标准（СН、СН РК）、法规汇编（СП、СП РК）；

⑤工程建设指导性文件（РДС、РДС РК）、СНиП 和 СНиП РК 参考书；

⑥部颁工程标准（ВСН）；

⑦标准（ГОСТ、МСТ ГОСТ、СТ РК、СТ ГУ、СТ СЭВ、ОСТ、ОСТ РК）；

⑧定价和预算定额标准（ЕНиР、Е РК，及其附件和方法建议）；

⑨跨国定额标准（МСН、МСП），以及其他定额标准。

根据《技术调节法》，哈萨克斯坦在建筑、城建和工程建设领域有 20 多个技术标准、规范文件对建筑产品安全规定了强制性和最低必须要求。

哈萨克斯坦工程建设项目要按照承包合同有关要求，优先采用哈萨克斯坦工程建设技术标准体系。在没有相应技术标准、规范文件的情况下，则采用不低于哈萨克斯坦标准要求的国际通用规范（如 ISO、IEC、ASME、ASTM、API 规范等）或相应的中国标准；但对于涉及环境保护、技术安全、职业卫生等则采用哈萨克斯坦强制性标准和规范文件。

若要推广应用中国工程建设技术标准和规范，则需在前期合同谈判与业主明确使用的技术标准范围和标准清单，并在可行性研究和详细设计阶段，采用不低于哈萨克斯坦标准要求的中国国家标准和行业标准。

4. 依法保护生态环境

随着经济社会的发展，哈萨克斯坦的环境问题日益凸显，主要体现在水环境、大气环境、固体废物及土壤环境等多个领域。

水污染主要原因是工业、采矿业、加工工业、城市建筑业、畜牧饲养业、灌溉农业的污水排放；各种沉沙池、固体和液体废料存放场所、农业化学品的滥用灌溉及石油产品的贮藏和非正常排放造成对土壤污染和水源地的污染。

大气污染主要原因是石油开采和矿石出口为支撑的资源输出型经济，受到经济产业布局的影响较大。此外，因为以煤为主要燃料，且工业废气和交通尾气缺乏及时有效的处理，造成污染。另外，一些地区夏季多风引发沙尘暴，使得大气污染问题复杂难治。

工业废料污染在哈萨克斯坦最为严重，据当地媒体资料显示，几十亿吨的工业废料大都堆放在矿山附近和厂区，均为露天堆放。其中绝大部分为有毒或有害的废物或废料，对周围环境造成污染，威胁居民健康。其次，生活垃圾尚未分类处理。乱扔垃圾的现象时有发生，城市生活垃圾尚未分类处理，广大牧区的生活垃圾更难集中。处理生活垃圾的方法也比较简单，一般采用的是焚烧或掩埋。这种方法虽然简便易行，但也会造成二次污染。

土壤环境方面，哈萨克斯坦目前面临的最大问题是土壤荒漠化，沙漠、荒漠和半荒漠占国土面积的90%以上。

资源利用和环境保护这对矛盾体对于哈萨克斯坦可持续发展具有重要的意义，为了保证经济发展和环境保护"双促进"，近年来，哈萨克斯坦政府修订和发布相关的环保法规，环境保护力度越来越大，环保标准越来越高。新的《环境保护法》强调不得随意砍伐树木，施工中需要清理现场或沿线的林木时，必须按程序申领许可证。禁止丢弃有害物质和随意放置生产和生活垃圾，禁止油气企业在石油、天然气开采作业中放空燃烧伴生气。

哈萨克斯坦环保要求日趋严格，中资企业为了促进自身业务发展，需要努力与哈萨克斯坦本国企业及当地社会环境、经济、文化领域快速融合。为防止项目策划规划和建设实施过程中对当地环境造成不良影响，在哈萨克斯坦执行的每一个项目，中资企业都要事先对环境影响进行评估，制定环境影响评估实施方案和植被恢复方案，严格遵守哈萨克斯坦法律法规，注重保护生态环境和提高自然资源的利用效率。积极推广应用有利于环境保护的新技术，采取提高能效和循环利用资源、生态修复等多种措施保护环境，依靠科技进步，减少"三废"排放量，将生产经营活动可能给环境带来的不利影响降到最低。

中资企业在哈萨克斯坦开展实施的项目，首先应把安全环保放在与其他工作同等重要的位置，在策划、安排和执行任何工作前，坚持优先考虑安全环保的原则。建立健全完整的 HSE 管理和组织保障体系，实施过程管控、持续改进的方式，强化健康、安全与环保知识教育、宣传和培训，全员参与健康、安全与环境管理体系，重视清洁生产，节约能源，科学利用资源，坚持以人为本，努力追求零污染的环保目标，实现人与自然、企业与社会和谐发展。

参与项目执行的中资企业必须严格遵守当地安全环保作业规范，对项目策划初始阶段，应制定详细可行的环境保护计划，对工程初始环境进行评价和环境监测，涉及项目 HSE 管理计划、生态保护计划、水管理计划、废物管理计划、运输和交通管理计划、应急反应计划的 HSE 程序文件，应根据所在项目区域的水文、地质、气候、地形、交通等具体情况进行严格的环境评估和技术审查。

按照哈萨克斯坦《环境保护法》要求，落实环境保护责任和清洁（绿色）生产责任，引进环保专业管理人才，设立专岗，开展环境影响评价、污染物处置、环保排放许可申请及注册，与环境监测公司签订过程环境监测服务合同。

严格按照哈萨克斯坦法律法规要求，高度重视自然环境保护，不随意毁坏植被，不随意乱倒垃圾、污油、污水。与当地有资质的垃圾处理公司合作，将固体废弃物及有毒有害垃圾清运至垃圾处理厂处理。

中资企业对于收尾项目和完工项目，还应按照地貌恢复专项方案，及时进行地貌原貌和植被恢复，并申请当地环保部门进行闭环验收管理，树立中资企业在哈萨克斯坦良好的环保形象。

[案例5-3]

某中资企业为对接中哈两国"一带一路"倡议，落实哈萨克斯坦"光明之路"新经济政策，开启两国能源合作新征程。从项目执行初期就进行了HSE策划并建立完善的HSE管理体系，在生产经营过程中以风险管控为中心，充分结合项目特点和哈萨克斯坦安全环保方面的法律法规，在设计、采购、施工、开工全过程业务链推行安全环保理念，推动哈萨克斯坦油品质量升级和清洁能源应用，解决环境保护和长期炼化生产存在的安全隐患，建成了哈萨克斯坦规模最大的环境优美、生态文明的现代化炼油厂。

[案例5-4]

中亚区域经济合作CAREC走廊是中亚五国联合兴建的大型跨国工程。哈境内的路段因连接西欧、俄罗斯与中国西部地区，又称为"西欧-中国西部"运输走廊工程。然而，哈萨克斯坦当地民众担心运输走廊的建设会损害当地环境及其合法权益，为此，他们向世界银行（下称世行）监察组提起了多起申诉。

2010年初，世行监察组收到南哈萨克斯坦州突厥斯坦市（下称突市）伯利克（Birlik）定居区居民的申诉，请求监察组对"西欧-中国西部"运输走廊突市路段工程进行监察。申诉人指出，按照施工计划，该段工程将穿越伯利克定居区，因而将给当地居民带来环境污染、损害居民健康等不利影响。

2011年2月至4月间世行监察组又陆续收到多起针对运输走廊工程的投诉。如经过特米尔拉诺夫卡的路段工程没有严格遵照世行的环境评价政策进行环评，因而将对当地的荒漠河岸林和阿雷斯河生态系统造成不可逆的损害。伊诺泰马科定居区的申诉人则抱怨运输走廊离定居区过近。申诉人声称曾就上述问题向世行管理层、"路委"、南哈萨克斯坦州路政部门等反映，但均无果而终。

处理这方面的纠纷和投诉，使哈国政府和施工方都陷入泥沼中，极大地影响了项目运行。

点评：

如果是世行贷款的项目，还需要注意世行对环境的要求。

目前世行等国际金融机构都设立了旨在提高项目的社会和环境可持续性的一整套原则、规则和程序。这些政策分为三类，第一类是环境政策，包括环境评价、自然栖息地、林业和文物等。第二类是非自愿移民和原居民等社会政策；第三类为与法律相关的政策。

环境评价是其他政策的载体，要求凡拟用世行资金的项目，都要由东道国进行环境评价，以确保项目的环境可持续性。环境评价在整个项目周期中应尽早启动，并应综合考虑自然和社会各方面的因素，包括自然环境、人类健康与安全、非自愿移民等社会因素以及跨国环境问题。自然栖息地和森林生态系统的保护对可持续发展至关重要，因而如果项目包括自然栖息地或森林资源，应安排相关的环保专家参与项目的准备、评估和检查，以保证制订和实施充分的缓解措施。世行不支持使自然栖息地和森林地域发生重大转化的项目,除非对于项目和选址别无可行方案,而且综合分析显示该项目的整体效益大大超过了环境付出的代价。如果项目显著破坏文物并使其无法修复,世行通常将拒绝资助该项目,因此在项目选址和设计中需考虑防止文物受破坏。贷款国政府对此需承担管理责任。

如哈萨克斯坦 CAREC 运输走廊工程中,哈政府在项目的准备和实施过程中并未进行充分的环评,也未能将有关信息及时提供给受影响的当地社群。在突市路段工程中,哈政府并未评估和考虑工程对世界文化遗产亚萨维陵的影响及相应的应对措施;而特米尔拉诺夫卡路段工程对当地的荒漠河岸林和阿雷斯河流域生态系统的影响也并未得到充分的考量。尽管世行管理层认为阿雷斯河流域并不构成自然栖息地,然而在中立的专业机构、环境部门及当地传统社区认定或确认之前,管理层的武断答复并不能使人信服。哈政府在解决项目移民问题上也存在着滞后性,这都导致了纠纷的发生及迁延。

(三) 合规施工

哈萨克斯坦对工程承包主体的法律关系约束比较全面,在合同中缺失相关依据时,完全可以引用相关法律条款进行索赔。哈萨克斯坦关于工程承包的专门规定,一般体现在《哈萨克斯坦共和国民法典》(以下简称"哈国民法")以及《哈萨克斯坦共和国关于建筑、城市建设及施工活动的法律》(以下简称"哈国建筑法")之中,哈萨克斯坦民法分则中第 32 章专门对承包进行了规定。

哈国民法"承包"一章主要包含以下几部分:承包总则、日常承包、建筑工程承包、科研及勘察设计工作承包等。中国企业进入哈萨克斯坦大多从事建筑工程承包工作。

"承包总则"中的对合规施工做了相关规定：

1. 施工方法

若合同中没有特别说明，承包商自主决定完成业主任务书的施工方法。

2. 材料意外损失的风险

若法律或合同中没有特别说明，承包商提交工程成果前，材料的意外损失或意外损坏风险由提供材料的一方承担。

3. 工程造价

承包商可通过编制预算书的方式确定工程造价。工程按承包商编制的预算书完成时，预算书一经业主确认即生效，并成为合同的一部分。工程造价（预算）可为估算价或固定总价。若合同中没有特别说明，工程造价（预算）为固定总价。

4. 价格变更

即使在合同订立之时没有规定应完成工程的工程量和必要费用，承包商也无权要求增加固定总价的金额，业主则无权要求减少这一金额。若合同订立后，需由承包商提供的材料和设备以及第三方提供给承包商的服务成本增加，则承包商有权要求增加规定的造价（预算）金额，如业主拒绝此要求，则合同解除。

5. 成本节约

若承包商的实际花费少于固定总价（编制的预算），且业主无法证明承包商节约的成本对工程的完工质量造成了负面影响，则承包商有权要求业主按合同（预算书）中规定的价格付款。但是，承包合同中可对承包商节约的成本在各方间如何分配进行规定。

6. 付款程序

若承包合同中未规定对所完成工程进行提前付款或针对工程的单个阶段分期付款，则在工程以适当方式按时完成或经业主同意延期完成的前提下，业主有义务在工程成果最终移交后向承包商支付规定的款项。所以在重大国际工程合同中，约定付款程序尤为重要，否则承包商可能面临着回款困难的情况。

7. 承包商留置权

若业主未按合同中约定的义务支付规定的工程价格或其他应支付给承包商的、与工程有关的费用，则在业主支付相应款项前，承包商有权扣押工程成果、应提供给业主的设备、业主委托加工的物品、尚未利用的剩余材料及其他手头持有的、物权归业主的财产。

8. 施工过程中业主的权利

若承包商无法及时开始施工或施工过慢，导致工程明显无法按时完成，业主有权终止合同并要求赔偿。若合同中没有特别说明，业主有权在工程成果提交前的任意时间终止合同，并向承包商支付其在收到终止合同通知前完成的工程款项。但业主有义务就终止合同带来的损失对承包商进行赔偿，赔偿金额不高于整个工程造价和已完成部分工程造价的差值。

9. 业主应提供的帮助

业主有义务按承包合同中规定的数量和程序协助承包商完成工程。若业主未履行此项义务，承包商有权要求其赔偿因停工或工程延期造成的损失（包括额外花费），或增加工程价格。

10. 业主验收

若业主未经检查即验收工程成果，则丧失援引成果存在瑕疵为理由的权利，即使这一瑕疵通过一般的验收方式即可查明。

若业主规避接收工程成果，承包商有权在合同规定的工程成果提交之日满一个月，并已两次通知业主的情况下，出售工程成果。若合同中没有特别规定，所得资金在扣除应付给承包商的报酬后，以业主的名义全部转入公证账户。这实际上是一种变相的提存。

11. **质保期**

哈萨克斯坦民法对于质保期的规定比较模糊，主要条款包括："业主将发现的隐藏瑕疵通知承包商的时效为验收之日起不超过一年；但对于与建筑物和构筑物有关的工程，以及存在承包商隐藏瑕疵这一情况的所有类型的工程，该时效为验收之日起不超过三年。""承包商保证工程项目达到设计预算文件中规定的指标以及在质保期内工程项目的正常运行。保修期是从业主验收之日起十年，法律或合同另行规定的保证期除外。"

从上述条款不难发现，第一条中所指的一年与三年的期限实际上是一种诉讼时效，超过诉讼时效，业主丧失的是诉权，并不丧失实体权利。但第二条质保期的规定明显过长，不符合国际惯例，但因其赋予了合同另行规定质保期的权利，因此在承包合同中切记要将质保期约定清楚。哈萨克斯坦建筑法也有关于质保期的规定："所有情况下，质保期应符合已建项目标准运行期，在业主与承包商签订工程合同时确定，但自项目验收投运之日起不能少于两年。"因此，在哈萨克斯坦执行项目，一般情况下我们约定质保期为验收之日起2年。

但也存在特殊的情况。例如在承接哈萨克斯坦某天然气管道工程的时候，根据《哈萨克斯坦长输管道法》第4章第15条第5款的规定，质保期不少于3年。

12. **建筑承包合同中的风险分配**

（1）若合同中没有特别说明，当建筑承包合同标的物在交付前因不可抗力发生损毁时，业主有义务支付已完工程和（或）修复工程的费用。一般情况下，因发生不可抗力，通常采用"风险各担"的原则，哈国民法赋予了承包商因不可抗力原因修复工程所产生的费用索赔的权利。

（2）若法律或合同中没有特别规定，工程因意外状况无法按期完成的风险由业主承担，而工程因意外状况出现成本增长的风险则由承包商承担。

13. **设计概算文件及其国家鉴定**

在工程建设领域，哈萨克斯坦在一定程度上还保留着计划经济体制下的习惯，例如针对以下项目业主应编制设计概算文件并报国家鉴定中心进行鉴定：列入国家发展规划纲要和中央及地方政府要求要进行国家鉴定的项目；国有投资或者国家拥有股份的产品生产和提供服务的项目，以及利用国家担保的项目；Ⅰ类潜在风险的项目；对于Ⅱ类及Ⅲ类潜在风险，业主认为有必要进行国家鉴定的项目。项目的设计概算文件一旦经过国家鉴定中心鉴定，则必须按照鉴定后的内容和价格实施项目。

随着国家鉴定项目的增多，以及哈萨克斯坦各州的重点项目存在分布不平衡的特点，目前国家鉴定中心规定，所有需国家鉴定的项目均应向国家鉴定中心递交，再由国家鉴定中心根据工作量多少向各个州进行分配。

四、第四阶段：竣工验收

（一）竣工验收条件

（1）完成建设工程设计和承包合同约定的各项内容；

（2）有完整的技术档案和施工管理资料；

（3）有工程使用的主要材料、建筑构配件和设备的进场试验报告和质量证明文件；

（4）有勘察、设计、施工和工程监理等单位分别签署的质量合格文件；

（5）签署项目机械竣工的完工证明文件；

（6）签署项目投产验收的证明文件；

（7）政府规划主管部门、消防、环保等部门出具的认可文件或者准许使用文件。

（二）竣工验收的标准

根据哈萨克斯坦有关规定，建设项目竣工验收、交付生产使用，必须满足以下要求：

（1）生产性项目和辅助性公用设施，已按设计要求完成，能满足生产经营使用；

（2）主要工艺设备配套经联动负荷试车合格，形成生产能力，能够生产出设计文件所规定的产品；

（3）必要的生产设施，已按设计要求建成；

（4）生产准备工作能适应投产的需要；

（5）环境保护设施、劳动安全卫生设施、消防设施已按设计要求与主体工程同时建成使用；

（6）生产性投资项目如工业项目的土建工程、安装工程、人防工程、管道工程、通信工程等工程的施工和竣工验收，必须按照哈萨克斯坦施工及验收规范执行。

（三）竣工验收的范围

凡新建、扩建、改建的基本建设项目和技术改造项目，已按哈萨克斯坦国家批准的设计文件所规定的内容建成,符合验收标准,即:工业投资项目经负荷试车考核,试生产期间能够正常生产出合格产品,形成生产能力的;非工业投资项目符合设计要求,能够正常使用的,不论是属于哪种建设性质,都应及时组织验收。

(四)竣工验收的依据

(1)哈萨克斯坦主管部门对该项目批准的各种文件;

(2)可行性研究报告;

(3)初步设计文件及批复报告;

(4)施工图设计文件及设计变更;

(5)哈萨克斯坦相关法律法规、技术标准和验收规范;

(6)工程承包合同文件;

(7)技术设备说明书;

(8)哈萨克斯坦政府主管部门关于工程竣工的规定;

(9)中哈合资或从第三国引进的新技术和成套设备项目,需要按照签订的合同和进口国提供的设计文件等进行验收。

(五)竣工验收手续

根据哈萨克斯坦建筑工程承包规范规定以及工程项目的复杂程度和承包合同的约定,竣工验收手续包括但不限于以下内容:机械竣工、装置性能测试、工作委员会验收、装置操作移交和最终移交等。当业主及相关单位部门组成的工作委员会联合验收合格,并签署装置操作移交证书后,按照哈萨克斯坦法律和承包合同要求,项目进入质保期。

1. 机械竣工

"机械竣工"是指所有项目设施合理完成,装置和所有项目设施应符合以下所有条件:

（1）依据合同要求编制并向业主移交工程项目的详细设计文件。

（2）承包商无缺陷完成构成工程项目设施总安装及完成全部设施的建安工程。

（3）除含有小缺陷的装置和设施外，所有装置和设施已处于待运行准备状态。小缺陷不应影响安全和装置、项目设施和工厂联运的能力；此瑕疵列于未完成工程清单中。

（4）已经按照合同要求对业主员工进行培训并且业主已经收到所有相关设备和装置的使用说明。

（5）在设备或装置投产后，承包商已经将相关设备或装置两年使用的所有备件移交给业主。

（6）承包商已按照适用法律、哈萨克斯坦标准或者合同要求，取得了其应当取得的工程项目投产所有必需许可。

（7）承包商已将以完成工程为目的获取的和为装置和设施合法、适当投产，以及在必要时保证装置和设施与其他设施充分互相协调（运行和兼容）业主所必需的知识产权项目特许权及其他权力转让给业主。

所有设施机械完工后，双方签署工程项目机械竣工完工单。

2. 投产调试

未完成工程清单合理消除和工程完工后，承包商书面通知业主已做好投产调试的准备，并由业主员工、设计商、专利商的参与，根据适用法律规定的程序和业主同意的时间进行工程项目设施的投产调试。

3. 性能测试

为核实工程项目每个装置是否符合保证性能指标，承包商应在完成投产调试后，根据业主批准的具体程序和时间表对装置进行单机和综合性能测试。

承包商应根据承包合同约定提前将工程项目所有设施的性能测试详细程序和时间表提供给业主。承包商应告知设计商和专利商后续的性能测试及其参与编制性能测试程序和操作的必要性。承包商联系设计承包商和专利商，并组织设计承包商和专利商参与联合编制测试程序并进行性能测试。

在顺利完成装置和（或）设施的综合性能测试单机试运行之后，而且运行试验的装置证明符合性能保证指标或性能保证指标最低水平，双方即可按照要求签署性能测试完工单。

4. 工作委员会验收

工作委员会是指业主对工程项目整体的准备程度进行综合评估和验收而组成的一个临时的责任机构。

在工程项目投产调试结束后，承包商与设计承包商及专利商一起，并在业主的参与下，依据业主批准的性能测试程序进行项目设施的性能测试。

业主应在双方签署项目性能测试完工单及收到承包商发出的说明装置和所有设施已经就绪，可以进入验收程序的书面通知后，在合同规定的期限内任命一个工作委员会。

工作委员会应在业主和承包商协定的时间内检查已完工项目设施，进行工厂测试并对相应的设施出具工作委员会结论报告。

如果工作委员会认定某一装置或某一设施还不能投入使用，业主应将此意见提交给承包商。

在收到工作委员会意见后规定期限内，承包商应就此意见制定一个整改计划，并与业主协商此计划。

一旦业主同意消除工作委员会意见的行动计划，承包商应立即着手处理，直至工作委员会得出结论，认定项目所有设施已经就绪并可进行试运行。

5. 工程项目的全面完工、项目操作移交

在满足所有如下条件后，工程项目被认定完全完工、可以办理移交手续，相应的设施的建安工程的完全完工被认为已经完成：

（1）机械竣工符合合同要求；

（2）设施性能测试完工单，能证明项目设施符合适用于保证性能指标；

（3）在未完工清单中包含的工作和遗漏项，已按照要求予以完成；

（4）工作委员会向业主出具了其认可的、无任何意见的有关所有设施投产准备就绪的结论；

（5）承包商及其分包商的人员已离开现场，对于完成保运保修所必需的承包商及其分包商的代表除外；

（6）所有施工设备均已从现场和工厂区妥善运出，工程项目所有设施顺利运行。

6. 最终移交

在质保期满，在承包商按合同全部、按规定完成所有自己义务的条件下双方签署最终验收证明，包括如下：

（1）工程完工所规定的所有条件，已根据规定予以完成；

（2）承包商所有的关于消除缺陷和确保某些保证的义务，已按要求全部和应有的方式（包括消除、更换、修理等）予以完成；

（3）在合同框架内应由承包商支付和赔偿的所有罚款、违约金和亏损金额，已悉数补偿。

如果关于设施验收程序的适用法律要求发生变更，双方应认真尽力并以相应的方式对合同进行变更和补充，以符合适用法律的相关

要求。

（六）资金跨境结算

1. 哈萨克斯坦外汇管理基本情况

（1）外汇管理部门。哈萨克斯坦国家银行是哈萨克斯坦的中央银行，也是其外汇管理部门，并授权代理机构共同实施外汇管理。代理机构是指有权开展银行外汇交易的授权银行和非银行金融机构。

（2）主要法规。《哈萨克斯坦国家银行法》《哈萨克斯坦投资法》《哈萨克斯坦外汇管理和外汇管制法》等。

（3）主权货币及汇率形成机制。哈萨克斯坦的法定货币为坚戈。自2015年8月20日起，哈萨克斯坦国家银行取消汇率波动区间限制，开始实施坚戈自由浮动汇率，并减少外汇市场干预。

2. 外汇管理政策

近年来，哈萨克斯坦对外汇管理越来越严格，2019年7月1日，修订《哈萨克斯坦外汇管理和外汇管制法》，其规定：（1）外国非金融组织的分支机构（代表处）被认作"居民"企业。（2）居民企业之间合同的币种，必须为坚戈。（3）所有外币兑换，必须经中央银行审批；没有充分的付款合同作为依据，中央银行不允许企业购买外汇。

2020年3月24日，中央银行又对《哈萨克斯坦外汇管理和外汇管制法》作了补充规定：已购外汇，无论有无合同和发票等背景支持材料，如果10个工作日内不使用，中央银行将在3日内自动对其结汇。

3. 工程项目结算和支付的币种

居民企业之间结算和支付的币种为坚戈。

居民企业与非居民企业（分公司、代表处）之间结算和支付的币种，在2019年7月1日前，双方自行约定；在2019年7月1日后，结算和支付币种必须为坚戈。

4. 工程项目资金回流的方式

在此处所指的资金回流，主要是指将资金转移回中国。

居民企业，主要是通过利润分配的方式实现资金回流。另外，还可通过签订借款协议的方式，将资金暂时转移回中国。

非居民企业，可以随时将账面资金转移回中国。另外，在签订工程项目合同时，可以采用国内总公司与哈萨克斯坦境内企业签订合同，然后由国内总公司在哈萨克斯坦境内所属的分公司具体执行。这样，可以在合同中约定，对方直接将工程结算款支付给国内总公司，降低了资金回流的风险。

5. 利润分配的流程

（1）子公司的母公司拟定股东大会决议，对其子公司年度内的利润进行分配，确认分配金额。

（2）对股东大会决议进行公证，然后分别在中哈两国使馆进行认证。

（3）子公司将经过公证认证的股东大会决议，提交所在地银行进行备案。

（4）备案通过后，子公司根据股东大会决议实施利润分配。

五、第五阶段：投产运营

（一）保修、回访、后续服务

《哈萨克斯坦共和国民法典》哈国民法对于质保期的规定比较模糊，详见本章第三节相关内容。

《哈萨克斯坦共和国关于建筑、城市建设及施工活动的法律》也有关于质保期的规定："所有情况下，质保期应符合已建项目标准运行期，在业主与承包商签订工程合同时确定，但自项目验收投运之日起不能少于两年。"因此，在哈萨克斯坦执行项目，一般情况下合同约定质保期为验收之日起两年。

根据哈萨克斯坦法律法规及双方签订的承包合同约定，应明确保运保修的责任和范围。

（1）经双方确认属于承包商责任的，如在规定的保修期内，出现包括详细设计任何部分内容、设施、建安工程、设备和施工材料的工程缺陷，承包商应自行承担成本补救该缺陷，在最快程度上修缮、替换或采取其他措施。对于拆卸、拆除或保障安全，以及按照约定要求对已竣工工程重新组装（安装）、运输及其他费用应当由承包商支付。当业主鉴定并要求承包商修整缺陷，承包商应提交修缮建议书，该情况下承包商与业主应就承包商就此缺陷提出的修缮期限及方法达成协议。双方同意该修缮计划是业主在通知中所列信息以及承包商对于该信息分析和对于缺陷原因调查结果的基础上完成。只有在业主根据合同规定对缺陷整改工作进行检查并接受后，该补救或维修才算完工。

对于老化需维修、更换或其他修改的工程部分，最初质保期应延长，延长的期限为进行维修、更换和（或）修改的时间，但质保期从最初起始日期起，最多不超过36个月。

如果在质保期内发现设备或施工材料有任何缺陷，承包商应立即修缮或替换该缺陷设备或施工材料，费用由承包商承担，有关费用、仓储、劳务、税收、强制性付款、运输、加急费用，以及与全部整改工作相关的其他任何所必需的费用。

业主提供承包商进入工厂和现场的必要通行权，使承包商可以完成缺陷消除的义务。如果承包商在规定时间内未能消除缺陷，那么业主与有权自行或使第三方消除缺陷，所以相关的费用由承包商承担。关于缺陷消除无义务限制，承包商应根据业主的第一要求、高效的补偿业主的与设备缺陷有关的损失。

（2）对于保运保修期内的缺陷，经确认是由业主方原因造成的，所发生的费用则由业主方承担。

工程项目建设完成后，承包商应通过现场服务、工程项目回访、顾客满意度调查和信息收集等形式，对业主是否满足其要求的感受的相关信息进行监测、收集、分析和评价，对业主提出的意见（包括投诉）及时处理，对业主不满意的结果或倾向进行纠正并防止再发生，以实现持续改进、增强顾客满意的目的。

（二）项目后评价

1. 工程建设项目的后评价

对于工程建设项目的承包商而言，主要是对投标活动和中标项目执行情况进行总结。因此，可分为未中标项目后评价和中标项目后评价两种，侧重点再与总结投标和项目执行的经验和数据，及时有效的反馈信息，为未来项目的决策和提高完善投标和项目执行提供参考建议，从而达到提高经营效益的目的。项目后评价的主要内容包括：

（1）对于中标项目要找出投标价格与实际执行价格的主要差异。

（2）对于未中标项目要收集投标价格与中标价格的差异。

（3）分析产生差异的主要原因。

（4）总结经验与教训，作为未来项目的借鉴和参考。例如：工程标准、合同工期、投资概算、投标和项目执行过程中的重大事项等。

（5）整理归纳重要的工程造价指标、项目执行方案和措施，反馈数据库。

2. 投资项目的后评价

对于投资项目而言，项目后评价是投资项目已经完成并运行一段时间后，对项目的目的、执行过程、效益、作用和影响进行系统的、客观的分析和总结的一种技术经济活动。是编制规划和投资决策的参考和依据，也是企业重大决策失误责任追究的重要依据。作为投资方，应建立项目管理信息系统，随项目进程开展监测分析，改善项目日常管理，并为项目后评价积累资料。确定项目预期的目标是否达到，项目是否合理有效，项目的主要效益指标是否实现，并找出项目成败的原因，总结经验教训。

为保证项目后评价的正常进行，企业需要建立负责项目后评价的组织机构，一般可按以下方式组建：

（1）项目后评价评审领导小组。决策重大事项，会审、审定文件报告，组织领导、指挥调度和督促检查项目后评价工作。

（2）外请专家组（如果需要）。审核项目后评价工作阶段性计划安排，并根据工作计划审核项目后评价阶段性报告，提出报告意见。

（3）资料收集部门。拟写项目后评价工作计划、后评价报告文件框架结构；收集、审核并系统评价各阶段资料；收集、整理、拟写各类附表及其他相关资料。

（4）系统评价部门。收集、整理项目建设和运行各个阶段的资料；收集、整理项目阶段性报告反馈意见；撰写项目后评价成果性文件，并拟写分项采集反馈意见工作计划；根据反馈意见调整项目后评价报告，并最终形成项目后评价报告。

（5）财务审计部门。组织项目专项审计，形成专项审计报告；撰写项目财务决算报告和经济生产报告等财务评价报告。

六、在哈萨克斯坦开展工程的其他注意事项

（一）处理好与政府和议会的关系

与政府建立良好关系。哈萨克斯坦共有14州3个直辖市，各级政府享有较大行政权力，外国企业在哈萨克斯坦从事商业活动的方方面面都受到各级政府、各个部门的管辖，因此，中国企业在哈萨克斯坦开展投资合作，要熟悉哈政府结构，掌握与政府沟通的技巧，在中央和地方政府建立良好人脉关系，才能顺利开展业务。

与议会建立良好关系。哈萨克斯坦议会分为参议院（议会上院）和马日利斯（议会下院），行使立法职能。议员可对当地经济、产业、就业等影响当地社会发展的重大问题提出议案。大型项目的实施要争取议员支持，中国企业应尽可能与有影响力的议员保持沟通和交流。

（二）密切与当地居民的关系

近年来，中哈双边关系快速发展，民间交流不断深入。企业应通过多渠道密切与当地居民关系，营造良好发展氛围。在哈萨克斯坦中资企业应努力发展雇员本土化，积极参与当地经济文化生活，适当开展宣传中国文化和企业文化的活动等，热衷当地公益事业，与当地居民建立和谐关系。

（三）尊重当地风俗习惯

哈萨克斯坦是世俗国家，人民自由选择适合自己的宗教，多数居民信奉伊斯兰教。哈萨克族原为游牧民族，作为游牧民族的后代，哈萨克人保留着草原文化特有的基本精神和价值取向，如英雄乐观主义精神、自由开放精神和崇信重义精神等。同时，由于近现代历史和政

治的原因，在社会文化、风俗礼仪等方面与俄罗斯和西方有相似之处。哈萨克民族呈现多元化格局。

哈萨克人在正式场合衣着非常考究，商务场合上下级关系分明，公共场合禁止吸烟，不大声喧哗，关系不熟不宜劝烟劝酒，尊老爱幼，女士优先，家庭观念极强，对庆祝生日和各种节日高度重视。中方绝大多数国有大中型企业都已建立派出前的国内培训体系，对拟外派人员进行包括语言、风土人情、安全应急等方面培训，人员抵达哈萨克斯坦后，实行封闭式管理，严格请销假制度。中资企业人员在哈萨克斯坦工作期间应谨言慎行，尊重当地风俗，尊重外方员工，尊重伊斯兰教习俗，不劝烟、不劝酒。

（四）承担必要的社会责任

企业应改变追求短期利益最大化的经营理念，使承担社会责任变成企业战略和企业行为的有机部分，对民族形象、企业声誉和品牌建设负责，对中哈两国长期友好关系负责。社会责任包括：社会慈善募捐、维护股东或投资人权益、员工培训和职位提升、改善工作条件、参与本地区发展项目、维护生态环境、对消费者和商业伙伴的责任感、如实提交企业经营活动信息、反贿赂等。

[案例5-5]

严格依法开展生产经营活动

某石油工程建设公司进入哈萨克斯坦市场20年来，始终严格按照哈萨克斯坦标准体系和围绕业主需求，将创优工作融入工程建设全过程，牢牢抓住工程实施各关键环节，不断强化现场质量、安全、环保和分包管理，加大协调、支持和服务力度，因工程优良，所承建工程多次荣获国家级工程奖项，为助力中哈合作做出了积极贡献。20多年来，该公司积极履行社会责任，定期与当地政府沟通，增进感情，上缴税费逾13亿元。遵守当地法律，诚信经营，互利共赢，积极参与社会公益事业，树立良好企业形象，实现和谐发展。

[案例5-6]

搭建沟通交流平台

沟通交流是增进员工间相互信任的基础。某石油工程建设公司尊重当地雇员的风俗和文化，努力创造出一个和谐的工作氛围，并通过各种交流座谈、板报、宣传栏、意见箱等形式认真倾听当地员工的要求和建议，第一时间给予解决或反馈。当地员工结婚、生子、发生重大疾病等情况，公司均给予一定物质帮助。对于年度表现优秀的员工，该公司给予精神和物质奖励，发放荣誉奖状以及安排参加公司举办的各种活动。

该公司还通过举办语言培训、组织集体活动等多种方式，搭建员工交流平台。公司常年组织中、哈、俄、英四个语种的培训，并穿插介绍中、哈和西方传统文化，增进员工对彼此文化的认知和理解。同时，还利用假日组织郊游、举行宴会和晚会等多种形式的集体活动，大大促进了公司内不同文化的交流和融合，相互欣赏、相互尊重、相互学习的新企业文化悄然形成。

[案例5-7]

扎实开展本土化战略

某石油工程建设公司在哈萨克斯坦开展生产经营20多年来，形成了一套成熟的当地人员"选用育留"机制。在奇姆肯特和阿克纠宾开设操作及技术人员培训中心，不断提高哈萨克斯坦籍员工的技术操作水平。目前已累计为哈萨克斯坦培训培养管理和技术人员7200多人次；选拔 100 多名优秀员工到中国培训，让哈萨克斯坦籍管理骨干来中国学习经营管理知识，并组织他们到公司所属的国内企业培训中心参观，学习中国先进的管理模式和经验；与哈土大学等院校联合培养当地大学生 56 名，充实项目管理队伍。加快当地化进程，加大与当地公司合作的力度，除核心装置安装、调试工作外，其余施工工作由当地公司来完成，并逐年提高当地分包工程的比例。积极开展当地设备采购，推动当地制造、采购，带动当地产业发展。

[案例 5-8]

热心支持当地公益事业

某石油工程建设公司十分注重与当地政府和社区的沟通，努力构建和谐的社区关系。多年来，在业务所在社区建立了完善的沟通机制，在每个项目实施的全过程，保持与当地政府和社区的良好沟通，全面兼顾当地社区的经济效益、环境效益和社会效益。公司大力支持当地基础设施建设，持续对教育、医疗卫生、文体事业提供赞助。不定期为社区提供社会公益捐助，用于修路、建社区公园，改善居民饮水、用电、用气等。

（五）懂得与媒体打交道

哈萨克斯坦拥有俄、哈等多种语言播音的广播电台和电视台，俄语播出占 40% 以上。国家级官方电台有 2 家，共 4 套节目。3 个国家级官方电视台及 20 多个地方政府和非官方商业电视台。哈萨克斯坦通讯社是唯一的国家通讯社。报刊主要有《哈萨克斯坦真理报》《主权哈萨克斯坦报》。

哈萨克斯坦媒体言论比较自由，有着巨大的社会影响力。中方企业应妥善应对和处理与当地主流媒体的关系，正面多接触媒体，善用善待媒体，宣传平等互利、合作双赢的合作模式，提高舆论引导能力，特别要注意以下几点：

（1）沟通渠道：中方企业应设立专门部门或指定专人与当地主流媒体保持良好沟通。视情况邀请友好媒体到企业参观采访，使其增强对企业的认识。

（2）重视宣传：中方企业应引导当地媒体对本企业进行正面宣传，让公众了解企业的经营发展历程。如个别媒体对企业进行了不公正或失实报道，应尽快通过该媒体或主流媒体进行澄清，避免因此遭受不必要的舆论压力。

（3）谨慎受访：如当地媒体提出采访要求，中方企业不要断然回绝，可请其先提供采访提纲，待研究后答复。

[案例5-9]

2013年，在哈萨克斯坦的某中资企业哈籍员工因劳资纠纷，实名向多家哈萨克斯坦政府机构"举报"中资企业，要求检察院、劳动部门、移民局对中国企业和员工进行检查，擅自带小报记者闯入办公室肆意拍照，利用媒体刊登文章炒作中资企业员工证件造假和中哈雇员同工不同酬，企图以一面之词混淆视听。中资企业后发制人，充分利用媒体宣传正能量，使真相得以澄清，并利用法律武器在诉讼中获胜，挽回了声誉。

[案例5-10]

某炼油厂现代化改造升级项目是哈萨克斯坦国家重点工程之一，关注度极高。作为工程总承包的某石油工程建设公司为加快问题协调，与哈萨克斯坦国家相关业务部门、股东等建立月度协调机制，通过定期的互动交流，加深了彼此之间的理解信任，推动问题落地。在工程实施重要节点期间邀请中哈两国主流媒体、学者进入工程现场，近距离感受项目建设，展示了公司实力与形象，宣传了公司责任与担当，为项目建设营造良好的舆论环境。与此同时，项目编制的宣传片、工程建设影像资料广泛在多媒体平台上发布，赢得中哈各界广泛关注。

（六）学会和执法人员打交道

哈萨克斯坦政府中对外国公民进行检查的机构包括警察局、移民局、劳动局、检察院等，他们是维护哈萨克斯坦社会秩序的行政力量，拥有对外国人身份证件以及劳动条件进行检查的权力。中资企业应依法进行生产经营活动，积极配合哈萨克斯坦执法机构及人员执行公务。在接触中，为确保中资企业和员工的利益，建议：

（1）中资企业要建立健全依法经营的管理制度，聘请律师对员工进行普法教育，让员工了解在哈萨克斯坦生活必备的法律常识和应对措施，做到知法守法、合理应对。

（2）中方人员出门要随身携带护照等有效身份证件。遇到执法人员检查身份证件，要礼貌地出示自己的证件，回答警察的问题；未携带证件也不要惧怕，不要躲避，更不要逃跑，而要说明身份，并联系所属企业派人说明情况，妥善处理。

（3）在哈萨克斯坦以及中国重大节日之前，哈萨克斯坦相关机构往往都会开展联合执法检查，中资企业要提前做好准备，积极应对。

（4）遇到执法人员搜查办公地点或住所，应要求其出示证件和搜查证明，并要求与中资企业律师取得联系，同时报告中国驻哈萨克斯坦使馆。遇有证件或财物被执法人员没收，应要求其保护企业商业秘密，出具没收证件或财务的清单作为证据，并记下执法人员的警号和车号，交纳罚款时索要罚款单据。

(5) 中方人员在哈萨克斯坦工作或者出差过程中遇到突击检查时要冷静，首先按照执法人员要求出示证件，如果警察等提出不合理要求，遭遇不公正待遇，要理智应对，不要与执法人员正面冲突，更不能触犯法律，避免因语言不通等原因发生误会，在第一时间向所在企业外事部门或中国驻哈萨克斯坦使领馆取得联系或通过律师进行处理，捍卫自身的合法权益。

对于进口货物，哈萨克斯坦海关现在已开始采用电子报关单形式对所有货物进行通关，在每个海关岗都要如实对货物进行申报。一般在货物抵港之前，提前联系货代公司做好货物通关的准备工作，如确认海关物资编码、提交技术描述、进口合同、发票等必要的文件，合理合规地进行清关工作，并缴纳对应的关税和增值税等相关必要费用，海关放行后再进行货物到场转运。

期间不排除海关人员对货物进行海关检查，一定要配合海关执法人员，查找对应的物资，技术描述并对货物进行说明，以便海关人员尽快了解并出具放行手续。

（七）遇到困难寻求帮助的途径

1. 寻求法律保护

中国企业在哈萨克斯坦境内开展活动的时候，在严格遵守哈萨克斯坦当地法律法规和各类规定的同时，肯定会遇到各类问题和困难。此时，要学会通过法律途径解决纠纷，捍卫自身合法权益。因此，在遵守哈萨克斯坦法律和使用法律维权的时候，建议关注以下几个方面：

(1) 严于律己，合规经营。

哈萨克斯坦法律环境比较复杂，无论是严谨度还是执行力都存在一定的问题。如果法律条文中有不同规定，或者对于规定有不同理解，建议尽量遵守更严格的规定。

虽然各国法律尤其在私法领域的法律法规逐渐趋同，但是各国政府都在尽量建立和维护本国特有的法律体系，因此在法律细节方面中哈两国确有很多不同。作为在哈萨克斯坦执行项目的外国企业，对于当地法律的熟悉程度一定是不如本土企业及人员，因此在开展经营活动时，要保持高度的法律敏感性，对于与业务有关的新法律规定，应及时进行收集，并提供给法律部门协助研究，确保业务合规合法。

（2）增强法律意识，识别法律风险。

法律法规是企业经营的基石，从企业的注册成立、经营管理到注销关闭，都受法律法规的制约。因此，企业所有人员必须加强法律意识，哈萨克斯坦不会以不知道或不明白哈萨克斯坦法律为由减轻对外国人的处罚。

与法律人员相比，企业各业务部门对法律条文的具体执行会更加熟悉，但对于法律深层次含义的理解或许不如专业的法律专业人员。因此，在开展业务时，如果遇到模棱两可的条款，应及时与法律专业人员沟通，开展风险辨识，不可有侥幸心理，以免造成不可挽救的后果。

（3）聘请专业律师，协助合规管理。

可考虑聘请当地律师协助处理有关法律事务。遇到经济纠纷等案件，如通过协商仍无法解决，应请律师出面，寻求通过法律手段解决问题，积极维护自身合法权益。也可以联系有中资背景的法律服务机构或有经验的中资企业，寻求协助和咨询。

2. 取得当地政府帮助

哈萨克斯坦政府重视外国投资，特别是非资源领域投资合作。中资企业在哈萨克斯坦开展投资合作中，要与当地政府相关部门建立密切联系，及时通报企业发展情况，反映遇到的问题，寻求所在地政府的支持和帮助。主管投资合作的机构为哈萨克斯坦投资发展部投资委员会，此外，该部下属的负责协调国家投资公司解决外国投资者投资过程中遇到的税务、法律、政策、签证等问题，保护外国投资者在哈萨克斯坦的合法权益。

国家投资公司联系方式：

电邮：info@invest.gov.kz

电话：0077172620620

网址：http://invest.gov.kz/ru

中资企业在哈萨克斯坦开展投资合作中，要加强与项目所在地政府主管部门的沟通和联系，尤其是涉及中国对哈萨克斯坦投资规模较大的工程建设项目，要协调好与哈萨克斯坦当地政府的关系，确保对外投资安全。

如在哈萨克斯坦遇到突发事件或遭到不公正待遇，除向中国驻哈萨克斯坦使领馆经商处（室）和国内主管部门报告外，应及时与哈萨克斯坦当地政府部门取得联系，获取支持和帮助。

3. 取得中国驻当地使（领）馆保护

中资企业在进入哈萨克斯坦市场前，应征求中国驻哈萨克斯坦使馆经商处意见；投资注册后，按规定到使馆经商处备案，保持与经商处的联络。未在国内办理境外企业批准手续的中国企业或自然人按照法律自行在当地注册的企业，也应到使馆经商参处补办备案，以便在必要时获得帮助。

中国驻哈萨克斯坦大使馆经济商务处

地址：哈萨克斯坦努尔苏丹市左岸伊希姆区瑟加纳克街27号北京

大厦 17 层

邮编：010000

电话：007-7172-797945

传真：007-7172-797952

网址：kz. mofcom. gov. cn

中国公民在其他国家境内的行为主要受国际法及驻在国当地法律约束，遇有中国公民在当地享有的合法权益受到侵害，中国驻外使领馆有责任在国际法及当地法律允许的范围内实施保护。

4. 建立并启动应急预案

在哈萨克斯坦的中资企业要建立应急预案并不断健全安全事件应急响应机制，赴哈萨克斯坦开展生产经营活动和从事工程承包，要根据本地区和行业的现实情况，认真和客观地评估潜在的风险，建立内部紧急情况预警机制，制定应对风险预案。对员工进行安全教育，强化安全意识，明确安全责任人；设专人负责安全生产和日常的安全保卫工作；投入必要的经费购置安全设备，为员工投保等。

遇有突发自然灾害或人为事件发生，应及时启动应急预案，力争将损失控制在最小范围。遇有火灾、突发事件或人员受伤，应及时拨打当地火警（101）、匪警（102）和救护电话（103），之后立即上报中国驻哈使（领）馆和企业在国内总部。

报告内容应包括：事件涉及单位或项目情况，事件发生时间、地点及现场情况；事件简要经过及原因初步判断；事件已经造成或可能造成的伤亡人数（包括失踪人数）、人员姓名、籍贯、国内联系单位、家属联系方式；事件可能引发的后果，包括初步估计的直接经济损失以及可能出现的连锁反应等；已经和拟采取的应对措施等。

在国内有关部门及驻哈使领馆的统一指导协调下开展事件处置工

作。充分利用当地资源，积极实施自保自救。同时，与附近其他中资企业一起互保互救，共同应对安全威胁。第一时间做好外派员工国内家属的安抚和沟通工作，确保家属情绪稳定，不作出过激行为。在有关部门和使领馆的指导下，做好媒体应对，统一口径，积极引导舆论，避免媒体炒作。

5. 其他应对措施

在哈萨克斯坦的中资企业和企业人员应学会利用法律保护自身合法利益，遇到困难要多咨询，冷静解决，切忌通过"找熟人"或"花钱消灾"的方式解决问题。熟记或携带常用电话，通过正常渠道向中国驻哈萨克斯坦使（领）馆，以及哈萨克斯坦公检法或投资保护部门书面反映情况。

在哈萨克斯坦没有正式登记的中资企业协会、同乡会和部族协会等。赴哈萨克斯坦后应保持手机通畅，如遇问题且语言不通，勿轻易相信陌生人，请保持头脑冷静并及时拨打中国使领馆领保热线。

遇到紧急情况，除求助中国驻哈萨克斯坦使领馆和当地政府外，中资企业还可寻求哈萨克斯坦方面的合作伙伴（业主、其他当地朋友等）和其他中资企业的帮助和支持。所有中资企业都应站在国家和民族利益的高度，积极向同胞伸出援手。

Chapter 6
第六章

哈萨克斯坦投资风险和机会分析

一、哈萨克斯坦整体营商环境

(一) 外商投资情况

哈萨克斯坦已与 190 多个国家和地区建立了贸易关系。主要的贸易伙伴为俄罗斯（196.7 亿美元，占比 20.5%）、中国（143.9 亿美元，15%）、意大利（99.5 亿美元、10.4%）、韩国（65 亿美元，6.8%）和荷兰（46.3 亿美元，4.8%）（以上为 2019 年数据）。截至目前，哈萨克斯坦是独联体、欧亚经济共同体、上海合作组织、亚投行、中亚和西亚经济合作组织等地区或国家组织的成员方。

据哈萨克斯坦国家统计委员会发布的数据，2019 年哈萨克斯坦对外贸易总额为 960.8 亿美元，较上年增长 1.4%。其中出口 577.2 亿美元，下降 5.5%；进口 383.6 亿美元，增长 14%；贸易顺差 193.6 亿美元，大幅下降 32.3%。

表 6-1 2015—2019 年哈萨克斯坦对外贸易额一览表（亿美元）

年份	2015	2016	2017	2018	2019
贸易总额	759.1	619.5	776.47	934.90	960.8
出口额	457.3	367.75	483.42	609.56	577.2
进口额	301.9	251.75	293.05	325.34	383.6
顺差	155.4	116	190.37	284.22	193.6

资料来源：哈萨克斯坦国家统计委员会。

2019 年，哈萨克斯坦主要出口商品以能矿产品（占比 72.8%）、金属制品（13.5%）、农产品和食品（5.7%）为主。哈萨克斯坦主要进口商品为机械设备（44.2%）、化工产品（14.2%）、金属及其制品

(12%)、农产品及食品（10.2%）。

目前，哈萨克斯坦贸易和一体化部确定将中国、阿联酋、土耳其、伊朗和德国等5国作为优先出口市场，采取多种激励措施，不断扩大出口潜力。截至2018年底，哈萨克斯坦共向全球123个国家和地区出口800多种产品。

2019年，哈吸引外国直接投资241.15亿美元，较上年微降0.8%。

表6-2　2015—2019年外国对哈萨克斯坦直接投资流量（亿美元）

年　　份	外国对哈萨克斯坦直接投资流量
2015	148.29
2016	206.37
2017	208.99
2018	242.76
2019	241.15

资料来源：哈萨克斯坦中央银行。

据哈萨克斯坦央行统计，截至2020年1月1日，外国对哈萨克斯坦投资存量为2224.47亿美元。其中，对哈投资存量最多的国家是荷兰，中国居第4位。

表6-3　主要外资国别（地区）来源

排名	国家（地区）	外国对哈萨克斯坦直接投资存量（亿美元）	占比（%）
1	荷兰	644.19	28.9
2	美国	384.48	17.3
3	英国	230.28	10.4

续 表

排名	国家（地区）	外国对哈萨克斯坦直接投资存量（亿美元）	占比（%）
4	中国	145.97	6.6
5	法国	138.92	6.2
6	俄罗斯	117.14	5.2
7	百慕大群岛	71.14	3.2
8	日本	66.52	3.0
9	瑞士	46.13	2.0
10	英属维尔京群岛	39.68	1.8
	合计	1884.45	84.7

注：截至2020年1月1日。

资料来源：哈萨克斯坦中央银行。

（二）竞争力排名

世界经济论坛《2019年全球竞争力报告》显示，哈萨克斯坦在全球最具竞争力的141个国家和地区中排名第55位。根据国际管理发展学院（IMD）最新发布的全球经济体竞争力排名报告，哈萨克斯坦在全球63个国家（地区）排名为第34位。根据世界银行发布的《2020年营商环境报告》，哈萨克斯坦在190个经济体中排名第25位。

哈萨克斯坦在营商环境报告评级中的排名得以提升，主要应归功于政府为改善国家商业环境而做出的系统性努力。哈萨克斯坦通过改革现有法律、改善许可制度、简化商业程序、优化国家控制和监督等一系列措施，有效地改善了国内的营商环境。

(三) 投资环境发展趋势

1. 吸引外资不断增长

据哈萨克斯坦央行统计，2005年以来，哈萨克斯坦累计吸引外国投资2770亿美元。工业领域吸引外国投资最多，投资主要流向资源开采行业，近年来，外国投资对加工业的兴趣正在逐步上升。预计到2022年，还将吸引1180亿美元外国投资，其中246亿美元为直接投资。

2. 工业化进程逐步加速

目前，工业约占哈萨克斯坦经济总量的1/3。其中，采矿业取得了跨越式发展，提供了全国2.9%的就业和18%的工业附加值，哈萨克斯坦已成为全球领先的采掘业（特别是在石油领域）出口大国，人均出口额在独联体国家中处于领先地位。与此同时，哈萨克斯坦工业化进程的着力点正逐步向加工业方向转变，其中一个关键问题是实现经济多元化，发掘新的经济增长点。实施工业化进程以来，哈萨克斯坦工业面貌焕然一新，工程技术人员水平大幅提高，全国共启动实施了1250个工业项目，创造了超过10万个就业岗位。

目前，哈萨克斯坦生产的工业制成品已出口到全球110个国家。特别是近年来，新开发生产500多种制成品，加工工业门类达到20个。

3. 政局稳定，无明显民族矛盾

哈萨克斯坦实行高度集权的政治体制。哈萨克斯坦总统控局能力较强，政局整体上保持稳定。哈政府一直全力推进政治、经济、社会改革进程，大力开展反腐斗争，努力提高政府部门工作效率，为经济快速发展提供有力保障。

哈萨克斯坦民族虽然众多，但由于推行民族包容、和解政策，实施宗教信仰自由，因此各族人民和平相处，无显著的民族矛盾，也无内战爆发。

4. 经济结构单一，抗风险能力偏弱

经济结构单一化问题短期难解，能源经济格局仍将持续，固定资产投资和消费成为经济发展主力。政府制订并实施发展战略规划，财政赤字有所降低，国际储备保持稳定增长态势。哈萨克斯坦的经常账户在很大程度上取决于石油、天然气等大宗商品的价格。

5. 法律体系健全，反腐力度逐年加大

哈萨克斯坦法律体系健全但稳定性欠佳。目前法律法规间存在一定的重复及矛盾使得各类法的溯及力规定不明确。司法人员在应对国际贸易问题中的经验尚显不足，导致贸易摩擦不能及时有效的处理。对外资企业的管控程度日益严格。哈对外资和外企政策调整力度加大。近年来，从维护本国利益出发，哈频繁针对外资及外企出台新政策，如企业注册、劳务许可、税收、企业采购等，许多是限制性措施；对外企税收和安全等方面的管理和环保要求越来越高，不断提高环境排污费和无污染钻井费等环保费用。

6. 行政效率不断提升

哈萨克斯坦取消了中小企业的登记注册费用、缩短了注册所需时间，并且取消了使用企业公章的法律要求，行政效率显著提高。2019年，哈萨克斯坦在190个参评国家中的排名从2018年的第41位上升到第36位。

7. 持续改善基础设施环境

哈萨克斯坦极低的人口密度和基础设施使用率使基础设施投资收益率较低，投资回收期较长。再受哈机械制造业落后，劳动力职业素质不高等因素的影响，整体上哈国内基础设施情况较为落后，除首都努尔苏丹、阿拉木图和各州行政中心城市以外，各地的国道和州道情况不良。但是近年来哈萨克斯坦十分重视基础建设情况，如大力发展国家公共用房及道路设施。

哈萨克斯坦电力资源分配不平衡，北部地区集中了79.2%的发电能力，西部占比10.8%，南部占比10%。哈萨克斯坦西部和南部为电力短缺地区，电力紧张状况通过北部地区送电和从中亚共同电网（吉尔吉斯斯坦和乌兹别克斯坦国家电网）进口电力等得到部分缓解。阿拉木图地区是典型的缺电地区，这种情况将会短期内持续存在。

（四）中哈经贸关系

1. 总体情况

随着我国"一带一路"倡议和国际产能合作战略的进一步实施，近年来大量中资企业进入哈萨克斯坦市场，形成了"百家争鸣""百花齐放"的繁荣景象。据哈国民经济部统计委员会统计，截至2018年底，在哈完成注册的中资企业逾2800家，排在俄罗斯和土耳其之后，位居第三位。其中：小型企业2730家，中型企业37家，大型企业41家。在哈市场活跃经营的中资企业920家，其中：小型企业847家，中型企业33家，大型企业40家。据中国商务部统计，中国对哈直接投资超过了430亿美元，哈萨克斯坦也成为中国在"一带一路"沿线国家中最大的投资对象国。中国对哈近90%的投资集中在能源领域，主要投资的国有企业包括中国石油天然气集团、中国石油化工集团、中信集团等，民营企业包括洲际油气股份有限公司、新疆广汇集团等。总体而言，中哈两国在政治互信、经贸合作、人文交往均处于历史最好水平。未来很长一段时间内，中哈各领域经贸合作将保持健康、稳定地发展。

2. 双边贸易情况

据中国海关统计，2019年，中国与哈萨克斯坦双边贸易额为219.9亿美元，较上年增长10.6%，自2015年以来首次重回200亿美元大关。其中，中国对哈出口127.3亿美元，同比增长12.1%；自哈进口92.6亿美元，同比增长8.6%。双边贸易中方顺差为34.7亿美元，同比增长22.7%。

目前，中国是哈萨克斯坦第二大贸易伙伴国（仅次于俄罗斯），也是哈萨克斯坦第二大出口目的国（仅次于意大利）和进口来源国（仅次于俄罗斯），在哈萨克斯坦对外贸易中的比重和分量保持稳定。

2020年，中哈经贸合作逆势上扬。两国贸易和"一带一路"建设克服疫情带来的困扰，实现持续增长。据中国海关统计，2020年1—11月，中哈双边贸易额为199.6亿美元，同比增长1%。其中，中国自哈进口91.5亿美元，同比增长10.2%。有"钢铁驼队"美誉的"中欧班列"突破万列。

3. 双向投资

据中国商务部统计，2019年中国对哈萨克斯坦直接投资流量7.87亿美元；截至2019年末，中国对哈萨克斯坦直接投资存量72.54亿美元，主要集中在采矿、交通运输等领域。

4. 承包劳务

据中国商务部统计，2019年中国企业在哈萨克斯坦新签承包工程合同241份，新签合同额53.57亿美元，完成营业额19.82亿美元。累计派出各类劳务人员4164人，年末在哈萨克斯坦劳务人员5047人。新签大型承包工程项目包括中国葛洲坝集团股份有限公司承建哈萨克斯坦滕太科河5座梯级水电站项目，中国建筑集团有限公司承建哈萨克斯坦阿拉木图市工程项目和阿拉木图内置房屋的多套住宅小区工程项目，中铁二十局集团有限公司承建阿拉木图地铁项目等。

2020 年，虽然受新冠肺炎疫情影响，但经过两国协调安排，近千名中国专家重返哈"一带一路"项目现场，为项目如期完工、造福哈民众创造了有利条件。2021 年，中国企业承建的阿拉木图州光伏电站、江布尔州扎纳塔斯风电项目、卡拉干达州 YDD 硅铁矿热电炉项目竣工投产，努尔苏丹西南环城公路建成通车，东哈州图尔古松水电站顺利复工。

5. 货币互换

2018 年，中国与哈萨克斯坦国家银行续签了双边本币互换协议，互换规模为 70 亿元人民币/2000 亿坚戈。中哈本币结算逐步从边境贸易扩大到一般贸易。

6. 中哈产能合作

2014 年 12 月，中哈总理第二次会晤期间，两国政府就开展产能合作达成共识，2015 年 8 月，双方签署中哈政府间《关于加强产能与投资合作的框架协议》。截至 2019 年底，中哈双方共举行 17 次产能与投资合作对话会，确定重点合作项目 55 个，总投资金额近 280 亿美元。其中，2017 年已完工项目 4 个，投资金额 1.43 亿美元；2018 年开工项目 11 个，投资金额约 71 亿美元；还有 11 个项目计划开工建设，投资金额超过 44 亿美元。

7. 双边经贸磋商机制

2004 年，两国政府成立中哈合作委员会，下设经贸合作分委会等十余个分委会。2018 年 10 月在北京召开中哈合作委员会经贸合作分委会第十次会议。2019 年 5 月，第二届中国-哈萨克斯坦地方合作论坛在阿拉木图市举行。

8. 能源合作

中哈在油气等领域开展良好合作。双方共同修建了中国第一条跨境输油管线——中哈原油管道，中国–中亚天然气管线 A、B、C 三线均过境哈。

9. 对抗新冠肺炎疫情合作

2020 年 11 月 8 日晨，由中国政府向哈萨克斯坦提供的第三批抗击新冠肺炎疫情人道主义援助物资运抵阿拉木图国际机场。这批物资总重 8.47 吨，包括 50 台急救呼吸机、10 台有创呼吸机、40 万只医用外科口罩、10 万只医用 N95 口罩、10008 份新冠肺炎病毒检测试剂盒和 1 万套防护服。此前，中国政府已于 2020 年 4 月和 7 月向哈方提供两批人道主义抗疫物资。哈萨克斯坦政府强调愿与中方继续开展抗击新冠肺炎疫情国际合作。

二、哈萨克斯坦投资风险分析

哈萨克斯坦是中亚地区经济发展最快、综合实力最强的国家，作为中亚地区经济领袖，具有强烈的政治抱负和广阔的国际视野。多年来，哈萨克斯坦积极参与国际事务，始创亚信会议，与俄罗斯、白俄罗斯搭建欧亚经济联盟，加入世贸组织，赢得世博会主办权，获选安理会非常任理事国。

2020 年，哈萨克斯坦在新冠肺炎疫情、国际油价剧烈动荡和外需萎缩的情况下，国内经济面临较大困难，经济结构性风险较大，能源行业在经济中的主导格局短期内难以发生根本性调整。但哈萨克斯坦国内政治基本面保持总体稳定，政府积极通过国际协定发挥趋于平衡的作用，给外国投资者利益提供更多保障。

据《中国企业在哈萨克斯坦投资环境评价及风险研究——基于69家中资企业调查研究》（2016年，伊万·沙拉法诺夫、任群罗）显示，近几年来，即便哈国政府在优化投资的软、硬环境方面取得了一些阶段性的成果，但是中方企业反映出的问题也不容忽视。在投资软环境，大多数中方企业认为，哈萨克斯坦的政府管理部门官僚主义严重、提供支持不够、办事效率较低、国家政策变化多端和不稳定、货币汇率不稳定、官方腐败、存在歧视与不平等对待、劳动力用工成本过高、官员和相关工作人员对业务知识掌握不全、法制不完善、执法不公、政府为企业服务意识差、政策执行和市场监管力度不够、相关的配套服务跟不上、相关政策颁布后事实上不到位、银行对贷款的发放审核过于严格等问题都比较突出。而且，根据在哈进行投资企业的经验来看，之所以目前中资企业在哈很少进行大规模的投资，是因为哈萨克斯坦的投资软环境质量欠佳。软环境的质量问题不仅制约了更多的外资流入，而且在长期内也使哈萨克斯坦总体投资环境得不到改善。

从硬投资环境建设情况来看，大多数中资企业认为，近几年哈国加大了对基础设施的投入，兴建道路、桥梁等工程，使其有相对大幅度的改善。但同时也反映了一些问题，比如公路质量较低，铁路设施落后，基础设施建设和更新速度超慢，边境运输设施较落后，邮电通信有待改善。然而，即使基础设施落后在一定程度上制约了中国企业对哈投资的扩大，但从另一个角度来看，也给中方企业带来了投资基础设施领域的机遇。

以下从政治风险、宏观经济风险、法律与监管风险、经营性风险、安全风险、自然风险等方面对哈萨克斯坦投资风险进行分析。

（一）政治风险

所谓政治风险是指由于东道国国内政治、社会、法律等因素在国内或国际环境的影响下发生了难以预料的重大变动从而导致投资国企业的利润或经营目标无法持续的可能性。对于该类风险一般的防范措施为：特许权协议必须得到东道国政府的正式批准，并对项目付款义务提供担保；向国家出口信用保险公司投保政治保险。

哈萨克斯坦政局较为稳定，前总统纳扎尔巴耶夫和现任总统托卡耶夫对全国局势具有很强的掌控能力，反对派势力相对较弱。哈萨克斯坦强调对外开放，注重以法律法规和国际协议保障外国投资者利益，间接征收风险不高，汇兑限制风险较低。失业率在可控范围内，社会较为稳定。外交方面，积极推进外交战略，寻求区域力量平衡，将发展对俄关系置于优先方向，也在与中国积极推动和建设全面战略伙伴关系。

1. 政策风险

政策风险指重大决策过程漫长，政策与法令条例变动频繁。政策与法令条例的稳定是一国经济长期稳定发展的关键因素。如果政府政策波动性较大，容易造成投资项目的进程受阻甚至失败。

哈萨克斯坦相关政策调整幅度较大，调整频率也较频繁。需要特别关注的是税典法、劳工法、海关法、地下资源和地下资源使用法及投资法等相关法律法规。而且多数外资企业表示，对这种变化进行预测的难度非常大。因而，法律和规章制度的变化多端，已成为来哈投资的企业最主要的外部风险之一。

[案例6-1]

哈国海关政策变动频繁

2007年10月8日，哈国口岸管理部门依据哈国政府62号文件，对国际道路运输车辆车体执行新标准。具体规定为中哈之间道路运输车辆车长不超过20米、宽不超过2.55米、高不超过4米，车辆总重量不能超过44吨；由于中国没有得到事先通知，致使新疆对哈口岸进出口货运基本停止。哈国海关方面的法律法规修订十分频繁。哈国目前实行的《海关事务法》于1995年制定实施,1995—2007年短短的12年间哈国分别对其进行7次修订,大约每1.7年修订一次。从修订理由方面考察,这7次修订依据主要是哈国总统令和其他法规,具有较强的随意性。哈国海关法律修改频仍,影响其政策延续性和稳定性,制约着中哈海关合作。

2. 政府行政风险

工程所在国法制是否健全、政府官员是否廉洁、行政效率是否高效、行政能力是否达标等都对工程承包有很大的影响。哈萨克斯坦的行政风险主要包含以下几个方面。

(1)腐败。

哈萨克斯坦腐败问题较为严重,金融环境有待改善。根据"透明国际"组织发布的全球清廉指数2018年哈为第124位(31分),近7年平均分28.8分,常年全球排名在123~140间,均位于参评国家中的后30%之内,腐败情况较为严重。政府部门可能乱用权力,行政透明度低,出现贿赂、灰色清关等现象。此外,腐败现象哈国也较为严重和多发。统计显示:2015—2017年间,哈国查处1180名腐败官员,罚款938万美元。2017年两名哈国高层官员挪用资金2.14亿坚戈,约合115万美元。2018年前7个月,哈国700多名官员及企业人员因贪污被查处。

(2)哈萨克斯坦政府行政效率低下。

哈萨克斯坦政府行政效率低下,是制约工程承包项目实施最关键的问题之一。哈国政府以检查名目众多为承包商所知,哈总统也提到"对于境外企业来说,哈国政府允许进行检查的法律竟有50多项,以触犯法律为借口,寻机对企业进行数次'检查',应对各种各样的检查是众多境外企业最大的麻烦,使各境外企业的正常生产经营活动受到严重干扰。这与其推行的政策背道而驰……"。据伊万·沙拉法诺夫、任群罗的调查表明，在哈中资企业对哈萨克斯坦的投资软环境多表示不满意，他们认为哈国政府部门办事效率较低，政策多变，政府干预过多，还存在官员腐败等问题。哈国管理理念方式较为落后，官僚主义和腐败问题的存在，加大了中国企业在哈的投资本成和运营效率。

点评：

哈萨克斯坦政府努力提升政府机构的办事效率，2016年通过了《关于对减少审批文件和简化审批程序法律进行修改和补充》的法律草案，通过简化各类地质勘探工作审批程序，有效节约外商投资企业的时间成本，为在哈企业创造良好发展条件。

3. 政府对投资的管控风险

哈国对战略资源、重点行业及外资企业的控制加强，管控也更为严格。

一是对战略资源、重点行业的控制加强。如哈国通过政府支持、企业收购实现国有化，开始对能源产业进行国家控制，加强对其支配和管理。

[案例6-2]

哈国《地下资源与地下资源利用法》规定在矿产品交易和地下资源利用权的转让方面，哈国政府享有"优先购买权"。此外，地下资源利用权转让方面，如果不符合哈国国家安全要求，哈国政府可以拒发许可证，更甚者对合作进行单方面终止。这对中国企业和个人进出哈国能源、矿产行业造成一定阻碍。

二是对外资企业的管控也更为严格。为了维护本国利益，哈国近来对外资和外资企业陆续出台限制性措施，特别是在劳务引进、企业采购、税收额度、土地、工资标准等领域。

4. 第三国干预风险

第三国干预是指第三国针对东道国使用战争、封锁、禁运等手段而导致跨国企业的利益受到威胁。

哈萨克斯坦地理位置非常优越，处在欧亚大陆的中心地带，中亚区域一直是大国争夺之地，无论是美国、俄罗斯或者中国，均在这个区域拥有自己的经济和政治利益，而哈萨克斯坦在这个问题上始终保持中立，并坚持选择有利于本国发展的外交政策。比如，哈萨克斯坦既是由俄罗斯主导的欧亚经济联盟的重要倡导者，同时也是中国倡导的"丝绸之路经济带"的战略参与者。因此，即便这种情况是一种稳定的因素，但从长期角度来看，哈国是否能够继续坚持这种态度还需拭目以待。

5. 政治风险应对措施

（1）评估和投保策略。在对一个国家进行投资之前，企业应该对这个国家的政治、经济、文化、法律等制度进行全面的评估，分析在此投资可能带来的政治风险，尽量避开那些社会不稳定、政局动荡以及排华势力较强的国家和地区，选择法律健全、政治稳定以及社会治安良好的国家。此外，对投资的项目和行业进行投保也是非常必要的。

（2）退出策略。是指跨国企业在对东道国的投资环境进行评估以后，发现在该地区规避政治风险的成本远远大于投资收益时所采取的撤出投资、保护资金安全的策略。退出策略并不是意味着投资的失败，它更多的体现的是跨国企业的经营策略，是另一种意义上的成功。

（3）本土化的管理策略。所谓本土化管理的策略就是跨国公司在国外经营时应该在生产、经营、销售、人事等各个方面做到与东道国经济、文化的融合，同时积极承担东道国的公民责任，服务于社会。本土化管理策略有利于我国企业更加全面的了解当地的市场状况、投资环境以及提高投资的回报率；有利于加强对当地风俗习惯的了解和文化的融合，以减少文化上的冲突、淡化民族的抵触情绪和仇视的心理。

（4）多元化的策略。所谓多元化的策略是指跨国企业为了降低跨国经营的政治风险，采用经营多元化的策略来实现预期的经营目标。这种经营的多元化包括投资主体的多元化和投资客体的多元化。首先，投资主体的多元化包括国际和国内两个层面。国际上就是可以采取与多个国家的跨国公司联合投资的方式，利用其他投资主体国家与东道国的相关利益关系向东道国政府施压从而减低投资的政治风险；国内层面是指联合国内多家企业进行融资，从而达到共同承担风险责任，减少风险的目的。其次，投资客体的多元化是指跨国企业在东道国进行投资时应当是分散在多个领域和行业内，而不是单单"把鸡蛋放进同一个篮子里"承担全部风险。值得注意的是在对投资的行业和领域进行选择时又要尽可能地避开那些在当地涉及国计民生的重要行业，尤其是资源、科技等政治敏感性高的行业。

（5）建立与东道国的良好关系。中国企业对外投资时必须要与东道国政府建立良好的关系，加强与东道国政府的沟通，在发生政治风险时要积极地寻求当地政府的理解与支持借助东道国政府的力量合力解决政治风险。

（二）宏观经济风险

经济风险主要指所在国的经济发展形势、利率、汇率、外汇兑换率、外汇可兑换性等。该类风险一般的防范措施为：就目前国际金融状况而言，项目融资全部以美元或人民币进行贷款，通过远期外汇买卖、外汇买卖掉期、货币期权等金融工具进行汇率风险的规避。

1. 经济发展形势风险

哈萨克斯坦国内经济受全球经济复苏缓慢、国际石油价格下跌及俄罗斯经济低迷的影响，面临货币贬值的巨大压力，特别是 2020 年以来的疫情，这些都严重冲击着国内经济及金融市场的稳定。整体来看，哈萨克斯坦宏观经济环境在未来年份发展持续向好，但仍然面临较大的不确定性，是我国对哈资本输出需特别关注的风险类型。

2. 通货膨胀风险

通货膨胀是经济发展过程中很难避免的，大多数国家都有此风险。但是如果通货膨胀的速度超出承包商的可预见范围，而承包商签订的固定总价合同，没有调价可能，此时材料、设备价格上涨及当地货币贬值会给承包商造成严重损失。

2010—2014 年间哈萨克斯坦通货膨胀率均值在 6.4% 的水平左右，但到了 2015 年，该国通货膨胀率上升至 13.3%，2016 年的通货膨胀率更是高达 16.6%，近两年来哈萨克斯坦通胀有所下降，2019 年为 5.4%，2020 年为 7.5%，超出了哈政府的预期范围。

点评：

> 但受疫情和油价动荡的影响，远期通胀可能会上升。在做工程预算时，要做好价差预备费的核算。采购时，合理平衡仓储成本和涨价风险。

3. 外汇管制风险

哈萨克斯坦外汇管制很严格，缺乏灵活性。哈国外汇管制制度属于独联体国家范围内最严格的制度之一，大额资金兑换速度很慢。若公司将资金从国外转账到哈国，或者从哈国转账到国外，需要向国家央行负责部门提供相关的证明（偶尔境内的资金转账也需要这种证明）。所有的大额转账行为必须经过哈萨克斯坦央行的批准才能进行。此外，2016 年 2 月 29 日哈国央行批准《关于对哈萨克斯坦境内进行外汇现金交易的准则进行补充和修改的决定》。根据决定内容可知，哈国境内的外币兑换点需和授权银行达成外汇交易及提供货币的协议,并且协议需在该决定正式颁布后一个月内完成。此外,境内外币兑换点营业时间不再受哈萨克斯坦证券交易所约束。另外,个人在外币兑换点兑换 100 万坚戈以上的货币需出示有效身份证明。很明显,哈萨克斯坦外汇管制将不会放松,反而会进一步严格。毫无疑问,复杂的收发汇手续、过多的政策干预和官僚主义、银行对贷款的发放审核过严等因素,是外国投资者面临的外部风险和障碍。

4. 汇率风险

哈萨克斯坦的坚戈汇率震荡幅度大,2020 年坚戈对美元汇率累计下跌 10%,从 382.6∶1 降至 420.91∶1。2017—2020 年,坚戈对人民币汇率浮动超过 45%(如图 6-1),工程结算时候特别要注意汇率风险。

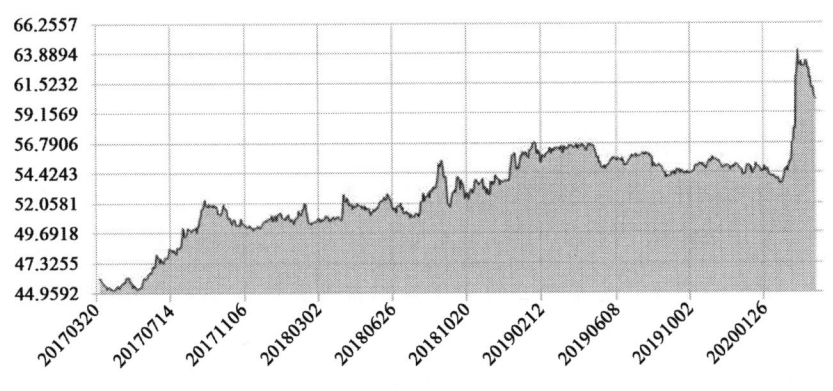

图 6-1 人民币对坚戈汇率变化

(三)法律与监管风险

法律风险主要指涉及土地法、税法、劳动法、环保法、合同法、招标投标法等法律法规的更改和变化所引起的项目成本增加或收入减少等风险。可能的防范措施如：明确因违约、歧义、争端的仲裁在双方都认可的第三国进行。

整体来看，哈萨克斯坦法律风险在未来年份呈现反弹的态势，是我国对哈资本输出需重点关注的风险类型。为确保投资市场的公平公正，哈萨克斯坦政府不断完善投资法律体系建设，在法律上对外商投资给予充分保护，但总体法治水平不高，法律稳定性较差，对外设置的贸易壁垒较多。

1. **法律合规风险**

合规风险是指因未能遵循法律法规、监管规定、规则和自律性组织制定的有关准则，以及适用于自身业务活动的行为准则而可能遭受法律制裁或监管处罚、重大财务损失或声誉损失的风险。

在哈萨克斯坦承包工程主要受当地的公司注册与合同、劳动用工、税务、环境保护、反贿赂等法律法规的制约。详见本书第四章有关内容。

点评：

中国企业在进入哈萨克斯坦之前，需要对其法律环境进行全面的了解，最好聘请在大型中资或者华人律所工作的律师作为公司法律顾问。另外，应加强项目法律部门人员对哈萨克斯坦法律制度的学习，建立相应的法律知识信息系统，制定法律差异预防措施。

2. **法律监管风险**

哈萨克斯坦法律制度较为健全，政府积极推进法律法规合理化和现代化建设，但目前哈萨克斯坦法律体系仍需继续完善，尤其是针对司法体系效率偏低以及企业执行合同过程存在困难等方面。

但哈萨克斯坦商业和政策法规环境具有两面性。一方面，法律政策制度较完善，哈政府也一直期望引进外资来促进国家经济，出台了多种政策。同时哈国本身能源资源丰富，经济持续增长，市场潜力巨大。另一方面，哈国有法不依现象普遍，行政政策作用有限。根据实地访谈调研结果得知，大多数企业对政策环境之所以持有一般或不满意的态度，是因为官员对国家政策了解水平很低、对业务知识掌握不全。国家所实施的政策配套的法律体系不清晰，即在大力引进外资的情况下，国家尚未拥有配套的相关服务体系。政府执法部门里互相推诿、扯皮、乱作为现象较常见。总的来说，国家提出的扶持投资者政策较多，但其执行力较差。国家法律和政策变化多端，致使投资者不太愿意扩大投资规模。

3. 税收风险

（1）纳税申报风险。

中方对税制、税种和申报时间、方式等情况不了解导致风险的发生。中方企业需要在前往哈萨克斯坦参与工程项目之前详细了解相关税法规定，争取将纳税申报风险降到最低。

（2）在哈萨克斯坦取得与常设机构无关的所得的纳税申报风险。

非居民取得与常设机构无关的所得应根据相关规定扣缴预所得税，否则可能将受到税务总局罚款。

（3）一般反避税调查的风险。

哈萨克斯坦尚未对一般反避税进行立法。但中国企业仍应特别关注哈萨克斯坦税法中关于税收条约适用的一般规定，以及该国对资本弱化、受控外国企业、财务会计专责和受益所有权的相关规定。

在哈萨克斯坦投资的中国企业如果出现以下情况，那么其可能成为一般反避税调查的调查对象：①滥用税收优惠；②滥用税收协定；③滥用组织结构；④与避税地公司频繁业务往来；⑤不具有合理商业目的的其他商业安排。

（4）未正确享受协定待遇风险。

税收优惠政策在国际税收中占有重要的地位。这些税收优惠政策主要来源于东道国和本国为鼓励资本流动制定的税收优惠政策以及税收协定中避免双重征税的税收优惠政策。正因如此，适用税收优惠政策存在一定的风险，主要分为适用错误与未适用税收优惠政策两种。

大部分企业未享受税收协定待遇的原因包括：第一，企业对中国与哈萨克斯坦签署的税收协定不了解。第二，企业对哈萨克斯坦的税法不了解。有的企业在赴哈萨克斯坦投资的过程中，对哈萨克斯坦税法规定和税务管理流程等不进行研究学习，不知道如何核算应纳税额，更不清楚如何申请享受税收协定待遇。第三，企业与境外分支机或委托的中介机构缺乏沟通，由于境外投资经营项目多与哈萨克斯坦当地中介机构进行合作开展，记账、纳税申报工作也由当地人员负责，因此境内财务人员不清楚境外所得在当地是否享受税收协定。

（5）税收法律法规更新风险。

哈萨克斯坦的法律体系较为完备，但变化较大，行政政策作用有限。法律和规章制度缺乏一定的稳定性，这已成为赴哈投资企业所面临的重要风险之一。哈政府每年都会根据经贸数据、国内预算产值等情况，对某些税种的税率和征税对象做出调整，对某一行业或地区实施新的税收优惠政策，或临时颁布专门的税收法规，给外国投资者带来一定影响。

（6）税务审计风险。

"走出去"企业在延伸海外业务时，可能会采取并购海外当地企业的方式。但在完成并购后，企业项目可能会受到当地税务机关的税务审计，在税务审计过程中，税务机关可能会对并购交易的纳税申报提出疑问和异议。因此,"走出去"企业应提前做好税务规划,避免风险。

此外在哈萨克斯坦投资还可能存在的风险包括转让定价调查风险、受控外国企业调查风险以及资本弱化认定风险等。

(7) 中企自身税务风险和业务能力风险。

据德勤调研统计,"走出去"企业存在中高层管理人员认为对"一带一路"国家的税收制度与征管时间较为陌生、及时获取东道国相关信息的渠道少、没有专业的税务管理人员等方面问题。大型企业、央企和国企在风险管控方面存在着严重的问题,其中有接近七成的企业都没有完整的税务风险管理制度,没有为企业的海外投资设立专门的税务管理岗位;在对"一带一路"国家投资过程中,也没有借助专业服务机构对投资目标国的税收环境、税务风险、征管水平等进行评估,对其中各种可能的情况采取合理的税务优化安排。中方企业急需培养补充熟悉国际税收、外语、法律等方面的人才,以应对日益复杂的国际税收环境和业务。

点评:

中国企业经常在哈会面临对当地征税制度陌生、对如何提交报税表、进行会计核算手续不熟悉等难题。根据调研结果得知,位于哈萨克斯坦不同州和城市的企业在这方面所遇到的问题是截然不同的。比如,在进行纳税登记过程中,努尔苏丹市的税务局会直接来到企业所在地,检查该企业是否在进行登记(或者重新登记)的时期的确在该城市进行经营。而在阿拉木图市,税务局则会在完成登记(或重新登记)后两到三年内来公司检查。检查过程中若发现本企业不在其所登记的区域经营的话,税务局就会取消本企业增值税登记号或直接认定该企业为不法商人。

4. 法律差异风险

哈萨克斯坦的法律渊源与中国不同，因此两国的工程承包相关法律必然存在较大的差异，中国承包商就不能再轻易按照国内的法律办事，否则容易招惹麻烦。

（四） 经营性风险

经营性风险包括外部经营风险和内部经营风险。外部经营风险包括所在国的基础设施、工会、劳动力、市场竞争力等情况。内部经营风险如施工企业自身的技术、管理风险等。

1. 行业投资壁垒风险

哈萨克斯坦政府对企业活动关注度较高，尤其对外商在通信、建筑、银行、保险及矿业等部分行业的投资做出了一些限制规定，企业应充分考虑哈萨克斯坦政府干预、投资行业限制等可能对企业带来的实质性投资障碍。

2. 公司注册风险

近几年来，哈政府在新公司注册问题上提出许多改革方案，使外国投资者能够比较容易地注册新的企业或者业务，甚至能够通过互联网办理与注册公司相关的手续。然而，虽然注册的方式确实降低了进入市场的难度，但是外国投资者在此过程中仍然遇到一些问题：

（1）法人和自然人税务登记制度。根据哈税法典，对所有非居民自然人不存在所得税源泉扣缴，通过利用哈国要素而获取收益，均应该注册成为纳税人。注册之后，公司在经营过程中会得到两种收入：红利（股息）和薪水，而对这两种收入都要征税。比如，公司在支付红利或薪水之前应当扣除10%的个税。如果非居民自然人打算将公司的某部分利益（比如股份或权益）卖给或转让给另一个自然人或者外国法人的话,则这种交易行为所导致的价值增值同样要被征税。如果外国自然人打算成立有限责任公司,则应当获得个人识别号,即需要完成成为纳税人的手续。虽然该手续是由国家税务局进行的,但自然人个人识别号注册是一个充满官僚主义的过程,需要花费较长的时间及很多资源。如果外国企业打算在哈设立一家具有法人资格的子公司的话,那它可以不遵循上述规则。但是,如果外国企业在哈境内设立分公司或者代表处的话,则在开始经营之前,税务局会要求这类公司进行注册商务个人识别号手续。另外,根据税法典在2014年提出的新规定,在2015年1月1日之前,哈国境内所有的外国法人代表、外国分公司和代表处的经理、外国自然人,都办理了纳税人注册的手续(包括规定实施之后新上任的领导)。可见,对于一家外资企业,来哈投资并在当地设立一家子公司、分公司或者代表处,是一个长期和复杂的过程。为了避免由此带来的风险,企业应当充分了解当地公司法、税务法和投资法,以免过多的时间和资源浪费。

(2) 法人或自然人发起人商务签证的制度。根据哈移民法,如果外国自然人来哈当地收购或者成立一家新的企业,则这种自然人应当持商务签证入境。可是,这种制度的实施因不同的州和城市而异,除了努尔苏丹市和阿拉木图市,其他的区域根据自己的特殊情况可以允许持旅游签(或其他类型签证)的自然人成立或收购公司。总体而言,中资企业表示,目前哈国所实施的签证政策比较紧,尤其对中国的劳动力进口配额控制得比较严。这显然将会阻碍中国同中亚各国建立互联互通的进程,对走进该国的企业造成一些客观的限制。

(3) 公司利益再分配制度欠佳。根据哈《民事法》第42条的规定,有限责任公司在其股东发生变化的情况下,应当重新在税务局办理登记手续。但是,大部分中国企业表示,在有限责任公司法律制度当中忽视了关于现有股东之间利益再分配问题这一项,迄今为止,该国尚未明确规定如何向注册机构申报公司内部所发生的股东之间利益再分配的情况。很明显,这种不确定性会给公司造成一定的内部风险压力。

3. 基础设施落后风险

基础设施发展滞后是影响哈萨克斯坦投资环境质量的重要因素,同时也成为哈鼓励及吸引外资流入的重要领域,对于外商投资而言则成为其重要的投资机遇。在哈承包工程时,涉及基础设施方面包括电力(哈南部区域)、道路交通、施工机械供给情况、工业制造生产(工程材料供应)等。

点评:

中企在哈萨克斯坦投资工程项目时,应特别对物流(道路、机场、航运等)、水电、通信、原材料等方面进行充分调查。哈萨克斯坦占地面积大,各个地区基础设施差异也大。

但得益于中欧班列,过境货物运输量快速增长。哈2020年过境货物运输量增长32%,大大提升了对华口岸通关能力。

4. 语言差异风险

虽然哈萨克斯坦官方语言是哈萨克语,但是俄语仍然是生活和民族之间通用的语言。在商业活动中,如文牍处理、商业谈判、签订合同等,俄语起到了十分重要的、不可替代的、共同的沟通渠道作用。对中国企业而言,语言的选择和使用一直是比较大的问题。现在的哈萨克斯坦公民在大部分情况下能够灵活使用三种语言:哈萨克语、俄语和英语。至于对每种语言的掌握程度,需要看具体的区域,比如在哈萨克斯坦的北部、中部和东部地区,俄语比哈语用得多;在哈萨克斯坦的西部和南部地区,则是哈语比俄语用得多。而如果企业想找个汉语水平较高的翻译或员工，则可能只能在努尔苏丹、阿拉木图市或阿拉木图州以及哈萨克斯坦的西部地区找到。无论如何，中国企业走进哈萨克斯坦时，至少应当找到水平较高的汉俄、俄汉翻译（最好同时会汉、哈、俄三种语言的翻译），否则，在跟政府部门打交道以及与其他企业交往过程中会发生一些不必要的问题，甚至会由于翻译不准确或不到位，导致企业的资产、时间或资源的损失。

5. 用工风险

哈萨克斯坦用工风险主要来自以下方面。

（1）雇用外籍员工的法律风险。主要包括劳务的严格控制和签证手续的烦琐，劳务配额的使用额度较低，导致了外籍劳工用工成本过高。

（2）当地用工法律风险。包括当地劳动用工特性（宗教信仰、社会习性等）及劳动法经常修订导致的合规问题。

（3）高技术水平人才引进和留住的问题。哈高技术熟练劳动力流失的问题比较严重。在哈中国企业表示，即便当地提供招聘服务的机构能够加快搜寻熟练劳动力的过程，但总体来看相对较慢，无法满足企业对劳动力尤其是高技术水平劳动力的需求。若公司已经在当地找到较熟练、高水平的劳动力的话，在生产经营过程中依然存在怎样留住人才的问题。因为在哈萨克斯坦，劳动者普遍有一种共同的特点，即工作一段时间之后会换一个工作单位，甚至选择去本公司的竞争对手企业工作。因此，这不仅会造成本企业人才流失的风险，更重要的是，有可能导致有关公司的商业秘密被传递或出卖给竞争对手，从而造成很严重的内部经营风险。

（4）制造业和能源领域员工罢工频繁风险。尽管哈萨克斯坦罢工现象少见，范围也较小，但在罢工正式发生的时候，还是会给企业家带来一定的损失，特别是在制造业和能源领域。

6. 管理风险

管理风险是指中企因自身管理上的疏忽而导致的风险。管理风险各式各样，在境外常见的管理风险有：

（1）对所在国的法律法规不熟悉导致的风险。如在税法方面：在合同中遗漏或不完全考虑当地税法，直接导致利润流失。在海关条例方面：违反海关条例直接导致进出口时间延迟或被处以罚款。在劳工法方面：对当地劳工法不明导致工作安排不能及时落实，影响项目进度，或由于违反劳工法被起诉。在环境保护法方面：中资企业排放污染物的报道偶见报端。其他的诸如所在国环境法、专利法、合同法和建筑法等。

（2）自身管理制度、程序不到位。如沿用在国内的常见做法，程序不合规使工程实施过程中错漏、协调困难等风险。

7. 技术风险

技术风险指工程项目所在地的自然条件勘察不力和工程实施的技术难度等给承包商带来的风险。技术风险主要包括以下几种情况：

（1）前期工程资料不准确。如水文地理等是由业主提供的，而哈方业主给的资料可能存在不详尽、不准确情况。中企在境外施工，对哈萨克斯坦的经验不丰富，缺乏相应的了解，前期核实和准备不足导致返工风险。

（2）技术规范不熟悉。如中企对当地技术规范不了解；或进入陌生的领域承包工程，对该领域的技术规范不熟悉；或是需要采用新的施工方法和工艺，没有适用的技术规范。

（五）安全风险

哈萨克斯坦治安良好，但人在国外，也需要特别关注个人安全问题。

(六) 自然风险

1. 自然环境风险

哈萨克位于中亚地区,常年陆地性干旱气候,昼夜温差很大,尤其较长时间的冬季气温较低。正常情况下,哈国每年1月的平均气温为-19℃~4℃,造成了冬季施工期间,对设备的启动和预热、焊接合格等方面都带来了很大的难度,一般在每年的11月到次年3月期间,大部分的工程项目均实行冬季休假制度,但仍然要支付当地员工工资,提高了项目运行的隐性成本。

2. 自然资源风险

整体来看,哈萨克斯坦自然资源风险在未来年份依然保持在较高水平,不确定性因素仍然较多,是我国对哈资本输出需引起重视的风险类型。

另外,哈大部分油气田地理位置恶劣,深埋于地下,再加上沙漠化的地质条件,断层多、不容易架构设备,开采难度大。除了地质条件复杂外,哈萨克斯坦的石油黏稠度高,含硫量高,对炼制的要求高,这也加大了哈发展能源产业的成本。

三、哈萨克斯坦未来发展预测与投资机会分析

(一) 经济预测

2021年1月,世界银行发布《全球经济展望》报告,对2021年哈萨克斯坦经济走势作出预测。世行认为,哈经济2021年有望保持正增长,但无法达到危机前4.5%的增速水平,预计全年商品和服务生

产增长 2.5%，2022 年增幅为 3.5%。

1. 国内生产总值

2020 年是哈经济近 20 年来最为复杂困难的一年。新冠肺炎疫情和油价下跌使哈经济遭受重创，哈 GDP 将出现 2000 年以来首次负增长，为 -2.6%。受新冠肺炎疫情影响，服务业遭受了严重冲击，但实体经济呈增长走势，其中建筑业产值增长 11.2%，信息和通信业产值增长 8.6%，农业产值增长 5.6%，加工业产值增长 3.9%。

世行以疫情得到有效控制作为 2021—2022 年哈经济发展基准场景的前提条件。预计 2021 年，随着隔离限制措施逐步放开、全球范围接种疫苗，哈经济增长有望由负转正，增幅为 2.5%。2022 年将是哈经济缓慢复苏的一年，有望实现 3.5% 的增速。

2. 原油工业

据哈方统计，2020 年原油行业下滑 5.3%。封城隔离、经济萎缩，使得哈经济对原油的依赖度进一步上升。截至 2020 年 11 月底，原油销售收入占哈 GDP 的 10%，同比增长 2.2%。受疫情冲击和石油危机影响，预计 2020 年哈预算税收收入将减收 26 亿美元。作为哈主要出口市场，欧元区国家暴发第二波疫情和采取隔离限制措施，对原油需求在短期内快速恢复构成威胁。

2021 年主要出口市场价格趋于稳定，国际油价有望维持在 40 美元/桶，原油生产规模小幅增长。预计 2021 年哈原油产量增长 2.1%，2022 年增长 1.2%。

3. 外国直接投资

据哈央行发布数据，2020 年 1—9 月，哈吸引外国直接投资 126 亿美元，较上年同期减少 31%，主要原因是原油行业引资大幅下滑。同期，哈油气开采领域吸引外资 49 亿美元，同比减少近 50%。制造业、商贸业引资规模同比分别下滑10%和17%。

如果将引资额与GDP总量进行对比，2019年，哈引资额占GDP的3%，2020年则降至2.2%。预计2021年该指标为2.6%，2022年升至5.1%。这取决于金融市场的稳定程度。

4. 通胀率

2020年，食品价格上涨成为推升通胀的主要因素。2020年哈通胀率为7.5%，高于哈央行此前设定的目标区间上限（6%）。哈央行行长表示部分食品市场供应失衡，导致食品通胀率达到11.3%；服装、鞋类价格增速放缓，非食品通胀率降至5.5%；公共餐饮、酒店服务费用上涨，有偿服务通胀率升至4.2%。

世行认为，造成食品价格上涨的因素除本币贬值外，还有民众因担心断供囤积商品造成需求上升。非食品和服务价格上涨，表明多数企业将增加的开支费用转嫁给客户。根据基准场景预测，预计2021年哈通胀率为6.6%，2022年为5.9%。

（二）投资机会

独立以来，哈萨克斯坦坚持吸引外国投资战略，加上本身自然资源丰富，国内政局稳定，投资环境总体上不断改善，经济外向度逐渐提高，目前已成为中亚地区对外投资最具吸引力的国家。

目前，哈萨克斯坦希望外国投资者对哈萨克斯坦中小企业的新技术、加工及服务领域进行再投资，同时希望外国投资者转变投资观念，关注基础领域如农业，以及可再生能源等新经济领域的投资潜力。

1. 农业投资

农业合作空间广泛。作为全球最大的内陆国，哈萨克斯坦土地广袤且适合农业耕种，全国可耕地面积超过20万平方千米。其中，哈萨克斯坦农作物播种面积较高，达到80%~90%，主要农作物包括产量占粮食总量90%左右的小麦，以及玉米、大麦、燕麦和黑麦等。据哈萨克斯坦的粮食主产区在该国北部的科斯塔奈州、北哈州和阿克莫拉州，粮食产量占全国产量的90%左右。南方地区的粮食产量相对较低，但种植其他农作物，部分地区出产水稻、棉花、烟草、甜菜、葡萄和水果等。

对哈萨克斯坦各地区的农业投资环境进行评价，发现哈国农业投资环境差异较大，其中阿拉木图市、努尔苏丹市、科斯塔奈州、北哈州和阿克莫拉州农业投资环境较好，而江布尔州、南哈州和克孜勒奥尔达州农业投资环境较差。

目前哈萨克斯坦在引进中国等国家的设施进行专用蔬菜等农产品种植，但是由于技术人才的缺乏，设备的相对昂贵，导致回报率不高，大量的蔬菜等农产品需要依赖进口，大部分蔬菜等农产品依靠从中国新疆进口。

哈萨克斯坦的农业一直处于简单而低产的境况，农业领域投资也是哈萨克斯坦政府积极鼓励投资的领域，有很多的优惠措施，这块领域的投资前景广阔。

2. 基础设施投资

哈萨克斯坦国内基础设施，特别是交通基础设施较为落后，基础设施投资建设是哈萨克斯坦政府重点关注的投资领域。除油气外，运输和仓储是中国对哈萨克斯坦目前投资中投资占比最高的一项，未来随着中国"一带一路"倡议与"光明计划"对接，中国将不断加大对哈萨克斯坦基础设施建设领域中的投资。

3. 加工制造业投资

中国是制造业大国，在服装、机械、电机设备及其零部件、汽车配件、钢铁制品等方面的加工业较为发达，而这些产品是中国对哈萨克斯坦主要的出口产品，也是哈萨克斯坦国内非常紧缺的产品。近些年，以阿里巴巴为首的电商在哈萨克斯坦拓展相关业务，并且得到哈企业的认同。

4. 能源矿产领域投资前景

哈萨克斯坦矿产资源丰富。石油天然气开采业是哈萨克斯坦国民经济的支柱产业，几乎21世纪所有的著名石油公司，包括中国三大石油公司（中石油、中石化、中海油）都进入了哈萨克斯坦石油开采领域。其次是固体矿产资源开采业。铜、锌、铝等有色金属开采业主要集中在哈萨克斯坦南部、北部和中西部地区，煤炭工业主要在中部的巴甫洛达尔州，铀矿开发地则在南部和北部地区。

油气合作是中国"一带一路"倡议中的重点合作领域。哈萨克斯坦是内陆国家，石油主要是通过管道的方式向外运输，而中哈石油管道的建设有利于哈萨克斯坦实现能源市场多元化的发展目标。未来里海油气田合作将是中国对哈萨克斯坦投资的重点领域。

目前在哈萨克斯坦投资的中国石油企业主要是以中石油公司为主，未来随着哈萨克斯坦能源领域的投资环境宽松及中哈关系的不断发展，中石油以外的其他公司如中石化及原油中下游生产型国有及民营企业将不断加大对哈萨克斯坦的投资，投资的前景广阔。

Chapter 7
第七章

工程建设企业合规管理体系建立指南

一、合规管理的内部环境

合规管理是一种风险管理活动,是境外施工企业对业务活动是否遵守所在国(地区)法律、法规规定、规则、行业自律等的一种鉴证行为。

合规管理的内部环境是其他所有风险管理要素的基础,为其他要素提供规则和结构。内部环境的要素包括:合规管理的目标和基本原则;企业文化和公司战略;管理层的理念和经营风格;公司组织架构及其岗位职责;员工的诚信、道德价值观和胜任能力。

(一) 合规管理的目标

建立健全合规风险管理体系,实现合规风险的有效识别和管理,促使境外施工企业全面风险管理体系的建设,确保企业依法合规经营。

(二) 合规管理的基本原则

(1) 客观性原则。合规人员应当依照相关法律、法规对违规事实进行客观评价。

(2) 独立性原则。合规部门在企业中应当有独立地位,合规管理应当独立于其他各项业务经营活动。

(3) 专业性原则。合规人员应当熟悉公司业务制度,了解公司内各业务环节的专业知识和业务流程,并准确理解和把握法律法规的规定和变动趋势。

(4) 公正性原则。合规人员在对业务部门进行检查时,应当坚持统一标准对违规行为及相关风险进行评估和报告。

(5) 协调性原则。合规人员应当正确处理与公司其他部门及监管部门的关系，努力形成公司的合规合力，避免内部损耗。

（6）全面性原则。企业合规管理应覆盖所有境外业务领域、部门和员工，贯穿决策、执行、监督、反馈等各个环节，体现于决策机制、内部控制、业务流程等各个方面。

二、合规管理机构的设置及职责

（一）合规管理机构的设置

企业可根据业务性质、地域范围、监管要求等设置相应的合规管理机构。合规管理机构一般由合规委员会、合规负责人和合规管理部门组成。尚不具备条件设立专门合规管理机构的企业，可由相关部门（如法律事务部门、风险防控部门等）履行合规管理职责，同时明确合规负责人。

1. 合规委员会

企业可结合实际设立合规委员会，作为企业合规管理体系的最高负责机构。合规委员会一般应履行以下合规职责：

（1）确认合规管理战略，明确合规管理目标。

（2）建立和完善企业合规管理体系，审批合规管理制度、程序和重大合规风险管理方案。

（3）听取合规管理工作汇报，指导、监督、评价合规管理工作。

2. 合规负责人

企业可结合实际任命专职的首席合规官，也可由法律事务负责人或风险防控负责人等担任合规负责人。首席合规官或合规负责人是企业合规管理工作具体实施的负责人和日常监督者，不应分管与合规管理相冲突的部门。首席合规官或合规负责人一般应履行以下合规职责：

（1）贯彻执行企业决策层对合规管理工作的各项要求，全面负责企业的合规管理工作。

（2）协调合规管理与企业各项业务之间的关系，监督合规管理执行情况，及时解决合规管理中出现的重大问题。

（3）领导合规管理部门，加强合规管理队伍建设，做好人员选聘培养，监督合规管理部门认真有效地开展工作。

3. 合规管理部门

企业可结合实际设置专职的合规管理部门，或者由具有合规管理职能的相关部门承担合规管理职责。合规管理部门一般应履行以下合规职责：

（1）持续关注我国及业务所涉国家（地区）法律法规、监管要求和国际规则的最新发展，及时提供合规建议。

（2）制定企业的合规管理制度和年度合规管理计划，并推动其贯彻落实。

（3）审查评价企业规章制度和业务流程的合规性，组织、协调和监督各业务部门对规章制度和业务流程进行梳理和修订。

（4）组织或协助业务部门、人事部门开展合规培训，并向员工提供合规咨询。

（5）积极主动识别和评估与企业境外经营相关的合规风险，并监管与供应商、代理商、分包商、咨询顾问和承包商等第三方相关的合规风险。为新业务的开发提供必要的合规性审查和测试，识别和评估新业务的拓展、新客户关系的建立以及客户关系发生重大变化等所产生的合规风险，并制定应对措施。

（6）实施充分且具有代表性的合规风险评估和测试，查找规章制度和业务流程存在的缺陷，并进行相应的调查。对已发生的合规风险或合规测试发现的合规缺陷，应提出整改意见并监督有关部门进行整改。

（7）针对合规举报信息制定调查方案并开展调查。

（8）推动将合规责任纳入岗位职责和员工绩效管理流程。建立合规绩效指标，监控和衡量合规绩效，识别改进需求。

（9）建立合规报告和记录的台账，制定合规资料管理流程。

（10）建立并保持与境内外监管机构日常的工作联系，跟踪和评估监管意见和监管要求的落实情况。

（二）合规管理部门的设置方式

合规管理部门是负责施工企业合规工作的具体组织和执行部门，依照所规定的职责、权限、方法和程序独立开展工作，负责公司各部门和全体员工的合规管理工作，合规管理部门对公司高层负责。

合规管理部门人员应具备较高的思想素质和法制观念，坚持原则、忠于职守、廉洁奉公、公正无私，并具备相应的专业知识。合规管理部门必须制定相应的人员岗位责任制，明确任务，落实责任。合规管理部门工作人员同样应遵守公司各种规章制度和规定。合规管理部门依据国家及有关部门的法律法规、公司章程、公司内部管理制度和承包合同，在所赋予的权限内，按照所规定的程序和方法，对行为对象进行客观公正的检查监督并提出处理建议。

合规管理部门的设置有如下几种类型，每种类型都有各自的优缺点。企业应根据公司业务类型、组织结构、组织资源等因素选择合规管理部门的设置。参见表7–1。

表7-1 合规管理部门的设置

序号	类型	特　点
1	合规管理部	在企业内部建立一个专业的合规管理部门，任命首席合规官作为合规管理总负责人。 优点：企业合规管理部门的独立性强，合规团队专业能力强，合规工作也做得相对专业。 缺点：要求企业投入大量的资金、人力等资源；对合规管理人员职业技能要求高，既要懂合规专业知识，又要懂具体的业务知识；合规管理部门与其他部门之间的沟通协调能力也要求较高。
2	法务合规部	把法务部或者法律事务部的管理职能与合规部门管理职能统一到法务合规部门职能之中，由法务合规部对企业的法律事务工作和合规管理工作进行统一管理。 优点：部门设立相对容易，投入成本相对较低，公司在设立合规管理部门时可以利用公司现有的法务部门的资源，因为大多数公司在成立合规部之前都有法务部门。另外，合规管理工作与法务部工作配合容易，因为合规管理部门有效开展工作的前提须对外部法律法规、监管等规定有正确的理解，在相同领导的情况下，合规管理部门与法务部门之间的沟通也相对顺畅。 缺点：按照这样的方式设置合规管理部门，开展工作时与其他部门的沟通协调要求较高，需要合规管理部门与业务部门密切配合，合规管理人员职业技能要求高，既要懂合规专业知识，又要懂具体的业务知识。
3	审计合规部	合规部与审计部结合形成审计合规部。 优点：便于企业对合规风险进行管理，企业可以通过较少的投入达到合规管理的目的。 缺点：独立性不强，适用于业务单一且面临合规风险较低的企业。以生产汽车为主的北京奔驰汽车就采用了此类型。

续表

序号	类型	特点
4	风控合规部	融合了公司治理、风险控制与合规管理。 优点：大大提升了合规管理部门整合公司资源的能力，有很强的独立性，方便了合规部门与风险管理部门的沟通，合规部门在进行合规风险评估时可以和风控部门结合起来共同开展工作，实现风险管理工作成果共享。 缺点：对合规部的领导力提出了很高的要求，同时也需要企业提供较多的资源支持，还需要与法务部门等其他部门加强沟通，平衡业务与合规风险管理的关系。
5	其他	具体根据公司业务类型、组织结构、组织资源而定。 如英国石油公司（BP）在集团层面设置"道德与合规部"进行合规管理，同时配以法律各领域专家提供日常的法律专业支持，来保证BP各部门的合规专业有效运行。 BP公司除了在道德与合规部门工作的全职合规工作人员之外，在每个业务与职能部门及其每一个下属地区部门，都有一位部门领导兼任本部门的"道德与合规联络人"。其职责是确保各项合规制度在本部门的有效实施，并且就日常工作中的合规问题进行处理和解答。这种安排能够有效提高本部门领导的合规意识，以及高效率解决日常合规问题。

三、企业内部的合规管理体系

（一）董事会的合规责任

董事会作为决策层应以保证企业合规经营为目的，通过原则性顶层设计，解决合规管理工作中的权力配置问题。

董事会负责企业整体风险的预防和控制，审核、监督公司风险控制制度的有效执行，可以下设合规与风险管理委员会，负责对企业国内施工承包及境外施工经营的风险控制及合法合规进行审议、监督和检查，草拟企业风险管理战略，评估企业风险管理状况。

董事会对企业的合规管理承担最终责任，履行以下合规职责：

（1）审核批准合规政策，监督合规政策的实施，并对实施情况进行年度评估。

（2）审核批准公司年度合规报告，对年度合规报告中反映出的问题，采取措施解决。

（3）根据总经理提名决定合规负责人的聘任、解聘及薪酬事项。

（4）决定公司合规管理部门的设置及其职能。

（5）保证合规负责人独立与董事会、董事会相关委员会，如审计委员会或者其他专业委员会沟通。

（6）公司章程规定的其他合规责任。

（二）监事会的合规责任

为了完成合规监督职能，监事会不仅要进行会计监督，而且要进行业务监督。不仅要有事后监督，而且要有事前和事中监督（即计划、决策时的监督）。监事会对经营管理的合规方面监督包括以下方面：

（1）对企业董事、总经理和其他高级管理人员执行公司职务时违反法律、行政法规或者公司章程的行为进行监督并有权通知他们停止其非合规行为。

（2）随时调查企业的合规执行状况，审查合规体系文件、合规记录和合规报告，并把审核意见向董事会报告。

（3）当监事会认为有必要时，一般是在企业出现重大问题时，可以提议召开股东会。

（三）管理层的合规责任

（1）企业的高级管理层应分配充足的资源建立、制定、实施、评价、维护和改进合规管理体系。

（2）管理层人员应当熟悉工程建设相关法律、行政法规及国际性组织的监管要求，依法合规、勤勉、审慎地行使职权。管理层人员应当维护企业的统一性和完整性，在其职权范围内对企业经营活动进行独立、自主决策，不受他人干预，不得将其经营管理权让渡给股东或者其他机构和人员。

（3）管理层人员应当根据企业经营环境的合规要求，督促和落实合规责任体系建立和运行。

（4）管理层人员应当构建企业自身的合规文化，保持企业内部机构和人员合规责任体系、合规报告路径的清晰、完整，不得违反规定的报告路径，防止在内部责任体系、报告路径和内部员工之间出现割裂的情况。

（四）合规管理部门的合规责任

（1）协助领导构建企业合规管理体系，制订、修订企业的合规手册和其他合规风险管理规章制度；

（2）起草年度合规管理计划；

（3）主动识别、评估、监测和报告合规风险；

（4）负责各项具体合规工作方案的拟定，使合规工作顺利展开；

（5）起草合规报告；

（6）参与新业务的开发，识别、评估合规风险，提供合规支持；

（7）违规事件的调查处理，起草违规处理决定；

（8）梳理企业内控流程，提出相关改进建议；

（9）审查企业内部管理制度、业务规程，提供合规改进建议；

（10）组织合规培训并向企业员工提供合规咨询；

（11）跟踪法律法规、监管规定和行业自律规则的变动、发展，并根据其有关要求提出制订或者修改企业内部规章制度的建议；

（12）领导指派的其他工作及其他相关辅助。

（五）合规管理的主要内容

企业应以倡导合规经营价值观为导向，明确合规管理工作内容，健全合规管理架构，制定合规管理制度，完善合规运行机制，加强合规风险识别、评估与处置，开展合规评审与改进，培育合规文化，形成重视合规经营的企业氛围。

1. 合规管理的主要活动

合规管理旨在构造企业监督系统，对企业的决策系统和执行系统进行全程、动态的合规监控，监控的对象覆盖企业经营管理的全部内容，主要包括：

（1）定期学习法律、法规，传达监管要求，营造企业合规文化，提高员工合规意识；

（2）审核业务合同、各部门的制度和工作流程；

（3）依据合规要求，检查和评估日常经营管理活动的合规性；

（4）梳理整合各项法律法规、规章制度，开展合规培训；

（5）为新的承包合同提供合规支持；

（6）开展法律咨询，协同处理企业法律纠纷及其投诉。

2. 合规文化

合规文化建设是合规风险管理的一部分，同时也是企业文化建设的一部分。如果企业上下所有员工都严格遵守高标准的道德行为准则，那么该合规风险的管理就是最为有效的。

在企业内部要形成浓厚的合规文化，做到人人合规。所有员工都要有足够的职业谨慎，具有诚信正直的个人品行以及良好的风险意识和行为规范。企业内部要具有清晰的责任制和问责制，以及相应的激励约束机制，形成所有员工理所当然要为他从事的职业和所在岗位的工作负责任的氛围，进而逐步形成工程建设企业的合规文化。企业加强合规文化建设应从以下四个方面努力：

（1）管理层的重视。

（2）全员合规理念的建立，一定要改变"钻政策空子""打擦边球"的观念，打消侥幸心理。

（3）合规部门与其他部门的配合、信息交流，实现资源共享，协同作战。

（4）有效落实合规考核机制。

3. 合规政策

合规政策是企业体现合规理念，培育合规文化，制定实现合规目标的纲领性、指示性的文件，对企业开展合规工作提出原则性要求。其内容包括：

（1）合规政策的制定。

企业的高级管理层（合规委员会）负责制定书面的合规政策，并根据合规风险管理状况以及法律、规则、准则及项目所在地的政策、宗教和文化环境的情况适时修订合规政策，报经董事会审议批准后传达给全体员工，定期评价各项合规政策和执行状况；若发现重大的合规问题，管理层必须立即向董事会汇报。

（2）进一步明确合规管理部门的职能。

为确保合规管理部门能在公司合规管理中充分发挥作用，对合规管理部门的责任至少应明确：①合规管理部门的功能和职责；②合规管理部门的权限；③合规负责人的合规管理职责；④保证合规负责人和合规管理部门独立性的各项措施，包括确保合规负责人和合规管理人员的合规管理职责与其承担的任何其他职责之间不产生利益冲突等；

⑤合规管理部门与其他部门之间的协作关系；⑥设立分支机构合规管理部门或项目部合规管理部门的原则。

（3）合规政策的落实。

①高级管理层：负责贯彻执行合规政策，确保发现违规事件时及时采取适当的纠正措施，并追究违规责任人的相应责任。

②企业职能部门及各项目部：遵循企业合规政策，研究制定本部门或本项目决策和运作的各项制度流程并组织实施，定期对本部门或项目的合规风险进行评估，对其合规管理的有效性负责。

③合规管理部门：作为合规风险的日常管理部门，主要负责识别、评估和监控合规风险，并向管理层和董事会提出合规建议和报告。

4. 合规审核

通过审核，把外部监督可能发现的问题及时在内部发现并进行有效的处理，以减少企业损失和可能受到的处罚。

合规审核的程序一般包括：制定合规审核机制、合规审核调查、合规审核评价，具体内容见表7-2。

表7-2 合规审核的程序及内容

程序	内容
制定合规审核机制	制定合规审核计划，需要列出审核的目标、步骤和流程。
合规审核调查	合规人员开展内部合规审核时，可能出现内部人员不配合、刻意隐瞒实情的情况，需要合规部门人员进行审核调查，但审核调查手段不能干扰企业或项目日常的运作。
合规审核评价	合规审核工作需要进行阶段性的评估，可以由内部或外部人员进行，最终目的是改进合规部门的工作。

5. 合规审计

企业合规管理职能应与内部审计职能分离。企业审计部门应对企业合规管理的执行情况、合规管理体系的适当性和有效性等进行独立审计。审计部门应将合规审计结果告知合规管理部门，合规管理部门也可根据合规风险的识别和评估情况向审计部门提出开展审计工作的建议。

6. 合规检查

合规检查的主要目标是制度、程序和流程的执行情况，合规检查主要看企业各个层面，特别是施工项目部是否落实了合规要求，检查要点：

（1）企业各个层面是否按照相关法律法规和企业章程的规定履行职责，合规记录是否真实、准确、完整，是否按规定存档。

（2）合规问题的整改情况及违规责任人的处理情况。

（3）风险管理制度是否涵盖了不同风险控制环节。

（4）其他有需要检查的内容。

7. 合规培训

企业应将合规培训纳入员工培训计划，培训内容需随企业内外部环境变化进行动态调整。境外经营相关部门和境外分支机构的所有员工，均应接受合规培训，了解并掌握企业的合规管理制度和风险防控要求。决策层和高级管理层应带头接受合规培训，高风险领域、关键岗位员工应接受有针对性的专题合规培训。合规培训应做好记录留存。合规培训的内容有（不限于）：

（1）企业内部的员工守则和各项业务的合规制度。

（2）国际商业公约及项目所在国特定合规要求。

（3）境内外合规案例警示教育。

8. 合规汇报、举报与投诉

合规负责人和合规管理部门应享有通畅的合规汇报渠道。合规管理部门应当定期向决策层和高级管理层汇报合规管理情况。汇报内容一般包括但不限于合规风险评估情况，合规培训的组织情况和效果评估，发现的违规行为以及处理情况，违规行为可能给组织带来的合规风险，已识别的合规漏洞或缺陷，建议采取的纠正措施，合规管理工作的整体评价和分析等。

如发生性质严重或可能给企业带来重大合规风险的违规行为，合规负责人或合规管理部门应当及时向决策层和高级管理层汇报，提出风险警示，并采取纠正措施。

企业应根据自身特点和实际情况建立和完善合规信息举报体系。员工、客户和第三方均有权进行举报和投诉，企业应充分保护举报人。

合规管理部门或其他受理举报的监督部门应针对举报信息制定调查方案并开展调查。形成调查结论以后，企业应按照相关管理制度对违规行为进行处理。

各层级人员对违规行为应有制止的义务，企业应有合规投诉处理的渠道和制度，合规投诉处理的流程为接收、审议、改进、反馈。合规投诉处理的措施包括：

（1）建立合规投诉渠道。

（2）建立合规投诉的管理办法或处理流程等制度。其中建议含保密、奖励等内容。

（3）规定相关处理极限范围、处理流程与时限等。

9. 合规考核

合规考核应全面覆盖企业的各项管理工作。合规考核结果应作为企业绩效考核的重要依据，与评优评先、职务任免、职务晋升以及薪酬待遇等挂钩。

境外经营相关部门和境外分支机构可以制定单独的合规绩效考核机制，也可将合规考核标准融入总体的绩效管理体系中。考核内容包括但不限于按时参加合规培训，严格执行合规管理制度，积极支持和配合合规管理机构工作，及时汇报合规风险等。

（1）建立考核目标。

企业应在相关部门和各层级建立合规目标作为考核依据。

企业策划如何实现合规目标时，应确定：

——做什么；

——需要什么资源；

——谁负责；

——何时完成；

——结果如何评价。

（2）建立员工合规操守考核制。

制订包括合规操守、合规业绩考核在内的绩效管理体系。每年初根据境外企业项目建设和生产经营的实际，制定考核指标并与主要负责人签订责任书，采取"月度通报、季度考核、半年小结、年度清算"考核机制，年底根据完成情况进行考核，合规业绩考核结果与企业工资总额、领导班子成员年薪和领导班子成员任职评价"三挂钩"。通过加强合规绩效考核，充分调动企业合规经营的积极性，促进资产的保值增值。将考核结果纳入年度绩效考核，与绩效工资挂钩，帮助员工提高合规意识，确保员工日常行为合规，遵守企业合规要求。

（3）建立违规问责制度。

对于发现的违规事件，要严格认定和追究违规行为人的责任，并采取有效的纠正措施，及时优化经营管理流程和修订相关规章制度，切实消除违规事件产生的影响。

10. 合规评价

企业应定期对合规管理体系进行系统全面的评价,发现和纠正合规管理贯彻执行中存在的问题,促进合规体系的不断完善。合规管理体系评价可由企业合规管理相关部门组织开展或委托外部专业机构开展。

企业在开展效果评价时,应考虑企业面临的合规要求变化情况,不断调整合规管理目标,更新合规风险管理措施,以满足内外部合规管理要求。

(1) 建立法律法规及其他要求适用表。

合规性评价的基础工作是建立适用的法律、法规及其他要求清单。

· 立法机构和监管机构的法律、规则和准则;

· 市场惯例;

· 行业协会的行业规则;

· 内部职员行为准则;

· 诚实守信和道德行为准则。

(2) 建立法律法规及其他要求合规性评价表。

(3) 进行合规性评价。

①归口管理部门;

②评价频次;

③评价人员;

④评价依据;

⑤评价内容;

⑥评价记录;

⑦不合规处置。

(4) 提出改进方法。

①企业合规性评价和改进建议表。

②撰写企业规章制度的修改建议书。

·如果企业的规章制度体系文件与现行的法律法规有冲突,则必须对规章制度体系进行修改。

·应该通过与有关部门的沟通,了解企业规章制度这样规定的原因,并探讨有无可能做出既合乎技术原理又合乎法律法规的方法。

·在建议书中,必须写明既有文件的哪一部分与法律法规存在冲突,并给出修改意见。

四、合规管理中的风险控制方法

合规风险是指企业或其员工因违规行为遭受法律制裁、监管处罚、重大财产损失或声誉损失以及其他负面影响的可能性。

合规管理部门应深入调查、梳理各操作岗位的工作规程,研究各岗位原有的内控风险、管理体系风险及法律风险,针对各环节隐藏的或者有可能发生的合规风险进行系统排查,并梳理成全面的合规管理风险。参照国家的法律法规、有关政策和行业标准规范,结合企业实际运营的情况,整理各业务领域需要遵守的法律法规和其他标准,结合上述排查的合规管理风险,细化业务操作标准,量化要求。其后,强调风险提示,列出哪些岗位会出现风险操作、风险级别、业务流程环节中容易出现风险的操作点以及风险控制措施,便于业务操作人员在工作中能够有意地避开风险操作点,提高风险意识,加强自身责任感。这是企业达成合规要求、实现合规经营的根本策略。

整个风险管理过程是一个闭环系统（见图7-1），随着风险应对策略的实施及风险监控过程中内外部环境或工作内容的变化，风险会出现许多变化，这些变化的信息可及时反馈，新的风险识别就能及时地对新情况进行风险评估和分析，从而调整并实施风险应对策略。这样循环往复，保持风险管理过程的动态性就能达到风险管理的预期目的。

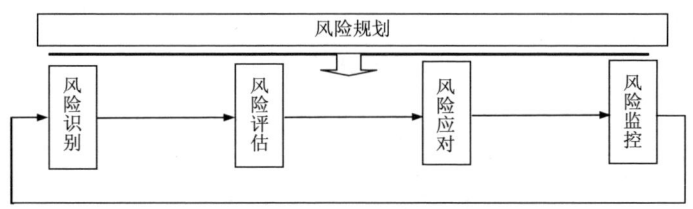

图7-1 企业风险管理的全过程

（一）风险规划

风险规划是定义如何实施合规风险管理活动的过程，合规部门应该根据企业的业务类型、实施环境和人员特点，制定风险管理规划文档，即风险管理计划。该计划要与业务内容（如所承包的项目类型、项目战略优先级等）对企业和其他相关方的重要程度相匹配，其中特别需要注意的是业务（如工程项目承包）实施过程中关键相关方（如工程所在地政府、业主及企业自身领导层）对合规风险的容忍程度。

风险规划的内容应包括：

（1）确定合规风险管理的领导者和团队，明确其职责；

（2）确定合规风险管理活动所需资金及应急储备和管理储备的使用方案；

（3）确定在项目生命周期中实施合规风险管理过程的时间和频率；

(4) 确定合规风险的分类方式和风险分解结构；

(5) 记录各相关方的风险偏好度和风险临界值；

(6) 根据具体的项目对风险的概率和影响进行定义；

(7) 风险登记册、风险报告以及项目风险管理过程中的文档要求及内容格式等。

合规风险管理活动应纳入日常工作范畴，是合规管理工作的最重要组成部分。同时，企业应在合规风险规划阶段对各类相关人员做好合规培训工作。培训对象和内容见表7-3。

表7-3 企业合规培训对象和培训内容

序号	培训对象	培训内容
1	企业高层、高级合规官	如何建立企业合规管理体系
2	合规管理团队成员	合规管理团队的职责、应知应会等
3	从事境内经营的工程建设企业所有人员	境内合规要求、制度
4	从事境外经营的工程建设企业所有人员	境外合规要求、制度

可采取现场培训、书面培训、网络培训相结合的形式，由合规管理部门制定年度合规培训计划，由各业务部门提出培训需求，以工作的实际需要为出发点，与岗位紧密结合，根据年度培训计划、国家政策法规的变化及企业业务发展需要实施培训，有计划、有目的地组织各种形式的合规培训，强化合规经营理念。

（二）风险识别

企业应当建立必要的制度和流程（风险规划），识别新的和变更的合规要求。企业可围绕关键岗位或者核心业务流程，通过合规咨询、审核、考核和违规查处等内部途径识别合规风险，也可通过外部法律顾问咨询、持续跟踪监管机构有关信息、参加行业组织研讨等方式获悉外部监管要求的变化，识别合规风险。

企业境外分支机构可通过聘请法律顾问、梳理行业合规案例等方式动态了解掌握业务所涉国家（地区）政治经济和法律环境的变化，及时采取应对措施，有效识别各类合规风险。

企业的合规风险识别工作应该在整个经营过程中持续开展，并根据环境和业务特性的变化不断更新风险内容。

具体工程项目上的风险识别应以企业已识别的合规风险为基础，结合项目特性、所在地的环境（包含自然环境、社会环境、管理环境和作业环境）等因素，在合规管理部门的配合下，一同开展合规风险的识别。

可使用头脑风暴、核对单、访谈收集与风险相关的信息；通过根本原因、假设条件和制约因素、各种文件和SWOT等分析风险及其来源；召开专门的会议讨论和完善风险的识别。具体识别风险的方法见表7-4。

表7-4 常见风险识别方法

名称	方式	说明
调查法	访谈	约访专家、工程管理人员，或通过实地观察走访等识别潜在的风险。
	专家会议讨论	通过成立风险管理专家小组，召开会议，利用其专业知识和经验识别潜在的风险。

续表

名称	方式	说　明
头脑风暴法	自由联想讨论	组织一群人自由联想、讨论，发表自己的观点或看法，互不强制干预对方。
核查法	核查表	将之前相似项目发生过的风险归纳总结列成清单，核查拟建项目是否存在该类风险。
分解法	工作分解法（WBS）	将复杂的整体工程进行系统分解（单项工程-单位工程-分部分项工程-工序），分析潜在的风险和损失。
分解法	风险分解法（RBS）	将整个工程的风险从不同的方面或层次分类，再将大类风险分解为具体的子风险。
分解法	WBS-RBS	将复杂的工程工作和风险分别分解成简单、易于理解的基本单元，再将其耦合形成 WBS-RBS 矩阵，找出可能的风险因素。
情景分析法	场景假设	设想同一环境不同情境下可能出现的风险及其带来的损失。
假设条件和制约因素分析	实施条件审查	每个项目及其项目管理计划的构思和开发都基于一系列的假设条件，并受一系列制约因素的限制。探索假设条件和制约因素的有效性，确定其中哪些会引发风险。从假设条件的不准确、不稳定、不一致或不完整，可以识别出威胁，通过清除或改变会影响项目或过程执行的制约因素，可以创造出机会。
流程图法	流程图	将项目划分为连续的作业流程，再将各个作业流程划分为若干个具体板块，分析各板块中潜在的风险。

续 表

名称	方式	说明
SWOT分析	多维度进行分析	对项目的优势、劣势、机会和威胁进行逐个检查。
文件分析	历史资料分析	通过对企业或项目以往文件的结构化审查,可以识别出一些风险。可供审查的文件包括计划、假设条件、制约因素、以往项目档案、合同、协议和技术文件。

1. 合规风险识别的领域

企业识别、分析和评估合规风险可以从重点领域、重点环节、重点人员三方面考虑,参见表7-5。

表7-5 企业风险识别的领域

序号	类别	具体内容
1	重点领域	市场交易、商业伙伴、安全环保、施工质量、劳动用工、财务税收、知识产权、反腐、诚信与反贿赂。
2	重点环节	重要决策事项事前合规审查。境外施工重大决策、重大合同、大额资金管控、境外子企业公司治理等。
3	重点人员	管理人员、高风险岗位、海外人员。

2. 合规风险识别的框架

全面识别合规风险一个良好的方法是通过风险分解(RBS)建立合规风险识别框架。

（1）合规风险 RBS 建议，参见表 7-6。

表 7-6　合规风险 RBS 建议

类别	需合规的内容或风险点
国际条约、惯例和协议合规风险相关的规定主要来自联合国（UN）、国际劳工组织（ILO）、世界知识产权组织（WIPO）、国际标准化组织（ISO）、社会责任国际（SAI）、国际商会（ICC）、世界银行（WB）、石油输出国组织（欧佩克）等	·合同管理：FIDIC 条款、NEC 合同条款、JCT 合同条款、AIA 系列合同条件等； ·劳工权利：《国际组织劳工宪章》、《建筑业安全和卫生建议书》、《1990 年夜间工作公约》、SA 8000 等； ·知识产权：《保护工业产权巴黎公约》《专利合作条约》《世界版权公约》等； ·环境保护：《生物多样性公约》《控制危险废物越境公约》《联合国气候变化框架公约》《巴塞尔公约》等； ·财务报告：COSO 全面风险管理框架、内部控制框架等； ·国际贸易：《国际贸易术语解释通则》《商业跟单信用证统一惯例》等； ·诚信与反贿赂：《世行诚信合规指南》《海外反腐败法案》等； ……
国家（地区）性合规风险	·美国的《海外反腐败法案》《针对机构实体联邦量刑指南》《萨班斯法奥克斯利法案》； ·美国的"长臂管辖"司法判例； ·所在国出于国家安全和国家利益作出的行政决定，如美国把华为公司列入出口管制"实体名单"； ·所在国及地区出入境相关规定； ·驻所在国使领馆的规定和要求； ……

续 表

类别	需合规的内容或风险点
宗教、文化和习俗合规风险	・基督教； ・伊斯兰教； ・佛教； ・当地的其他教派和习俗； ……
国内施工企业涉及的主要法律、法规合规风险	1. 法律 《中华人民共和国建筑法》《中华人民共和国安全法》《中华人民共和国消防法》《中华人民共和国民法典》《中华人民共和国招标投标法》《中华人民共和国土地管理法》《中华人民共和国城乡规划法》《中华人民共和国环境保护法》《中华人民共和国环境影响评价法》《中华人民共和国保险法》《中华人民共和国劳动法》等。 2. 行政法规 《工程建设质量管理条例》《工程建设安全生产管理条例》《工程建设勘察设计管理条例》《中华人民共和国土地管理法实施条例》等。 3. 部门规章 《工程监理企业资质管理规定》《注册监理工程师管理规定》《工程建设监理范围和规模标准规定》《建筑工程设计招标投标管理办法》《房屋建筑和市政基础设施工程施工招标投标管理办法》《评标委员会和评标方法暂行规定》《建筑工程施工发包与承包计价管理办法》《建筑工程施工许可管理办法》《实施工程建设强制性标准监督规定》《房屋建筑工程质量保修办法》《房屋建筑工程和市政基础设施工程竣工验收备案管理暂行办法》《工程量清单计价规范》《工程建设施工现场管理规定》《建筑安全生产监督管理规定》《工程建设重大事故报告和调查程序规定》《城市建设档案管理规定》《增值税暂行条例实施细则》等。

续 表

类别	需合规的内容或风险点
国内外行业专业技术合规风险	指针对不同的行业、不同质量控制对象制定的专业技术规范文件。包括规范、规程、标准、规定等，如：工程建设项目质量检验评定标准，有关建筑材料、半成品和构配件质量方面的专门技术法规性文件，有关材料验收、包装和标志等方面的技术标准和规定，施工工艺质量等方面的技术法规性文件，有关新工艺、新技术、新材料、新设备的质量规定和鉴定意见等。
企业内部制度和流程合规风险	·公司章程； ·公司制度和业务流程； ·工艺流程和操作手册； ·……

(2) 全面风险识别 RBS 建议，见表 7-7 至表 7-18。

表 7-7 境外工程建设企业全面风险识别框架（RBS 0 级）

序号	层次	风险类型
1	国家层面	经济风险、政治风险、社会风险、自然风险、法律风险
2	项目层面	招投标风险、设计风险、施工风险、采购风险、业主方风险
3	企业层面	融资风险、资金风险、组织结构风险、人力资源管理风险

表7-8 国家层面：经济风险清单（RBS 1~2级）

序号	风险因素	风险源
1	经济发展	所在国经济GDP总量及发展趋势如何？经济产业结构是怎样的？经济发展规划和政策有哪些？
2	通货膨胀	所在国通货膨胀率是多少？是否得到有效控制？发展趋势如何？国家的货币政策如何？
3	政府财政和债务	政府财政收入、来源及占比是多少？政府财政收支情况如何？政府外债与内债情况如何？政府外汇收入、来源及储备情况如何？
4	市场竞争	政府投资和私人投资情况如何？市场竞争激烈情况如何？市场竞争者来自哪些国家？中国企业的市场份额、分布领域和竞争优势怎样？
5	汇率变化	所在国采用何种货币？是否是国际货币？与美元的兑换比率是否稳定？汇率的发展趋势怎样？
6	外汇管制	所在国是否是外汇管制国家？所在国的外汇储备怎样？外汇管制的对象是哪些？外汇管制的范围有哪些？
7	华人经济团体影响	所在国是否存在华人商会或经济团体？这些商会团体对所在国经济的影响力如何？与当地政府和社会组织团体的关系如何？
8	商业银行合作	所在国的主要商业银行有哪些？银行的资信、业务及收费、效率情况如何？外国人可否开立银行账号和可办理的业务情况有哪些？

表 7-9 国家层面：政治风险清单（RBS 1~2 级）

序号	风险因素	风险源
1	政治制度	所在国政治体制是哪种（民主共和制/君主立宪制）？所在国民主程度如何？是否存在以及存在多大程度的独裁？政治权力在各组织机构之间如何划分？
2	政党及政策	所在国的政党情况如何？是一党制、两党制还是多党制？主要政党有哪些？主要政党对国家政策和政治权力的影响怎样？执政党及其他政党对华态度怎样？
3	国家信誉	所在国的国际信誉如何？是否有国家信用评级？评级情况如何？
4	政府腐败	所在国政府廉洁情况如何？腐败行为严重程度如何？政府是否就腐败问题采取打击措施？政府打击力度和决心怎样？
5	政策连续性	国家政策是否稳定？近几届政府更迭过程是否稳定？新政府对原政府行为（各项政令及外交政策）继承是否完整及政策是否稳定？
6	政局稳定性	国家政局是否稳定？影响国家政局稳定的主要因素有哪些？
7	战争或内乱	所在国是否存在反政府武装或恐怖组织？其破坏活动近年来是否频繁？国家是否已采取军事行动？未来的安全形势会如何？
8	国家关系	所在国周边国家政局是否稳定？其与周边国家关系如何？国际上有无敌视国？中国在该国是否设有大使馆？其与中国合作情况如何？
9	舆论风险	我方在项目所在国设立的机构是否建立了舆情监控机制？
10	工程协会	所在国是否存在工程协会？工程协会的作用及其对市场的影响如何？

续 表

序号	风险因素	风险源
11	紧急事故应对	我方在所在国设立的机构是否建立了紧急情况的应对机制？包括哪些具体的应急保障措施？
12	项目安保	我方在所在国设立的机构是否建立了安全保障管理制度？当地是否有专业的安保公司？费用如何？当地政府可否提供安保力量？
13	市场歧视	建筑市场对外国承包商的态度如何？中资企业在当地受欢迎程度如何？

表7-10 国家层面：社会风险清单（RBS 1~2级）

序号	风险因素	风险源
1	民族冲突	所在国有多少民族？各民族之间的关系如何？主要民族占人口比例及其对国家政治、社会的影响如何？
2	宗教冲突	所在国有无宗教信仰？具体信仰哪些宗教？宗教之间的关系如何？宗教对国家政治、社会、文化等的影响程度如何？
3	风俗禁忌	所在国有哪些风俗习惯？禁忌有哪些？
4	法定假日	所在国有哪些法定节假日？法定假日多不多？节假日如何分布？
5	劳工素质	社会教育体系是否完善？教育是否普及？公民受教育程度如何？
6	交流障碍	所在国官方语言是什么？较为通行的外国语言有哪些？
7	医疗卫生	所在国医疗保障体制是否健全？医疗水平和伤病费用成本如何？
8	社会治安	社会治安状况如何？偷盗、抢劫等暴力犯罪率高不高？

表7-11 国家层面:法律风险清单(RBS 1~2级)

序号	风险因素	风险源
1	法制差异	所在国属于英美法系、大陆法系还是其他法系?
2	法制是否健全	所在国的国家立法程序如何?法制是否健全?基本法律有哪些?法律法规调整是否频繁?
3	公民法律意识	当地法律文件是否易于获取?公民法律意识怎样?公民犯罪率如何?
4	执法风险	所在国执法部门法律执行力度如何?执法是否公正?
5	司法风险	司法环境如何?司法是否公正?司法效率如何?诉讼成本如何?
6	国际法约束	是否与中国签订双边或多边条约?是否共同加入某种国际组织?
7	公司法风险	所在国关于公司设立及治理的相关法律法规有哪些?主要规定是怎样的?
8	进口管理	所在国对进口程序和手续有哪些规定?海关检查是否严格?清关效率怎样?
9	外籍劳务限制	所在国关于外籍劳务的法律法规有哪些?是否对外籍劳务有明确的限制?外籍劳务需要办理哪些签证和手续?
10	外商投资法	所在国关于外商投资的法律法规有哪些?主要规定是怎样的?
11	投标法规	所在国关于投标的法律法规有哪些?主要的规定是怎样的?
12	合同法	所在国关于合同的法律法规有哪些?主要的规定是怎样的?
13	劳动法	所在国关于劳动关系、职业安全健康的法律法规有哪些?主要的规定是怎样的?对工人加班的时间和费用有何规定?

续　表

序号	风险因素	风险源
14	税法风险	所在国关于税收制度的法律法规有哪些？主要规定是怎样的？税率如何？对外国承包商有无优惠？税法是否定期修改？
15	环保法	所在国关于环境保护的法律法规有哪些？主要规定是怎样的？对于破坏环境行为的惩罚是怎样的？
16	企业资质管理	所在国关于建筑企业资质管理的法律法规有哪些？主要的规定是怎样的？资质分为几类几级？资质申请的程序和所需的材料有哪些？
17	工程纠纷管理	所在国关于诉讼、仲裁等争议解决方式的相关法律法规有哪些？主要的规定是怎样的？
18	所在国仲裁机构	所在国仲裁机构有哪些？这些机构的国际影响力、公正性、收费情况如何？
19	国际仲裁有效性	所在国是否为纽约公约成员？外国仲裁裁决在该国承认和执行情况如何？
20	法律资源获取	所在国的法律资源如何？有无国际知名律所？本国律师的水平和能力怎样？律师收费如何？该国有无知名的工程咨询专家和税务顾问专家？

表 7-12　国家层面：自然风险清单（RBS 1~2 级）

序号	风险因素	风险源
1	自然灾害	所在国自然灾害现象（地震、洪灾、旱灾、火山、台风等）是否严重？是否常年缺水？
2	气候恶劣	全年降雨量和气温如何？是否有明显的旱季和雨季？雨季和旱季的分布和持续时间？夏季的最高平均温度和冬季的最低平均温度？

323

续表

序号	风险因素	风险源
3	水文地质	所在国的地形地貌如何？水文地质条件是否复杂？
4	传染疾病	所在国是否传染疾病高发区？主要的传染疾病有哪些？病情是否得到有效控制？公民的疾病防范意识如何？
5	生态保护	所在国是否特注重对生态的保护？项目是否经过生态保护区？

表7-13 项目层面：招投标风险清单（RBS 1~2级）

序号	风险因素	风险源
1	投标程序	建筑市场投标的基本程序是怎么样的？公正性如何？外国企业投标需要哪些准备？
2	投标政策	所在国对本国企业和外国企业投标的政策是否不一样？具体政策是怎样的？
3	业主手续	业主的行政审批手续是否齐全？
4	工程量和工程范围	合同中关于工程项目内容描述是否清楚？是否存在可凭借推测和想象而导致工作范围扩大的成分？工程量是否有清单？
5	合同报价	合同计价方式约定是否明确？是固定总价合同还是可调总价合同？合同中有无关于价格调整方式的条款？合同价格包含的风险费是否足够？
6	融资要求	合同中是否要求承包商融资？融资额度是否超过企业规定标准？
7	保函担保	业主是否要求承包商提供保函担保？需要提供哪些保函？保函失效、失效条件及担保金额约定是否明确？
8	预付款约定	合同中是否约定工程预付款？预付款的比例是多少？预付款支付形式是什么？

续　表

序号	风险因素	风险源
9	进度款支付约定	合同中是否约定工程进度款的审批及支付时限？进度款的支付方式是什么？是否约定发包人未按时支付工程进度款的违约责任？
10	工程尾款支付约定	合同中是否约定工程尾款的审批和结算时限？工程尾款的支付方式是什么？是否约定发包人未按时支付工程尾款的违约责任？
11	质保金支付约定	合同中是否约定质量保修期和期满后工程质量保修款的清算和支付时限？
12	竣工结算约定	合同中是否约定工程竣工验收的条件？是否明确规定竣工结算审核单位和审核时限？是否约定中间结算和结算时限？
13	付款形式	合同工程款结算的币种有哪些？业主以何种方式付款？
14	工程变更	是否约定工程变更、洽商、签证价款的审批和支付时限？
15	违约赔偿	合同对双方违约的责任是否做出明确的规定和量化？对赔偿的条件和形式是否约定？
16	条款不平等	业主是否特意将自身承担的风险定义模糊化？风险范围是否缩小？是否将一些不可抗风险全部强加给承包商？
17	条款不严谨	合同对一些重要性条款有没有清晰的定义？规定是否详细？前后是否存在矛盾？
18	合同条款误解	合同条款翻译是否正确？双方就条款的理解是否进行沟通并达成一致？
19	业主免责	合同条款关于业主责任的要求是否明确？有无具体的制约措施？

表 7-14 项目层面：设计风险清单（RBS 1~2 级）

序号	风险因素	风险源
1	设计标准	业主要求使用的设计标准规范是哪些？中国标准、欧美标准、所在国自身标准规范有哪些？设计分包商对国外标准规范的熟悉程度如何？
2	设计技术	设计院或分包商的资质如何？是否做过海外工程的设计？设计团队人员组成结构是否合理？设计人员的设计经验如何？
3	设计资料	业主提供的资料信息是否真实、完整和更新？承包商是否亲自到项目现场勘察过？勘察资料的深度和广度是否满足设计要求？
4	设计方案	承包商是否深入研究业主提出的技术指标和要求？设计方案是否合理？业主是否会因喜好任意要求承包商改变设计方案？业主对设计方案的审批效率如何？
5	设计变更	设计分包商是否正确理解业主的概念要求？业主对项目的要求是否一次性交代清楚？
6	衔接风险	设计部门的时间安排是否合理？与采购部门、施工部门工作的衔接是否顺畅？

表 7-15 项目层面：采购风险清单（RBS 1~2 级）

序号	风险因素	风险源
1	本地材料设备供应	所在国有无项目所需的材料设备？当地材料的质量能否达到项目要求？当地的材料生产能力和设备生产效率能否满足项目的需求？材料和设备的价格怎么样？
2	材料设备采购计划	各种材料和设备的采购来源是否合理安排（当地、中国还是第三国）？每次材料采购数量是否经济？采购计划是否合理和灵活？

续 表

序号	风险因素	风险源
3	供货商供货	供货商的信誉情况怎么样？供货数量和质量是否有保障？能否及时供货？供货规格是否与项目匹配？售后服务怎么样？
4	物流运输	物资运输形式和成本如何？运输速度和安全性如何？货物运输损耗大不大？清关手续是否复杂？货物是否在所在国进口管制名单内？
5	物价上涨	材料设备价格是否上涨？跨国采购时货币汇率是怎样的？
6	采购报价	业主是否指定供货商？供货商的数量有多少？承包商询价是否方便？供货商报价是否合理？供货商会不会坐地起价？

表7-16 项目层面：施工风险清单（RBS 1~2级）

序号	风险因素	风险源
1	施工技术	技术交底是否清楚？施工工艺是否落后？专项施工方案是否得到论证以及效果如何？有无采用新工艺和技术？
2	安全措施	现场安全措施是否到位？执行力如何？是否安排专职安全巡视员？
3	施工人员管理	施工人员素质如何？施工人员是否服从安排？施工人员是否会盗窃材料设备？施工人员是否会集体要求涨薪或罢工？施工人员是否接受加班安排？
4	分包商管理	分包商之间的施工界面是否清晰？分包商进场安排是否合理？与分包商之间的沟通是否顺畅？有无做好各分包商之间的协调？

续 表

序号	风险因素	风险源
5	材料设备管理	现场材料设备是否有专人看管？设备的保养怎样？材料的进场是否及时？设备之间的调度是否协调？
6	基础设施	施工现场的供水供电是否充足？交通方不方便？
7	施工组织	施工方案是否可行？施工进度计划是否科学？施工现场平面布置是否合理？
8	施工影响控制	施工过程中有无注意保护周围的生态环境？有无干扰到周围居民的生活？有无对周围建筑和地下管线造成影响？
9	劳工流动	当地的劳工是否充足？劳工的流动性大不大？
10	技术文件翻译	公司是否拥有既会说当地语言又懂工程技术的人才？技术文件的翻译与原文贴近程度如何？
11	项目目标管理	项目目标分工是否明确？是否制定严格的项目目标管理体制？项目目标管理计划是否严格执行？

表 7-17　项目层面：业主方风险清单（RBS 1~2 级）

序号	风险因素	风险源
1	业主支付不及时	业主拖欠工程进度款和竣工结算款的情况如何？业主对承包商的请示回复情况如何？
2	业主干预	业主是否强行干预项目的管理，发号一些不合理的指令？
3	需求变更	业主会否因经济问题减少项目工作量或范围？业主是否要求承包商执行合同规定之外的工作？

表7-18 企业层面：企业风险清单（RBS 1~2级）

序号	风险因素	风险源
1	融资风险	企业的融资能力如何？融资渠道有哪些？融资是否得到国家支持？
2	资金短缺	企业的资金运转是否正常？是否有足够的资金维持垫资施工？
3	人力资源管理	企业雇用当地员工和国内员工的规划是否合理？员工的培训计划和费用如何？薪酬制度是否透明公正？
4	企业内部组织管理	企业的管理团队是否团结？内部是否拉帮结派？与当地建筑企业是否存在腐败交易？管理人员结构安排是否合理？各自的责任与权力是否明确？
5	组织结构	企业项目组织机构采用何种形式？机构设置是否合理？

3. 风险识别的结果

风险识别的最终成果是建立风险登记册，记录已经识别的风险、潜在的风险责任人和潜在的风险应对措施。

(三) 风险评估

风险评估是指根据工程所处的环境，风险管理人员应用统计、概率分析等方法对已识别风险的发生概率和影响进行综合分析的过程。其主要目的是对风险进行优先级排序，筛选出高优先级的风险重点关注。

企业应通过考虑不合规的原因、来源、后果的严重程度、不合规及其后果发生的可能性进行合规风险评估。后果包括（不限于）：个人和环境伤害、经济损失、声誉损失和行政责任等。

企业可根据企业的规模、目标、市场环境及风险状况确定合规风险评估的标准和合规风险管理的优先级。

企业进行合规风险评估后应形成评估报告,供决策层、高级管理层和业务部门等使用。

风险具有动态性、紧迫性、临近性、潜伏期、可控性、连通性、可监测性、可管理性、不确定性、相对性、突发性等众多特性。传统的风险评价方法大都认为风险度为风险发生概率 P 与风险损失 I 的乘积,即 $R = P \times I$。这种分析方法仅从概率和损失两个维度来评价风险,不能全面反映风险的发生过程和规律,可能会导致错误的结果。有必要将风险分析从两维向三维甚至多维拓展,也就是除了考虑风险发生的概率和风险损失,还需考虑风险的可控性、紧迫性、临近性等风险特性指标,用风险特征向量表示如下:$R = (R_1, R_2, R_3, R_4, R_5 \cdots)$ = (概率、损失、可控、紧迫、临近…)。

风险各评价维度的具体含义如下:

(1) 发生概率:风险在工程全过程中发生的可能性大小。

(2) 损失:风险发生后影响工程进度、质量、成本等目标而造成的损失,以及连带给企业的经济损失、声誉损失和行政责任等。

(3) 紧迫性:为有效应对风险而必须采取应对措施的时间段。时间短就说明紧迫性高。

(4) 邻近性:风险在多长时间后会影响一项或多项项目目标。时间短就说明邻近性高。

(5) 可管理性:风险责任人(或责任组织)管理风险发生或影响的容易程度。如果容易管理,可管理性就高。

(6) 可控性:风险责任人(或责任组织)能够控制风险后果的程度。如果后果很容易控制,可控性就高。

(7) 可监测性:对风险发生或即将发生进行监测的容易程度。如果风险发生很容易监测，可监测性就高。

（8）连通性：风险与其他风险存在关联的程度大小。如果风险与多个其他风险存在关联，连通性就高。

（9）战略影响力：风险对组织战略目标潜在的正面或负面影响。如果风险对战略目标有重大影响，战略影响力就大。

（10）密切度：风险被一名或多名相关方认为要紧的程度。被认为很要紧的风险，密切度就高。

值得说明的是，并不是每一个风险特性都需要考虑，除概率和损失外，其他的特性根据项目的情况进行选择，并设定相应的权重。各项评分应由经验丰富的专家进行打分，评分的标准应在风险规划中设定，多位专家的多重评分会显著提高风险评估的准确性。表7-19是风险评估模型示例。

表7-19 风险评估模型（示例）

风险 10分制	维度 权重	概率 30%	损失 30%	可监测性 5%	紧迫性 5%	…… ……	综合评分	优先级
风险A	/	9	8	8	8	……	8.3	1级
风险B	/	7	8	5	6	……	6.5	3级
……								

（四）风险应对

企业应建立健全合规风险应对机制，对识别评估的各类合规风险采取恰当的控制和处置措施。发生重大合规风险时，企业合规管理机构和其他相关部门应协同配合，依法及时采取补救措施，最大程度降低损失。必要时，应及时报告有关监管机构。

合规风险的应对主要从五个大方面考虑,即风险上报、风险规避、风险减轻、风险接受和风险转移,见图7-2。

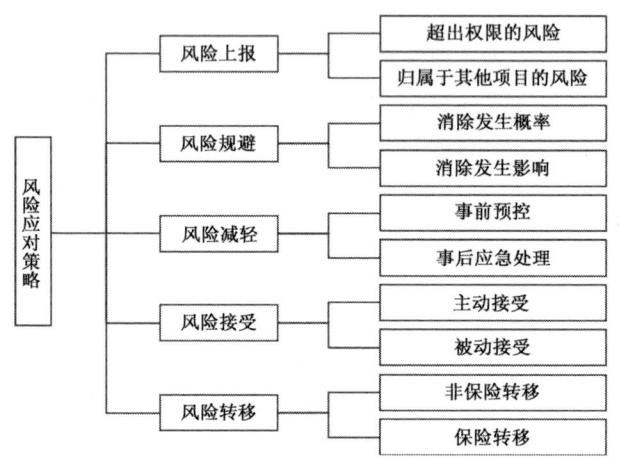

图7-2 风险应对方案框架图

1. **风险上报**

如果某风险不在职责范围内,或提议的应对措施超出了责任人能力或权限,就应该采用上报策略。被上报的风险将在相应的相关部门加以管理。而风险责任人应确定就风险通知哪些人员,并向该人员或组织部门传达关于该威胁的详细信息。

上报策略带来的好处是能在更高层次进行统筹管理,能调动更多的资源来响应风险。合规管理人员应该充分意识到上报并不是责任推诿,也更应清楚地意识到如果在超出职权能力范围内自行管控风险或是瞒报而导致风险没有得到及时有效处理,都将导致最终的失控。

2. **风险规避**

风险规避是指采取行动来消除威胁,避免受威胁的影响。规避策略应对的核心是"阻断",即把概率降低到零。或者风险发生了,主体也会受保护而不受影响。

某些合规风险发生概率和损失都很大，但又没有经济有效的措施来减小风险，合规管理人员就应该采取放弃项目或原计划，或者改变目标，避免损失。

采取风险规避常需同时满足以下三点：

（1）对合规风险要有足够的认识和把握。

（2）该风险发生的概率很高，带来的后果很严重。

（3）采用其他应对策略的代价超过风险所带来的经济效益，只有采取风险规避才能将项目损失降到最低。

但运用该策略时也须认识以下三点：

（1）风险是始终存在的，规避这个风险可能会面对另外一个新的风险。

（2）规避风险也就丧失了从该风险中获取利益的机会。

（3）风险规避要把握最佳时机，当断则断。

如上所述，在采取规避策略的时候，往往需要付出相对较大的代价，因此在制定策略的时候需要权衡经济性和可行性，如果无法完全规避，可以考虑强化其他策略。

3. 风险减轻

风险减轻是指采取措施来降低威胁发生的概率和（或）影响，最终使风险处在可控范围内。当风险应对目标是只需可防可控时，或对于需要完全消除风险（高风险），但因风险特性或其他因素无法采用规避措施时，优先采用减轻策略。

采取减轻策略，在具体应对方案的制定时，从风险严重性的因素入手，通过强化过程控制来降低概率和损失。

它一般包括事前控制和事后控制。事前控制是指通过制定防范性措施来降低风险事件发生概率的行为，分为有形的和无形的。有形的措施如高空作业人员必须系安全带，脚手架挂安全网；进场人员须带安全帽；易燃易爆材料远离办公场所等。无形的措施如对现场工作人员进行风险教育；制定严格的风险管理制度；采取多种货币结算方式等。事后控制是指通过制定应急处理计划来尽量减小风险事故所造成的损失或抑制事故的进一步发展的行为。相应的措施如调整施工进度和材料设备采购计划；准备索赔证据，计算索赔金额，递交索赔报告；查看项目资金链运转状况，调整融资计划等。

4. 风险接受

风险接受，又称为风险自留。

风险接受是指承认风险的存在，事前不主动采取措施，因此它不改变风险的概率和损失，依靠自身的力量来承担风险事故损失的行为。此策略可用于低优先级威胁，也可用于无法以任何其他方式加以经济有效地应对的威胁。对于采用接受型风险（暂时不管它），有两种建议，一是为它建立应急储备，包括预留时间、资金或资源以应对出现的威胁；二是定期审查，确保其并未发生重大改变。

5. 风险转移

转移涉及将应对威胁的责任转移给第三方，让第三方管理风险并承担威胁发生的影响。采用转移策略，通常需要向承担威胁的一方支付风险转移费用。购买保险、使用履约保函、使用担保书或保证书是转移的最常见手段。

该行为并不能减小风险发生的概率和损失，而只是将风险损失转移给最有能力承担或控制的其他组织或个人。一般分为保险转移和非保险转移。

保险转移是指项目主体通过购买工程保险来将风险转移给保险公

司。常见的保险转移措施有：建筑工程一切险、安装工程一切险、社会保险、车险、汇率险等。

非保险转移是指项目主体通过签订合同将风险转移给对方。该方法能够转移那些不可投保但被转移者长于该类风险管理的风险。但要注意被转移者的财务能力，一旦无法承受风险带来的损失而破产，那么最终的损失仍由转移者承担。此外，为确保风险转移的顺利落实，在合同中须明确规定双方的权利与责任。常见的非保险转移措施有：工程分包、转包、担保、出售、技术转让、设备租赁、免责合同等。

（五）风险监控

监控风险是在整个项目期间，监督商定的风险应对策略的实施、跟踪已识别风险、识别和分析新风险，以及评估风险管理有效性的过程。

由于在项目实施过程中合规风险是不断变化的，企业应落实监控措施，管理合规义务和对应的合规风险，实现预期的行为。

采取有效的监控措施确保满足合规义务，能够预防或发现不合规事件并纠正。充分而严格地设计各类、各层次的监控措施，以促进企业的活动和运行环境实现合规义务。

比如：控制包括：

——清晰、实用并易于遵循的文件化运行方针、程序、过程和操作指示；

——系统和异常报告；

——审批；

——划分有冲突的角色和职责；

——自动化过程；

——年度合规计划；

——员工绩效计划；

——合规评估和审核；

——管理层的承诺和促进合规行为的其他措施；

——对预期的员工行为（标准、价值观和行为准则）进行主动、公开并经常的沟通。

风险监控方法如下：

（1）风险审计：专人督察风险监控机制的执行情况，并定期对风险执行过程进行审核。

（2）风险审查会：定期召开合规风险的审查会，来检查和记录风险应对策略的有效性。在风险审查中，还可以识别出新的合规风险，并及时制定应对措施。

（3）技术指标分析：比较计划技术指标与实际技术指标之间的差异。

（4）风险预警监督：度量项目在运作过程中某指标偏离预警线的强弱程度、发出预警信号并提前采取防范措施的系统。

结　语

开展境外经营是中国企业实现企业发展战略，参与"一带一路"建设，推进中国与世界各国互利共赢的重要方式。强化合规经营意识是企业海外经营行稳致远的前提。

不论国内还是国外，廉洁、合规都已成为世界范围内对企业的基本要求，国际机构以及国家、行业组织等各个层面的监管力度都将越来越严，企业依法合规经营已经成为当今企业治理的国际趋势。中国的工程建设企业也应当积极顺应国际趋势，认识到建立合规制度、强化合规监管的重要性，努力建设和实施符合国际标准的合规经营制度。

我国工程建设企业在"走出去"过程中，因合规被处罚的案例比比皆是，而在海外失败项目中的经验教训，往往具有很高的相似度。"屁股出去了，脑袋还留在国内"，这十分形象而深刻地概括了造成合规问题的原因。我国的工程建设企业在国内市场中在技术、工期等方面创造了一系列的奇迹，但是我们必须清醒地认识到，这些奇迹的产生是因为有中国这个得天独厚的市场环境占尽了"天时、地利、人和"，一旦脱离了这个熟悉的市场环境，丧失了我们赖以创造奇迹的土壤，中国承包商很难复制"中国速度"。

我国工程建设企业在几十年"走出去"的过程中所形成的经验，往往是以高成本作为代价的。而用高成本所换来的境外工程经验，又常常是低效率的。一方面，获得经验的往往是个人，而个人的经验很难转化为组织合规体系的部分，常常出现"人走了，经验也被带走了"的怪现象。然后，企业又不得不重新开始"交学费"和积累教训，很少能够像大多数成熟的国际承包商那样，及时把经验和教训总结、固定下来，形成失败项目的案例库。另一方面，我国"走出去"的工程企业之间很难建立有效的沟通交流机制，个别企业的经验教训很难成为整个行业的共同财富。如果不能突破这种不断重蹈覆辙的恶性循环，我们所付出的"学费"会更加惊人。

基于这些考虑，我们编制了本书。该书是境外合规经营的经验总结，期望能通过我们的努力，把大家的经验串联起来，能对境外经营人员及企业对境外各国的经营方式及合规要求有总体的了解。同时，希望通过本书的阅读能使企业在对合规意识、合规文化及合规具体要求上有所重视。

附录

附录1　哈萨克斯坦部分政府部门和相关机构一览表

序号	中文	俄文	网址
	哈萨克斯坦政府	Правительство Республики Казахстан	www. government. kz
部（17个）			
1	内务部	Министерство внутренних дел	www. mvd. kz
2	卫生部	Министерство здравоохранения	www. dsm. gov. kz
3	外交部	Министерство иностранных дел	www. mfa. kz
4	文化和体育部	Министерство культуры и спорта	www. mk. gov. kz
5	国防部	Министерство обороны	www. mod. gov. kz
6	教育科学部	Министерство образования и науки	www. edu. gov. kz
7	工业和基础设施发展部	Министерство индустрии и инфраструктурного развития	mid. gov. kz/ru
8	国民经济部	Министерство национальной экономики	economy. gov. kz
9	财政部	Министерство финансов	www. minfin. gov. kz

续 表

序号	中文	俄文	网址
10	农业部	Министерство сельского хозяйства	www.minagri.kz
11	能源部	Министерство энергетики	energo.gov.kz
12	司法部	Министерство юстиции	www.adilet.gov.kz
13	劳动和社会保障部	Министерство труда исоциальной защиты населения	www.enbek.gov.kz
14	数字发展、创新和航空航天工业部	Министерство цифрового развития, инноваций и аэрокосмической промышленности	www.mdai.gov.kz
15	信息和社会发展部	Министерство информации и общественного развития	www.qogam.gov.kz
16	贸易和一体化部	Министерство торговли и интеграции	https://www.gov.kz/memleket/entities/mti?lang=ru
17	生态、地质和自然资源部	Министерство эгологии, геологии и природных ресурсов	https://www.gov.kz/memleket/entities/ecogeo?lang=ru
署（2个）			
1	国家反腐败署	Агентство противодействию коррупции	www.kyzmet.gov.kz
2	国家公务员署	Агентство по делам государственной службы	www.qyzmet.gov.kz

续 表

序号	中文	俄文	网址
其他			
1	总统官方网站	Официальный сайт Президента Республики Казахстан	www.akorda.kz
2	议会	Парламент Республики Казахстан	www.parlam.kz
3	中央银行	Национальный Банк	www.nationalbank.kz
4	金融市场监管和发展署	Агентство по регулированию и развитию финансового рынка	https://finreg.kz/
5	"萨姆鲁克-卡泽纳"国家福利基金	Фонд национального благосостояния" Самрук-Казына	www.samruk-kazyna.kz
6	政府采购网	Государственные закупки	www.goszakup.kz
7	电子政府网		e.gov.kz
8	哈萨克斯坦国民经济部统计委员会	Комитет по статистике при Министерстве национальной экономики	www.stat.gov.kz

341

附录2 在哈萨克斯坦有经验的中资企业一览表

企业名称	联系方式
中国石油工程建设有限公司哈萨克斯坦分公司	+7 7773175665
华为技术哈萨克有限公司	+7 7081108888
中铁二局哈萨克斯坦分公司	+7 7172401987
特爱有限责任公司（西安爱菊）	+7 7771762061
中国化学工程股份有限公司哈萨克斯坦分公司	+7 7057929827
中信建设有限责任公司哈萨克斯坦分公司	+7 7015588918
中国南方航空股份有限公司努尔苏丹办事处	+7 7172539210
中国南方航空股份有限公司阿拉木图办事处	+7 7770070756
哈萨克中国银行	+7 7272585511
中国土木工程集团有限公司哈萨克斯坦分公司	+7 7718300008
中国工商银行（阿拉木图）股份公司	+7 7272377085
中国石油化工集团公司哈萨克斯坦代表处	+7 7273111710
北京城建集团哈萨克斯坦分公司	+7 7761561866
中油国际哈萨克斯坦有限责任公司	+7 7773999330
中国水电哈萨克斯坦分公司	+7 7252426105
金骆驼集团有限公司	+7 7784557812
中国水利电力对外有限公司哈萨克斯坦代表处	+7 7776577586
中色哈萨克斯坦有限责任公司	+7 7012717896
中国电子进出口有限公司驻哈萨克斯坦代表处	+7 7773130127

续 表

企业名称	联系方式
中国北方工业公司中亚代表处	+7 7023031866
浙江大华技术股份有限公司	+7 7780788778
葛洲坝西里水泥有限责任公司	+7 7058666666
国家开发银行	+7 7018828866
中粮国际哈萨克斯坦有限公司	+7 7717569061
中信环境水务（阿克套）有限公司	+7 7057480987
北京大厦·阳光酒店	+7 7019510506
中国国际航空股份有限公司努尔苏丹营业部	+7 7785966123
海南航空控股股份有限公司驻哈萨克斯坦共和国办事处	+7 7785520897
上海建工集团股份有限公司哈萨克斯坦分公司	+7 7761468998

注：以上排名不分先后。

附录3 能够给中国企业提供投资合作咨询的机构

中国驻哈萨克斯坦大使馆经济商务处

地址：哈萨克斯坦努尔苏丹市左岸伊希姆区瑟加纳克街27号北京大厦17层

邮编：010000

电话：007-7172-797945

传真：007-7172-797952

网址：kz.mofcom.gov.cn

中国驻阿拉木图使馆总领事馆

地址：哈萨克斯坦阿拉木图市巴伊塔索夫街12号

12, Baitasov Str. Almaty, Kazakhstan

邮编：050010

电话：007-701-7292938

办公室：007-727-2700221

领事部：007-727-2700243

传真：007-727-2700227

网址：almaty.china-consulate.org/chn/

中国国际商会驻哈萨克斯坦代表处

地址：哈萨克斯坦努尔苏丹市左岸伊希姆区瑟加纳克街27号北京

大厦 1115-1116 办公室

电话：007（778）857-06-21

手机：13661067065

邮箱：gaoqi@ccoic.cn

哈萨克斯坦驻中国大使馆

地址：北京市三里屯东 6 街 9 号

邮编：100600

电话：010-65326182，65324189，65324433

传真：010-65324433

邮箱：pekin@mfa.kz

网址：www.mfa.gov.kz

哈萨克斯坦驻上海总领事馆

地址：上海市娄山关路 85 号东方国际大厦 A 座 1005、1006 室

邮编：200336

电话：021-62752838，62753878

传真：021-62757300；

邮箱：kazconsulshanghai@yahoo.com

哈萨克斯坦驻香港及澳门总领事馆

地　址：25floor, Wyndham Place, 44 Wyndham Street, Central, Hong Kong

电话：00852-25483841，25483773

传真：00852-25488361

邮箱：consul_hongkong@mfa.kz

哈萨克斯坦驻乌鲁木齐签证代办处

地址：新疆维吾尔自治区乌鲁木齐市昆明路 216 号

电话：0991-3832324

中国商务部研究院海外投资咨询中心

地址：北京市东城区安外东后巷 28 号

电话：010-64515042，64226273、64515043

传真：010-64212175

邮箱：kgjyb@126.com

网址：www.caitec.org.cn

UNDP 中国企业海外可持续发展办公室

地址：北京市朝阳区亮马河南路 2 号联合国开发计划署

电话：010-85320733、85320776

南南合作促进会海外投资项目信息中心

地址：北京市东城区白桥南里甲 2 号

电话：010-65280465、56765617

网址：www.china-ofdi.org

哈萨克斯坦投资促进机构

（1）投资委员会

投资委员会直属哈萨克斯坦外交部，是管理对外贸易、投资的主要部门，主要负责投资优惠政策的实施、核定企业享受投资优惠的资格等。如外国投资者到哈萨克斯坦投资并希望享受相关外商投资优惠政策，需与投资委员会签署投资协议。一般协议的签署、生效需 3~4 个月。

地址：г. Нур-Султан，пр. Кабанбай Батыра 28

电话：007-7172-983625；007-7172-983624

邮箱：mid@ mid. gov. kz

（2）国家投资公司

国家投资公司是哈萨克斯坦负责招商引资的协调服务机构，负责提供从项目规划到落地实施的全周期服务。

地址：Nur-Sultan, Avenue Mangilik El, 55/15, 010000

电话：007-7172-620620

邮箱：info@ invest. gov. kz

网址：ru. invest. gov. kz，almaty. china-consulate. org/chn

邮箱：chinaconsul_ alm@ mfa. gov. cn